中国科技企业
战略人力资源管理、组织情绪能力
及其对创新的影响

Strategic Human Resource Management,
Organizational Emotional Capability and the Influence
on High-tech Enterprises Innovation in China

孙锐 著

中国财经出版传媒集团
经济科学出版社
Economic Science Press

图书在版编目（CIP）数据

中国科技企业战略人力资源管理、组织情绪能力及其对创新的影响/孙锐著．—北京：经济科学出版社，2020.7
ISBN 978-7-5141-5241-8

Ⅰ．①中… Ⅱ．①孙… Ⅲ．①高技术企业-企业管理-研究-中国 Ⅳ．①F279.244.4

中国版本图书馆 CIP 数据核字（2020）第 104270 号

责任编辑：赵　芳
责任校对：蒋子明
责任印制：李　鹏　范　艳

**中国科技企业战略人力资源管理、组织
情绪能力及其对创新的影响**
孙　锐　著
经济科学出版社出版、发行　新华书店经销
社址：北京市海淀区阜成路甲 28 号　邮编：100142
总编部电话：010-88191217　发行部电话：010-88191522
网址：www.esp.com.cn
电子邮件：esp@esp.com.cn
天猫网店：经济科学出版社旗舰店
网址：http://jjkxcbs.tmall.com
北京季蜂印刷有限公司印装
710×1000　16 开　13.75 印张　250000 字
2020 年 11 月第 1 版　2020 年 11 月第 1 次印刷
ISBN 978-7-5141-5241-8　定价：55.00 元
（图书出现印装问题，本社负责调换。电话：010-88191510）
（版权所有　侵权必究　打击盗版　举报热线：010-88191661
QQ：2242791300　营销中心电话：010-88191537
电子邮箱：dbts@esp.com.cn）

前 言
PREFACE

在经济全球化的趋势下,科技创新已经取代资源成为一个国家、一个地区竞争能力的核心要素。发达国家的经验表明,高水平创新型企业是推动科技进步的重要力量,甚至是一个国家科技实力的象征,比如美国朗讯公司贝尔实验室、微软和英特尔公司等所带来的通讯、计算机和互联网技术革命,都使整个世界的面貌为之一新。

党的十八大以来,实施创新驱动发展战略成为国家的一项重要战略决策。在社会主义市场经济中,企业是自主创新的主体,这个创新主体的作用如何被充分调动和发挥十分关键。当前,在国际竞争中,我们面临着核心技术受制于人的窘境。如何引导、激励、推动企业研发人员投入创新活动中去,做出有价值的创造性贡献是一个值得深入探索的重要课题。当前,在我国许多企业中,尤其是科技企业中,创新人才的活力还没有得到充分激发,创新人才的能量还没有得到有效释放,这也是导致企业缺乏自主创新能力的重要原因之一。我国企业要真正承担起国家自主创新主体的重要责任,先要成为集聚人才、培养人才、使用人才和激励人才的创新培育器,成为使每位成员的创造性潜力都能够得到积极调动、充分展现和持续增长的智慧发掘机。

管理学研究和组织管理实践表明,组织创新软环境建设是激励组织各类人才充分发挥其创新潜力,投入组织倡导的创新活动,推动企业取得较高创新成效的重要管理要素之一。国家领导人也多次提出,要大力营造敢为人先、敢于创造、敢冒风险、敢于怀疑批判和宽容失败的环境。其中指明了组织创新软环境的关键。组织创新氛围的塑造不仅对高等院校和科研院所推动基础创新或理论创新具有重要意义,同样,对于市场中的企业而言,塑造组织创新氛围将助于释放组织智力资本的创新活力,提升企业持续推动创新的组织软实力。

组织创新氛围是个体创新中人际关系的融合剂和组织创新流程的润滑剂。不论在企业还是在其他非营利组织中,从创造性想法的提出,到新产品、新技术的问世,都需要组织成员的协同配合,其间涉及一系列个体、群体与组织的社会化交互过程,并且创新成效与创新者个体的情绪等心理要素密切相关。组织创新氛围可以在组织成员和客观环境之间起到关键的连接功能,组织创新气氛,即组织创新支持感知是否建立,会直接影响到组织内的成员是不是能创新、愿创新、敢创新。

近期的人力资源管理和组织行为的研究强调:"创新"蕴含着一个个体、群体与组织因素的社会化交互过程,除去人、财、物等硬件因素之外,一些软性因素,如"情绪""氛围"也将促进或者阻碍工作场所中创新的产生。其中,组织情绪作为组织能量的一种重要来源,将会对组织创新行为和结果产生重要影响。创新导向情绪氛围的建立会提升组织创新的工作安全感,促进员工的自我审视和创新参与,激发人们的创造性思考,推动知识经验的共享和转移,从而建立起开放、包容、多元化的创新工作环境,激励员工在创新中体现自身价值,获得自我实现。因此,基于集体情绪的相关组织能力分析将为从组织层面理解群体行为、战略行动的情绪驱动力提供一条新途径。

在实施创新驱动发展战略背景下,将组织情绪能力引入组织行为、创新管理和人力资源研究领域,将为揭示创新的组织行为奥秘提供一个崭新视角。当前,我国"情绪能力"研究还集中于个体层面,对创新型企业的组织情绪能力问题及其对组织创新的作用影响展开研究,不仅是组织管理研究的一项基础命题,也将为丰富、扩展创新管理实践提供借鉴。

正是在此背景下,作者针对我国科技企业,特别是高新技术企业的战略人力资源管理、组织情绪能力对企业创新的作用影响及相关路径开展了理论和实证研究,在此基础上形成了本书的核心内容。本书所涉及的相关研究是通过对中关村、广州南沙新区、包头稀土高新区、上海嘉定产业园等园区内的软件开发、电子通信、新材料、先进制造、生物医药等 600 余家科技企业的调研访谈和问卷调查得出的。通过这一系列研究，我们识别出了中国科技型企业组织情绪能力构思的六维度结构，开发形成出了相关测量量表；从战略人力资源管理视角，探讨了组织情绪能力的形成基础，发现强化培训、合理授权、内部晋升、推动职业发展、注重绩效评估、有效报偿等主要人力资源管理构件会对科技企业组织情绪能力的形成产生正向显著影响；同时，分析了组织情绪能力对科技企业创新的作用机制及相关边界条件，探索了中国企业组织情绪能力对产品、流程和管理创新的作用路径，最后从企业组织情绪管理视角出发，提出了有利于推动企业创新的相关管理对策。

以上研究进一步丰富了国际组织情绪能力的理论框架，提出并验证中国企业组织情绪能力的内涵、前因变量及其对组织创新的作用影响，加深了人们对企业组织情绪能力内涵及作用路径的认识，为组织情绪能力理论的发展提供了中国科技企业的情境支持，为解释企业创新行为和创新绩效提供一个新视角，研究结论不但丰富了人们对于科技企业创新管理和人力资源实践的认识，也对进一步把握创新环境发展和激发人才活力提供了重要参考。对推动我国企业创新、改进组织情绪管理、引导企业健康、可持续发展具有重要的理论和实践意义。

对于科技企业而言，提升组织情绪能力有助于组织形成良性情绪循环并发展出新的情绪心态模式。有效调整、引导组织情绪动态性将使组织运作流程更加有效，或推动其战略活动。管理者要认识情绪能力的管理手段和方法，通过丰富战略 HRM 措施以提高组织情绪的掌控力，以沟通合作授权等发挥人际情绪互动的凝聚作用，完善激励机制以调动组织积极的集体情绪，形成充足的情绪资源以为企业战略活动提供推动力。同时，企业要对研发员工的情绪、情感表达给予适当的回应，创造渠道和便利条件使员工情绪得到适当沟通和传递，而创新型企业也要提升一种给员工灌输希望的能力，这不仅是保障组织健康、和谐发展的基础工作，也是完善创新管理的一项重要命题。

本书涉及的部分成果在《南开管理评论》《科研管理》《科学学研究》《科学学与科学技术管理》等国家级管理学重要期刊发表，部分成果获国家人力资源和社会保障部优秀成果二等奖和中国人才研究会优秀科研成果一等奖。其中，关于企业组织情绪能力管理与战略人力资源构件协同机制相关成果被大型企业采纳，应用于公司人力资源管理制度设计中。基于以上项目成果，笔者围绕组织创新推动、组织情绪氛围等主题接受《光明日报》《科技日报》《中国组织人事报》等重要媒体专家采访8次，在相关领域获得较大社会反响和社会影响。我们期待在今后的理论和现实问题研究中能够做出一些有价值的探索和贡献，为我国科技企业创新发展助力添彩。

目 录
CONTENTS

第1章 绪论 ·· 1
  1.1 研究背景与意义 ·· 1
  1.2 研究内容 ··· 4

第2章 科技企业创新中的组织情绪能力问题理论分析 ················ 6
  2.1 组织创新的过程观点及影响因素 ··· 7
  2.2 组织中的情绪、情绪性工作研究回顾 ··································· 9
  2.3 企业的组织情绪能力：形成基础、基本内涵与作用影响 ········ 11
  2.4 创新型企业的组织情绪能力及其创新作用机制 ···················· 16
  2.5 研究总结与相关展望 ··· 20

第3章 中国科技企业组织情绪能力的结构测量研究 ················ 24
  3.1 问题的提出 ·· 24
  3.2 组织情绪能力的相关研究回顾 ·· 26
  3.3 中国科技企业组织情绪能力的问卷编制 ····························· 30
  3.4 中国科技企业组织情绪能力的结构测量 ····························· 33
  3.5 组织情绪能力对校标变量的预测效度分析 ·························· 39
  3.6 研究结论与讨论 ··· 45

第4章 科技企业组织情绪能力、组织学习与创新绩效的关系研究 ·············· 48
  4.1 问题的提出 ·· 48

4.2 理论背景和研究假设 …………………………………………… 51
4.3 研究方法 ………………………………………………………… 57
4.4 数据分析和研究结果 …………………………………………… 60
4.5 研究结论与讨论 ………………………………………………… 67

第5章 研发导向战略人力资源管理构件及其创新推动作用：
外部平衡式环境的影响 ………………………………………… 70
5.1 问题的提出 ……………………………………………………… 70
5.2 研发导向战略人力资源管理构件的结构内容 ………………… 71
5.3 研发型企业战略人力资源管理的问卷测量 …………………… 75
5.4 研发导向战略人力资源管理对产品创新的影响 ……………… 80
5.5 研究结论与讨论 ………………………………………………… 86

第6章 战略人力资源管理、组织情绪能力与科技企业创新：
组织承诺的角色 ………………………………………………… 89
6.1 问题的提出 ……………………………………………………… 89
6.2 理论背景与研究假设 …………………………………………… 90
6.3 研究设计与方法 ………………………………………………… 97
6.4 数据分析和研究结果 …………………………………………… 100
6.5 研究结论与讨论 ………………………………………………… 108

第7章 科技企业领导成员交换、组织情绪能力与组织绩效：
一个有调节的中介模型 ………………………………………… 110
7.1 问题的提出 ……………………………………………………… 110
7.2 文献回顾与研究假设 …………………………………………… 111
7.3 研究方法 ………………………………………………………… 118
7.4 数据分析和研究结果 …………………………………………… 120
7.5 研究结论与讨论 ………………………………………………… 126

第8章 双元环境下战略人力资源管理影响组织创新的中介
机制：企业生命周期的视角 …………………………………… 130
8.1 问题的提出 ……………………………………………………… 130

8.2　理论背景与研究假设 …………………………………………… 132
　　8.3　研究方法 ………………………………………………………… 137
　　8.4　数据分析与假设检验 …………………………………………… 139
　　8.5　研究结论与讨论 ………………………………………………… 148

第 9 章　科技企业组织情绪能力对产品创新作用的边界与路径：组织智力资本的角色 …………………………… 152
　　9.1　问题的提出 ……………………………………………………… 152
　　9.2　理论背景和研究假设 …………………………………………… 153
　　9.3　研究方法 ………………………………………………………… 159
　　9.4　数据分析和研究结果 …………………………………………… 161
　　9.5　研究结论与讨论 ………………………………………………… 169

第 10 章　科技企业组织情绪能力影响研发员工创新的中介机制：行业差异的视角 ………………………………… 172
　　10.1　问题的提出 …………………………………………………… 172
　　10.2　理论背景和研究假设 ………………………………………… 173
　　10.3　研究方法 ……………………………………………………… 179
　　10.4　数据分析与假设检验 ………………………………………… 181
　　10.5　研究结论与讨论 ……………………………………………… 185

第 11 章　科技企业研发场景、组织学习、情绪互动与创新人才作用发挥机制研究 ………………………………… 187
　　11.1　问题的提出 …………………………………………………… 187
　　11.2　创新、创造过程是一种问题解决过程 ……………………… 188
　　11.3　从创新人才的动态创新能力到组织的创新表现 …………… 190
　　11.4　企业高绩效科技创新人才培养模式与策略 ………………… 192
　　11.5　基于企业研发场景的科技创新人才作用发挥模型 ………… 195
　　11.6　研究结论与讨论 ……………………………………………… 200

参考文献 ………………………………………………………………… 201
后记 ……………………………………………………………………… 207

第 1 章

绪　　论

1.1　研究背景与意义

自"情绪劳动"和"组织内的情绪"提出以来,"情绪"(emotions)概念在心理学和社会学研究中获得了广泛关注。情绪一般由外部或内部事件所引起,并往往引发行为冲动。心理学和组织行为的研究表明,由于组织是由具有丰富情绪、情感的不同个体所组成的,因此"情绪"可以像作用于个体一样作用于组织(Fernandez,2007)。情绪渗透于工作场所之中,并构成了组织生活的一部分,它会引导和支配员工群体的行为(Rafaeli,2004)。因此,组织是一个"情绪性"场所,是工作群体酝酿、表达、控制情绪,并疏导、强化或者缓和自身情绪的载体(Shlomo,2008)。凯文·汤姆森(2004)曾提出"情绪资本"的概念,并认为,组织情绪是企业生存、发展的基础,是引发员工动机,提升企业竞争力的重要源泉。

富士康员工自杀事件曾引起了社会各界乃至全球的关注。从 2010 年 1 月 23 日至 2010 年 11 月 5 日,富士康连续发生了 14 起员工跳楼自杀事件。就在富士康踌躇满志地提出,将在"新经济格局下打造自己的产业链"的同时,这些连续发生的"意外"将其阵脚打乱。富士康"十四连跳"的员工当中,最大的 24 岁,最小的只有 17 岁。期间,富士康曾紧急召集员工们签署"不自杀保证",允许员工拿印有管理层头像的沙袋出气,但是员工跳楼仍然猝不及防地上演。总裁郭台铭自述曾尝试一切办法来阻止这场"自杀瘟疫"的蔓延,但似乎都无济于事。这场悲剧将富士康推向了风口浪尖,在其中暴露出的诸多问题中,较为突出的是组织情绪管理能力不足,以及由此给企业带来的灾难。

在经济的高速发展期，组织内的员工逐步沦为高速运转的经济机器上的单个零件。特别是在各种矛盾、问题不断发生的经济转型阶段，企业员工通常背负着超负荷的压力，而组织却没有承担起情感护理、情绪疏导的功能，让组织中的个体回归为具有喜怒哀乐的社会人。近几年来，组织内部情绪问题日益引起管理者和研究者的关注。组织情绪不良会对组织健康、和谐发展产生严重的负面影响。富士康员工自杀现象进一步折射出现代组织情绪管理及其能力建设的必要性，组织忧郁症的破坏力不可小觑，这令企业管理者深思，也为组织行为研究提出了需要更加深入探讨的课题。

在过去十几年中，"变化"和"变革"一直是管理的研究主题。基于资源的观点指出，内部能力是组织获取竞争优势的源泉。相关文献表明，在技术（Afuah，2002）、市场（Day，1994）、研发（Deeds，2001）、文化（Bogner & Thomas，1994）以及集成（Wang et al.，2004）基础上构造的内部能力对企业生存和发展会产生重要的影响（Akgün et al.，2007；Huy，2005）。通过理论回顾，发现组织能力研究的基点在于强调互动模式（Fowler et al.，2000）、知识技能（Grant，1996）以及程序惯例（Nelson & Winter，1982）等，其中忽略了企业能力的软性"情绪"构成层面（Akgün et al.，2007）。而传统组织心理学和组织行为领域中的"情绪"研究将注意力集中于个体或群体认知层面，他们提出并深入探讨了个人"情绪智力"（emotional intelligence），但并没有进一步分析和回答组织层面上的"情绪能力"问题。

国际上有学者将组织能力与组织情感、情绪联系起来，提出了组织情绪能力（emotional capability）概念，并将其定义为一种组织感知、了解、监测、调整和利用其员工情绪，及在组织制度、惯例和规则中体现和表达其情绪的能力（Huy，1999；2005）。"情绪能力"虽然不是组织能力"显而易见"的一个层面，但作为能力的重要"情感"维度，由于其嵌入在内隐性的组织社会互动之中，所以有可能成为一种最难模仿、最具异质性的能力类型。阿肯等（Akgün et al.，2007；2008）和休伊（Huy，2005）的前期研究表明，在动态环境下，组织情绪能力与组织变革过程、组织学习的某些维度密切相关。这为应用组织情绪能力来解释一系列组织过程和组织现象等提供了一个新的视角和理论基础。组织情绪能力理论将有可能通过阐述与情绪有关的组织行为过程来推动组织管理理论新的发展。

随着科学技术的迅猛发展，市场环境的快速变化以及组织间竞争的加剧，创新，特别是科技创新成为企业生存和发展的关键。因此，通过实施相应的管理活动不断推动创新，已成为现代管理研究的重要主题。但是，尽管人们认识到了创新对提升企业竞争能力的重要性,学者们也在积极探索创新的各种前因影响因素,然而,近年来如何推动创新在组织管理领域未有较大的突破。另外,对传统创新管理(TIM)研究文献的回顾和分析表明,其中存在着一个重要缺陷在于,将组织创新的微观主体——组织员工的"情绪问题"忽略掉了。由于创新过程中蕴含着个体、团队与组织因素之间的社会化交互作用,除去资金成本、物质条件等硬件要素,组织工作场所中的一些软性要素,如组织"情绪"也将会促进或阻碍创新的产生。对组织"情绪"问题的忽略,使得创新中的一些组织行为问题难以得到深刻的解释,相应的,理论对实践的指导也会有所缺失。

长久以来,在强调"科学管理"和"科层管控"的背景下,组织情绪一直被视为一种非理性的,难以充分把握和驾驭的组织能量,因此,一直未受重视。在环境日益动态变化的今天,在学习、创新成为企业发展主题的背景下,基于情绪的内部能力将可能为组织带来新的动力。企业可以通过提升其在运作流程中灌输、引导和管理人们情绪的能力,来执行特定的功能,达成特定的目的,帮助企业实现战略转变和管理延伸,推动具有特定价值的相关活动,如组织创新等。但是同时,由于目前我们对其形成、内容、作用机制等细节了解甚少,它也成为一种尚未充分发掘的组织战略资源之一(Huy,2005;Akgün et al.,2009)。

目前国际上对组织情绪能力的研究呈现出发展性势态,但大多数研究尚停留在理论探讨层面,学术界尚未形成一致、成熟的情绪能力理论框架,关于其内涵边界和内容结构等尚缺乏统一的认识,将其作为一种"实体"进行实证也处于起步阶段。虽然有专家开始关注组织情绪与组织创新间的关系(Madjar,2008;Adler & Obstfeld,2007;Fong,2006;Amabile et al.,2005),但对组织情绪能力如何在组织创新中起作用尚在摸索之中,相关实证研究甚为匮乏(Akgün et al.,2008;2009;Huy,2005)。而国内方面,学者们对情绪及情绪能力的研究主要集中于个体层次,有些研究者引入、介绍了"情绪资本"概念,但对组织情绪能力的研究,迄今未见相关报道。那么,中国企业环境下,组织情绪能力的内涵是什么?具有何种结构模型?其形成影响因素是什么?组织情绪能力对组织创新的影响如何?二者间的关系是否受到其他的因素制约?这些都是值得深入思考和急待解决的问题。

因此,本书将通过理论和实证分析,结合定性和定量研究,识别、发现中国企业背景下组织情绪能力的结构维度、形成机制及其与组织创新行为和创新绩效的动态关系,并据此提出组织情绪能力构建模式及相关组织创新干预路径。由于该研究在当前转型社会经济背景下，从组织情绪能力视角更全面、深刻地解释和分析组织创新问题，将可能为组织创新和战略管理研究开辟一条新的思路，为解释组织创新行为和组织创新绩效产生提供一个新的角度，对形成我国独特的情绪能力和组织创新理论具有重要的理论价值。而在实践上，本书通过大规模实证调查，提出适合我国企业实际的管理对策和政策建议，将对推动我国企业创新、改进情绪管理模式、引导企业提升整体组织管理水平，特别是创新管理水平具有重要的现实意义。

1.2 研究内容

针对当前社会经济发展中的热点问题及企业创新推动的发展需要，在组织情绪问题对企业影响日益凸显的背景下，本书旨在识别、发现中国科技创新企业组织情绪能力的结构维度、形成机制及其与组织创新的动态关系，并据此提出组织情绪能力的构建模式及组织创新推动相关干预路径，为提升企业创新能力提供具有针对性和可操作性的对策建议。

1.2.1 组织情绪能力的意义、维度和结构

完成组织情绪能力的概念化工作。针对组织情绪能力研究尚未系统完成概念化的现状，在组织情绪、内部能力理论框架下，基于过程分析观点，从整体视角（holistic perspective）出发，观察和分析跨类别组织水平上的组织情绪能力现象和问题，利用个人深度访谈、焦点小组访谈、探索性因子分析及确认性因子分析等方法进行组织情绪能力维度及量表的开发。这里主要通过对组织情绪能力的意义探寻和量表建立，完成组织情绪能力的概念化，解决组织情绪能力的测量问题，为进一步研究组织情绪能力的作用机制以及效应分析奠定基础。其中要注意和解决的是组织情绪能力是"一般性"模式，还是"特定性"模式的理论问题。可能面临三种选择：建立全新的理论框架、在西方研究基础上修正或者发展、基于已有经验对中国背景下的特殊问题进行新的探析和解释。因此，如何理论联系实际，理清研究脉络，再利用现象学方法等，结合中国企业组织情绪的实际经验考察和理解来找寻研究路径并做出回答和界定，进一步识别、发现中国企业组织情绪能力的内容、结构，完成组织情绪能力的概念化任务，是一个需要着重解决的重要问题。

1.2.2 战略人力资源管理角度的组织情绪能力形成解释

基于组织资源理论，围绕企业战略人力资源管理，以理论和实证相关结合的方式分析组织情绪能力的形成机制。这里主要是要对组织情绪能力的形成建立理论解释，从构成性属性分析之外的视角揭示组织情绪能力的形成过程和原理。为此，需要基于过程分析，透彻地了解组织情绪能力的"实体"概念；在对管理者和企业员工问卷调查的基础上，从组织流程调查、文件档案、深度访谈、集中研讨中获取多源数据信息进行实证分析；将人力资源管理实践进行抽象分类，探讨人力资源管理构件的组合所产生的协同效应；将社会文化、思维方式、价值观念等纳入对组织情绪能力形成影响的作用考察。本部分研究期望了解企业组织情绪能力形成的一般性基础，并达到解释中国背景下组织情绪能力塑造独特性的目的，其中需要综合运用现象学分析、深度访谈、心理测量、试验判断、结构方程、高级统计学、跨案例分析等方法。因此，需要付出更多的研究努力。

1.2.3 组织情绪能力对科技企业创新的作用机制及关系路径

对于企业组织情绪能力作用机制的分析，现有研究主要是概念性的，分析框架要么较为宽泛，难以通过实证验证，要么过于具体，难以提供有实践意义的理论发现。未来要将组织情绪能力与组织创新联系起来，基于创新的多重社会领域理论，力图通过一个"有限"研究模型，厘清重要变量之间的结构关系，揭示组织情绪能力对组织创新的作用影响、效应、机制，找出情绪能力影响组织创新行为及创新绩效的作用条件和边界，通过实证检验，为企业创新驱动力来源提供新的发现和解释。这里主要是要分析组织情绪能力的作用机制，针对组织技术创新行为及创新绩效，探讨组织情绪能力的作用影响、效应、机制，找出情绪能力影响组织创新的作用条件和边界，发现相关调节变量或中介变量。其中，可能涉及跨层次的研究方法，本书将通过企业访谈、案例分析和调查实证，利用多源评价、行为计量、试验判断等，识别出其中的关键作用影响要素和跨层次的显著关系路径。在此基础上，探讨中国背景下组织情绪能力创新作用影响方式的独特性，并建立有针对性的创新性理论解释，为企业提升组织情绪管理水平，推动企业自主创新提供理论依据、方法指导和对策建议。

第 2 章

科技企业创新中的组织情绪
能力问题理论分析

在当前复杂变革和市场竞争条件下,创新影响着一个企业、地区甚至国家的生存发展格局,因此,创新管理一直是被理论界和实践界关注的话题[1]。创新蕴含着一个个体、群体与组织因素的社会化交互过程[2],除去人、财、物等硬件因素之外,一些软性因素,如"情绪""氛围"也将促进或者阻碍工作场所中创新的产生。组织情绪作为组织能量的一种重要来源,将会对组织行为和结果产生重要影响[3][4][5]。而基于集体情绪的组织情绪能力研究将为从组织层面理解群体行为、战略行动的情绪驱动力提供一条新途径[6][7]。在大力实施创新驱动发展战略的背景下,将组织情绪能力引入创新管理研究领域,为揭示创新的组织行为奥秘提供一个新视角。当前,我国"情绪能力"研究还集中于个体层面,深入探讨创新型企业的组织情绪能力问题及其对组织创新的作用影响,不仅是组织管理研究的一项基础命题,也将为丰富、扩展创新管理实践提供借鉴。

---

[1] Anderson N., Potocnik K. and Zhou J. Innovation and creativity in organizations: A state-of-the-science review, prospective commentary, and guiding framework [J]. Journal of Management, 2014 (5): 1297 – 1334.

[2] Amabile T. M., Conti R., Coon H., Lazenby J. and Herron M. Assessing the work environment for creativity [J]. Academy of Management Journal, 1996, 39: 1154 – 1184.

[3] Amabile T., Barsade S, Mueller J., Staw B. Affect and creativity at work [J]. Administrative Science Quarterly, 2005, 50 (3): 367 – 403.

[4] 凯文·汤姆森著,崔姜薇,石小亮译. 情绪资本 [M]. 北京:当代中国出版社,2004.

[5] Shlomo Hareli, Anat Rafaeli. Emotion cycles: On the social influence of emotion in organizations [J]. Research in Organizational Behavior, 2008, 28: 35 – 59.

[6] Akgün A. E., Akgün J. C., Byrne and H. Keskin. Organizational intelligence: A structuration view [J]. Journal of Organizational Change Management, 2007a, 20: 272 – 289.

[7] Huy Q. H. An emotion-based view of strategic renewal [J]. Advances in Strategic Management, 2005, 22: 3 – 37.

2.1 组织创新的过程观点及影响因素

2.1.1 组织创新的社会历程观

对组织创新的研究是当今组织行为研究的重要主题[①]。当前,对企业创新组织管理方面的研究已经从19世纪50~70年代对个体创造性人格、认知特征,以及对个体创新激励的重视上,转移到对创造性环境和创新社会背景要素的关注上[②③④]。国际组织创新的三大研究流派:阿马比尔(Amabile)的组成成分学说、福特(Ford)的多重社会领域学说和伍德曼(Woodman)的交互作用学说都将组织背景因素视为创新的重要影响变量[⑤]。其中,哈佛大学的阿马比尔教授提出一个创新、创造的整体历程观,她认为创新是一种将创造性观念的具体实践,并获得成功的整体历程,同时也是个体实现其新颖的、有益的创意的社会历程[⑥],在这一历程中的一系列创新环节,都要受到组织社会情景因素的重要影响[⑦]。即创新不是涉及某一产品或个人的独立活动,而是人、任务及环境间的互动过程,并且这一过程往往是非线性的,循环往复的[⑥⑧]。与此类似,有学者提出,创新、创造从来都是寓于一个人与他人,以及主观和客观领域的相互关系之中,认为创新、创造涉及领域(domain)、个人(individual)与场景(field)的三者互动[⑨]:领域将知识、信息传递至个体,个体在具体场景下开展创造性活动,场景再将创新产生的变异添加至领域,因此,创新、创

[①⑧] 周京,克里斯蒂娜·E.莎莉著,魏昕等译.组织创造力全书[M].北京:北京大学出版社,2010.

[②] 孙锐.战略人力资源管理与组织创新氛围研究——基于企业研发人员的调查[M].北京:人民出版社,2013.

[③⑤] Nell A., Carsten K. W, Dreu and Bernard A. N. The routinization of innovation research: A constructively critical review of the state-of-the-science [J]. Journal of Organizational Behavior, 2004, 25: 147–173.

[④⑥] Amabile T. M. Creativity in Context [M]. Boulder, Colo.: Westview Press, 1996.

[⑦] Amabile T. M., Conti R., Coon H., Lazenby J. and Herron M. Assessing the work environment for creativity [J]. Academy of Management Journal, 1996, 39: 1154–1184.

[⑨] Csiksentmihalyi M. Implications of a systems perspective for the study of creativity, In R. J. Sternberg (Eds.), Handbook of Creativity [M]. Cambridge University Press, 1999: 313–335.

造活动无法脱离于组织脉络、社会情境和文化背景而独立存在。创新的社会历程观和情景互动观点，都强调了社会环境因素的作用，认为在创新活动中工作动机、领域相关技能都是前期投入条件，而组织脉络、工作情景是可以左右创新历程和创新成效的重要因素。

2.1.2 创新的组织影响因素

探索在什么样的组织情景下更容易激发或抑制创新，以及这些因素是如何发挥作用的是当前创新创造研究的焦点问题[1]。基于此，个人、团队和组织等不同层次上的创新影响变量被研究和发掘出来，包括个体层次上的个性、人格、动机、认知、技能、自我效能、情绪、报酬等（Anderson & Zhou, 2014；Mark, 2009；Hareli & Rafaeli, 2008；Todd Dewett, 2007；George & Zhou, 2007；Yueh – Ysen, 2006；Fernandez & Claudia, 2007；Zhou, 2003）；团队层次上的任务属性、团队结构、团队过程、团队领导、团队周期、团队交换、外部联系和内部网络等（De & Hartog, 2010；Janssen & Huang, 2008；Carmen, 2008；Gupta et al., 2007；Adler & Obstfeld, 2007；West, 2004）；组织层次上的组织战略、结构形态、组织学习、组织文化、组织气氛、领导风格、资源分配等（Connor, 2008；Salomo et al., 2008；Angela Paladino, 2007；Pandza & Holt, 2007；Wei & Neil, 2004；Amabile et al., 2004）。企业创新环境激励理论强调，通过对组织创新工作环境因素的设计、安排和调整，可以鼓励组织成员投入创新、勇于创新和乐于创新，进而改善、提升组织创新绩效[2]。

近年来，除了企业组织创新的"硬件"因素研究外，"文化""氛围"等软性因素研究越来越得到重视，而"情绪"对创新的影响已经引起一些学者的注意[3][4]。在这里，组织中的"创新和创造"本质上是一种冒险行为[5]，是

---

[1] Yuan F. and R. W. Woodman. Innovative behavior in the workplace: The role of performance and image outcome expectations [J]. Academy of Management Journal, 2010, 53: 323 – 34.

[2] 孙锐. 战略人力资源管理与组织创新氛围研究——基于企业研发人员的调查 [M]. 北京：人民出版社，2013.

[3] 周京，克里斯蒂娜·E. 莎莉著，魏昕等译. 组织创造力全书 [M]. 北京：北京大学出版社，2010.

[4] Amabile T., Barsade S, Mueller J., Staw B. Affect and creativity at work [J]. Administrative Science Quarterly, 2005, 50 (3): 367 – 403.

[5] Amabile T. M., Conti R., Coon H., Lazenby J. and Herron M. Assessing the work environment for creativity [J]. Academy of Management Journal, 1996, 39: 1154 – 1184.

对传统模式和习惯势力的挑战[1],且创新过程蕴含着个体、群体与组织之间的社会互动[2],其中必然会受到组织情绪的深刻影响。弗里达(Frijda)曾提出[3],没有对工作或工作背景方面的情感联系,将难以调动员工的工作动机和参与积极性,对那些能够体现和释放员工情感和特性的工作,如创新创造活动尤其如此[4][5][6]。深入挖掘情绪、情感的相关动力,将有可能通过阐述影响创新行为进程的相关机制来健全、发展创新管理理论和实践。

2.2 组织中的情绪、情绪性工作研究回顾

詹姆斯和兰格(James & Lange)最早提出了情绪的詹姆士—兰格情绪理论(James-Lange theory of emotion),但早期的"科学管理"强调管理的定量化、操作化和规范化,虽然霍桑实验发现情绪对员工绩效会产生影响,但"情绪"问题还是被忽略,没有进行"实体"化的研究[7][8][9]。

自从霍奇希尔德(Hochschild)[10]和菲内曼(Fineman)[11]分别对"情绪劳动"和"组织内的情绪"进行了开创性研究以来,组织情绪研究开始兴起,逐渐渗透到管理学、经济学、组织行为学领域[12]。巴萨达等(Barsade et al.)

---

[1] Van de Ven A., Angle H. L. and Poole M. Research on the management of innovation: The Minnesota studies [M]. New York: Harper & Row, 1989.

[2] Shalley C., Zhou J. and Oldham G. The effects of personal and contextual characteristics on creativity: Where should we go from here? [J]. Journal of Management, 2004 (15): 933-958.

[3] Frijda N. H. Moods, emotion episodes, and emotions. In M. Lewis & I. M. Haviland (Eds.), Handbook of emotions [M]. New York: Guilford Press, 1993: 381-403.

[4] Montes et al., F. J. L. Montes A. R. Moreno and V. G. Morales. Influence of support leadership and teamwork cohesion on organizational learning, innovation and performance: an empirical examination [J]. Technovation, 2005, 25: 1159-1172.

[5] Akgün A. E., Keskin H., Byrne J. and Selim Aren. Emotional and learning capability and their impact on product innovativeness and firm performance [J]. Technovation, 2007b, 27 (9): 501-513.

[6] Akgün A. E., Keskin H., Byrne J. The moderating role of environmental dynamism between firm emotional capability and performance [J]. Journal of Organizational Change Management, 2008, 21 (2): 230-252.

[7] 潘晓云. 基于个体、团队视角冲突与情绪的研究 [D]. 复旦大学博士论文, 2008: 37.

[8] 刘小禹, 刘军. 团队情绪氛围对团队创新绩效的影响机制 [J]. 心理学报, 2012 (4): 546-557.

[9][10] Hochschild A. The managed heart. Los Angeles [M]. University of California Press, 1983.

[11] Fineman. In: S. Fineman, Editor, Emotion in Organizations [M]. Sage Publications, London. 1993.

[12] Akgün A. E., Keskin H., Byrne J. Organizational emotional capability, product and process innovation and firm performance: An empirical analysis [J]. Journal of Engineering and Technology Management, 2009, 26 (3): 103-130.

将国际上二十多年以来对组织情绪的研究热情,称为组织行为学的一场"情感风暴"[①]。萨洛维和迈耶(Salovey & Mayer)提出,情绪是一种跨越生理、认知、动机以及经验等多种子系统的,有组织的心理反应[②]。现象学解释则将情绪视为在社会互动背景中的一种情感体验或一种自我情感状态[③]。根据情绪—概念—行为理论框架[④],情绪会与个体对一般事物及个人经历、感知的判断密切关联,进而影响个体行为的形成机制。霍奇希尔德认为,情绪具有"商品化"和"社会化"属性[⑤⑥],他探讨了情绪表达、情绪调节、情绪工作应对策略等,构造了情绪劳动研究的基本体系。早期的"情绪性工作"研究关注对情绪消极结果的后效分析,直至萨洛维和迈耶以及戈尔曼(Goleman)等提出了情绪智力概念(emotional intelligence)后,情绪研究迈上了新的台阶,它对个体及组织行为结果研究给出了新的解释。相关研究表明,情绪智力对于增强员工对压力、变化和复杂情况的适应性具有重要意义[⑦]。

进入 21 世纪,随着组织内工作复杂性的增加,情绪工作研究拓展至人际工作情境领域。博尔顿(Bolton)将情绪性工作重新定义为,"为符合所处情境而试图改变情绪或情感的行为"[⑧],组织内部情绪问题得到重视,其间产生了资源守恒理论、动作理论以及控制理论等多种理论模型,情绪工作策略影响因素、情绪工作效果评估分析得到了加强[⑨]。随着情绪研究的深入,人们逐渐认识到,情绪是组织的重要资源,是可以为组织活动提供动力的能量源泉。但是传统的"情绪工作""情绪智力"研究聚焦于个体层面,没有进一步分析和回答复杂变化环境下,组织层次上的"情绪能力"相关问题。

---

① Barsade S. G., Brief A. P. and Spataro S. E. The affective revolution in organizational behavior: The emergence of a paradigm. In J. Greenberg (Ed.), Organizational behavior: The state of the science. Mahwah [M]. NJ: Erlbaum, 2003: 3-52.
② Salovey, Mayer P. What is emotional intelligence? In: P. Salovey and D. J. Sluyter, Editors, Emotional Development and Emotional Intelligence, Basic Books [M]. New York, 1997: 3-31.
③⑦ Dnenzin N. x. On understanding human emotion [M]. San Francisco: Jossey-Bass, 1984.
④ Goleman D. Emotional intelligence: Why it can matter more than IQ [M]. New York: Bantam. 1995.
⑤ Hochschild A R. Emotion in Organization [M]. London: Sage, 1993: 9-13.
⑥ Hochschild A. The managed heart. Los Angeles [M]. University of California Press, 1983.
⑧ Bolton S. Emotion management in the workplace. management, work and organizations series [M]. Palgrave acmillan, Hampshire, 2005.
⑨ 张鹏鹏. 情绪性工作研究及其对酒店管理的启示 [D]. 南京师范大学硕士论文, 2008.

2.3 企业的组织情绪能力：形成基础、基本内涵与作用影响

2.3.1 组织内部情绪交互与动态螺旋

组织情绪研究表明，组织都是由具有不同情绪、情感的个体组成的，所以"情绪"渗透在工作场所之中，构成了组织生活的重要部分[1]。根据"情绪事件理论"（Affective Events Theory，AET）[2]，组织情绪是由特定事件（specific events）引发，它会影响员工的态度和行为，形成一条"事件—情绪—态度行为"循环链条。"情绪"虽是一种内在心理体验，但具有心理学和社会学的双重特质，它可以像作用于员工一样作用于组织[3]；情绪在被感知、体验和传播的过程中，扮演着组织社会信号的角色，会启动和触发组织内的各种人际交互进程[4]。在这种交互进程中，组织内的个体情绪会通过情绪传染、分享和聚合机制形成共享的集体情绪，这种共享情绪往往是自动、自发产生的，不会被显著察觉，但可以被有意引导[5]。基于博尔顿（Bolton）和比昂（Bion）等的研究[6][7]，员工共享的组织假设往往是潜意识的、隐含性的，而组织情绪往往是这种假设的形成来源。因此，组织情绪往往会影响员工的组织假设或对组织的基本判断[8]，进而建立或者破坏特定的组织社会关系，或影响重要的组织进程。

---

[1] Ashforth B. E., Humphrey R. H. Emotion in the workplace: A reappraisal [J]. Human Relations, 1995, 48: 97-125.

[2] Weiss H. M., Cropanzano R. Affective events theory: A theoretical discussion of the structure, causes and consequences of affective experiences at work [J]. Research in Organizational Behavior, 1996, 18: 1-74.

[3] Shlomo Hareli, Anat Rafaeli. Emotion cycles: On the social influence of emotion in organizations [J]. Research in Organizational Behavior, 2008, 28: 35-59.

[4] Elfenbein H. A., Maw-Der F., White J. B., Hwee-Hoon T. and Aik V. C. Reading your counterpart: The benefit of emotion recognition accuracy for effectiveness in negotiation [J]. Journal of Nonverbal Behavior, 2007, 31 (4): 205-223.

[5] Barsade S. G., Gibson D. E. Why does affect matter in organizations? [J]. The Academy of Management Perspectives, 2007, 21: 36-59.

[6] Bolton S. Emotion management in the workplace. Management, Work and Organizations series [M]. Palgrave Acmillan, Hampshire, 2005.

[7] Bion W. R. Experiences in Groups [M]. Tavistock, London 1961.

[8] Fernandez, Claudia S. P. Emotional intelligence in the workplace [J]. Journal of Public Health Management & Practice, 2007, 13 (1): 80-82.

在组织层面，往往需要显示、压制某些情绪，以营造开展所期望集体行动所需必要情绪背景[①]。情绪劳动理论强调，员工在组织社会情境中要表达适当情绪的行为，以符合组织需要[②]。哈雷利和拉斐利（Hareli & Rafaeli）的研究也表明[③]，组织层面的情绪具有动态性特征，并呈现出一种正向螺旋，群体互动会使集体情绪被放大或紧缩，而组织也将发展出新的情绪心态模式，企业可以通过调整、引导这种情绪动态性使其运作流程更加有效。由于组织内的情绪存在交互作用，只有其中的情绪主体形成良性互动时才能调动组织情绪潜能，产生更大的组织效益；而组织情绪一旦陷入不良状态，将会导致员工积极性、工作投入下降，进而导致企业整体绩效下滑甚至垮台[④][⑤][⑥][⑦]。基于此，本章提出一个组织情绪内部交互与动态螺旋模型，如图 2-1 所示。其中包括五个节点、四个阶段，伴随着组织情绪体系的动态螺旋演变，存在组织个体单元内、个体单元间、组织行动系统内、行动系统间四阶组织情绪冲突，基于冲突的组织情绪动态酝酿和塑造过程蕴含着推动组织变革、发展的重要情绪能量。

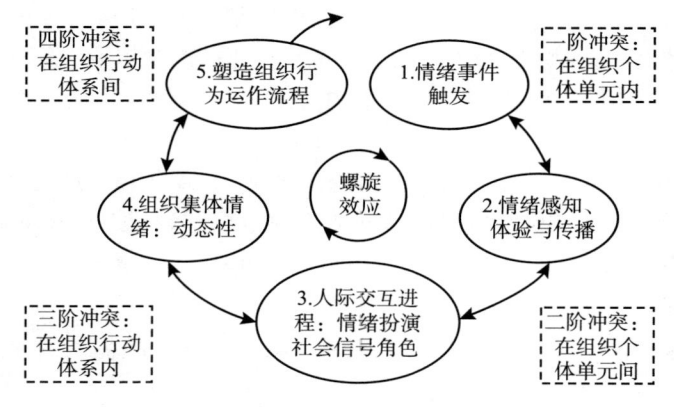

图 2-1　企业组织内部情绪动态螺旋

---

① Flam H. Emotional "man"：Ⅱ. Corporate actors as emotion-motivated emotion managers [J]. International Sociology，1990，5：225-234.

② Ashforth B. E.，Humphrey R. H. Emotion in the workplace：A reappraisal [J]. Human Relations，1995，48：97-125.

③ Shlomo Hareli，Anat Rafaeli. Emotion cycles：On the social influence of emotion in organizations [J]. Research in Organizational Behavior，2008，28：35-59.

④ 凯文·汤姆森著，崔姜薇，石小亮译. 情绪资本 [M]. 北京：当代中国出版社，2004.

⑤ 刘小禹，刘军. 团队情绪氛围对团队创新绩效的影响机制 [J]. 心理学报，2012（4）：546-557.

⑥ Fineman. In：S. Fineman，Editor，Emotion in Organizations [M]. Sage Publications，London. 1993.

⑦ Bolton S. Emotion management in the workplace. Management，Work and Organizations series [M]. Palgrave acmillan，Hampshire，2005.

2.3.2 组织内部能力与组织情绪能力的形成基础

基于资源的观点（RBV）强调组织"内部能力"是获取竞争优势的基础。但传统的"能力观"强调知识技能、资源集成以及程序惯例等，而忽略了能力构成的"情绪"元素[1]。麦克·吉赫里斯（Mac Gikhrist）曾提出[2]，组织能力应该包含九方面的内容，即联系环境的能力、战略能力、学术能力、反思能力、教育能力、专业性能力、情绪能力、精神能力和伦理能力，其中体现了组织能力概念在一般智力和情绪智力方面的双重内涵。

凯文·汤姆森曾强调组织的情绪资本概念，他认为组织情绪资本是实现产品增值的重要生产性资源，是增强员工工作动机，推动企业长远发展的基础[3]。基于企业竞争优势理论[4]，企业内部能力形成的基础来自组织核心资产，而核心资产除了组织程序惯例、人力资本、知识产权外，还包括隐含、内化的 Know-how 等。竞争优势理论将企业当作一种独特资源的聚合体，认为企业发展的实质是一系列独特资源生成、整合、发挥作用的过程。我们认为，在当前复杂变革条件下，人力资本、技术技能、组织惯例等构成了组织资源的显性部分，而调动人力资源、活化知识技能的组织情绪心智模式等 Know-how 内容构成了组织资源的隐性部分（见图 2-2），其中，后者为形成组织竞争优势提供了独特的隐含性资源。

在个体层次上，情绪智力是指"个体感知和表达情绪，理解和分析情绪以及调控自身与他人情绪以解决问题和调整其行为的能力"[5]，它被认为是对个体成功至关重要的情绪心智模式特征。在情绪性工作的研究基础上，休伊和阿肯等提出了"组织情绪能力"概念[6][7]：一种组织感知、理解、监测、调整和

---

[1] Akgün A. E., Keskin H., Byrne, J. The moderating role of environmental dynamism between firm emotional capability and performance [J]. Journal of Organizational Change Management, 2008, 21 (2): 230-252.

[2] 何立，凌文辁. 组织智力理论研究述评 [J]. 经济管理, 2009 (1): 180-184.

[3] 凯文·汤姆森著，崔姜薇，石小亮译. 情绪资本 [M]. 北京: 当代中国出版社, 2004.

[4] David J. Teece. Firm capability and economic development: Implications for newly industrializing economies [M]. Technology, Learning & Innovation, 1998: 86-123.

[5] 张鹏鹍. 情绪性工作研究及其对酒店管理的启示 [D]. 南京师范大学硕士论文, 2008.

[6] Huy Q. H. An emotion-based view of strategic renewal [J]. Advances in Strategic Management, 2005, 22: 3-37.

[7] Akgün A. E., Akgün J. C., Byrne and H. Keskin. Organizational intelligence: A structuration view [J]. Journal of Organizational Change Management, 2007a, 20: 272-289.

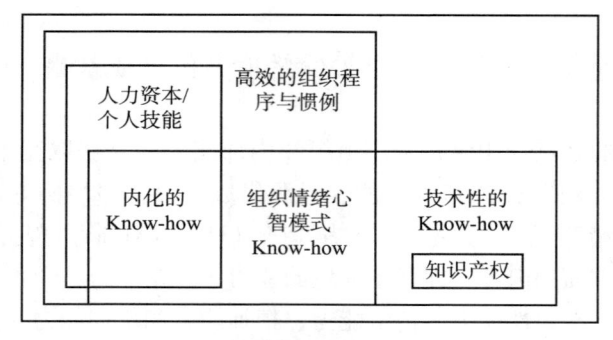

图 2-2　企业构建组织能力的核心资产

资料来源：改编自 David J. Teece. Firm capability and economic development: Implications for newly industrializing economies [M]. Technology, Learning & Innovation, 1998.

利用组织情绪及在组织结构、惯例和流程中引导、体现其情绪的能力。与个体"情绪智力"和其他类型的组织能力不同，组织情绪能力被视为一种描述组织情绪经历、体验、使能的能力类别，是一种组织情绪心智模式的具体体现。它由内隐性的组织情绪能量构成，不一定是天赋具有的，而是通过可以后天培养和塑造的一种能力。同时，组织情绪能力提取了能力的"情感"层面，由于"情绪"嵌入在内隐性的组织社会互动之中，所以情绪能力是暗默性的，并根植于组织群体共享经验的互动网络里，是一种最难模仿，最具独特性的能力构成[1][2][3]。

组织情绪能力理论将组织视为充满情绪资源的知识聚合体，提出了基于组织情绪的能力类型。其内在基本假设是，组织可以基于此种能力，接收、移情、引导、整合、调谐组织内部情绪，将其转化为可供组织发展的动力剂和管理工具。由于组织情绪的内部嵌入性和组织根植性，组织情绪能力亦涉及隐含、内化的 Know-how 内容，因此将具备异质性、隐含性和难以模仿特征，并有可能成为支持企业竞争的核心能力。当前的情绪研究侧重于对特定情绪状态

---

[1]　Akgün A. E., Keskin H., Byrne J. and Selim Aren. Emotional and learning capability and their impact on product innovativeness and firm performance [J]. Technovation, 2007b, 27 (9): 501–513.

[2]　Akgün A. E., Keskin H., Byrne J. The moderating role of environmental dynamism between firm emotional capability and performance [J]. Journal of Organizational Change Management, 2008, 21 (2): 230–252.

[3]　Akgün A. E., Keskin H., Byrne J. Organizational emotional capability, product and process innovation and firm performance: An empirical analysis [J]. Journal of Engineering and Technology Management, 2009, 26 (3): 103–130.

的构成性分析[1],而非着眼于离散的具体情绪特征,组织情绪能力概念的提出是基于组织认同的集体共享情绪,而非个体情绪或小团体情绪的简单加总,所以组织情绪能力为弥合个体微观和组织中观层次上的情绪能力(智力)提供了一个融合视角和必要补充[2][3]。关于情绪性工作、组织情绪和组织能力的相关研究,为在组织工作情景下通过干预组织情绪状态,产生相关响应,进而塑造独特企业竞争优势提供了参考借鉴。

2.3.3 企业组织情绪能力的基本内涵与作用影响

组织情绪能力涉及组织情绪、组织能力和情绪惯例的组织与整合,侧重于特定情绪状态的形成、表达和使能化。在组织情绪能力框架里,特定的组织惯例、情绪表达规范和情绪模式特征反映了组织唤起特定情绪状态的能力[4],研究者们将其称为"情绪动态性",并认为组织情绪能力至少包括鼓舞动态性、表达动态性、游戏动态性、体验动态性、和谐动态性、认同动态性六项内容[5][6][7],这些情绪动态性刻画了组织情绪能力的不同层面,表明组织情绪能力是一个多维度构思。基于休伊和阿肯等的相关研究[8][9][10],鼓舞动态性一般指组织管理者能够使员工充分释放热情,给所有组织成员注入希望、带来工作喜悦的能力;表达动态性一般指组织能够感受、表达各种组织内真情实感的能力;游戏动态性一般指组织在工作活动中塑造鼓励试验,宽容失败相关组织场景的能力;体验动态性一般指组织努力识别、接收和体会各种不同组织情绪、情感,并在深层理解的基础上采取相应回应行动的能力;和谐动态性是指组织在各种不同情绪之间架设起有意义的沟通桥梁,可以使两个具有不同价值观念的组织成员紧密结合,一起开展有效工作的能力;认同动态性则是指组织成员对本企业产生深切依恋的集体行为,形成对组织身份情感认同

---

[1][7][10] Huy Q. H. Emotional capability, emotional intelligence, and radical change [J]. Academy of Management Review, 1999, 24 (2): 325 – 345.

[2] Akgün A. E., Keskin H., Byrne J. and Selim Aren. Emotional and learning capability and their impact on product innovativeness and firm performance [J]. Technovation, 2007b, 27 (9): 501 – 513.

[3][4] Akgün A. E., Keskin H., Byrne J. Organizational emotional capability, product and process innovation and firm performance: An empirical analysis [J]. Journal of Engineering and Technology Management, 2009, 26 (3): 103 – 130.

[5][8] Huy Q. H. An emotion-based view of strategic renewal [J]. Advances in Strategic Management, 2005, 22: 3 – 37.

[6][9] Akgün A. E., Akgün J. C., Byrne and H. Keskin. Organizational intelligence: A structuration view [J]. Journal of Organizational Change Management, 2007a, 20: 272 – 289.

的能力。

不同类别的"情绪动态性"说明人与他人在组织互动中如何感知、评估、理解、表达和回应情绪的行为属性和方式惯例，它使组织情绪能力变得具体化和可操作化，而组织在多大程度上能够有效地实现这些情绪动态性，取决于其组织情绪能力水平的高低。组织情绪往往由关键情绪事件或情绪社会互动引发，组织情绪能力可以通过作用于情绪代理（vicarious affect）、交互同步（interaction synchrony）等组织情绪感染、整合程序，对组织情绪动态螺旋产生引导和干预；另外，组织情绪螺旋状态也为组织情绪能力调整提供着反馈信息。组织情绪能力作用与组织情绪螺旋关系如图 2-3 所示。由图 2-1、图 2-3 可知，组织情绪能力施加干预影响的过程，也是组织个体单元内、个体单元间、组织行动系统内、行动系统间四阶情绪相关冲突的激活和重建平衡过程，最终将在组织运作、行为流程上产生可见痕迹。

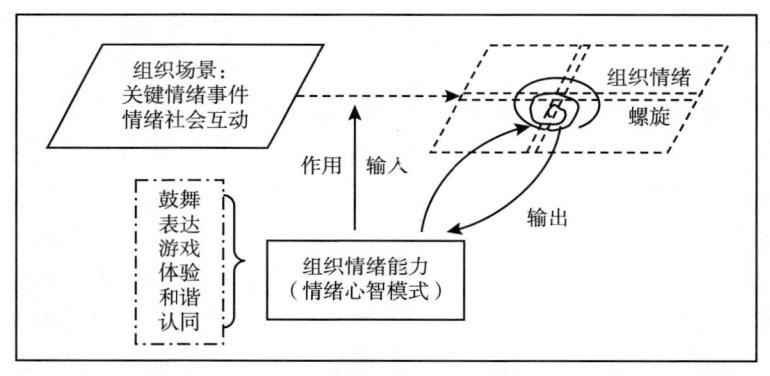

图 2-3　企业组织情绪能力作用与组织情绪螺旋关系

2.4　创新型企业的组织情绪能力及其创新作用机制

2.4.1　创新型企业的组织情绪能力问题

将组织情绪能力与群体创新能量联系起来，将为研究复杂变化条件下的企业创新行为问题打开一扇新窗。创新管理领域一直强调"特定能力"对组织创新的重要性[1]，学者们一直在努力探寻、识别不同类型的组织能力以推动创新[2]。以组织情感能量为基础的组织能力将可能通过阐述情绪相关的组织创新进程，丰富发展组织创新理论。

如前所述，竞争优势理论将企业当作一种独特资源的聚合体，认为企业发展的实质是一系列独特资源的生成、整合、发生作用的过程。对创新型企业而言，其创新活动充满了风险性和不确定性，如创新情景的变动性、解决路径的模糊性、技能需求的专用性、综合性以及问题解决的时限性等。它要求创新参与者给予高水平的承诺和投入，充分发挥其创新和创造潜能，以解决大量结构不良问题，提供定制化的解决方案[3]。因此，除了知识、技能准备和储备外，组织创新能否成功还取决于其能否有效调动和管理其创新智力资源，也即一个能否实现其智力资源实质投入创新活动的"使能化"过程。按照组织情绪能力管理的逻辑，创新型企业组织是充满了理性知识和感性情绪资源的聚合体，其中后者更与主导和参与创新活动的"人"相关。只有调动起创新参与者的积极性、主动性、创造性，引导其投入具体的创新活动中去，实现创新智力资源的"使能化"，才使企业取得良好的创新成效。

在外界环境和内部条件复杂变动的条件下，企业要达成持续推动创新的目标，就需要形成一种能够动态集成、重构、应用其组织情绪资源的能力。以此能力为支撑，创新型企业能够动态引导、干预和调谐组织情绪螺旋，完成智力资源情绪动能的"使能化"过程，将组织情绪资源转换为企业创新推动力。创新型企业组织情绪能力的形成与组织情绪的感知、体验、理解、评价、调节和引导等情绪管理实践密切相关，同时它根植于组织特定的愿景、场景、惯例和群体之中，具有嵌入性、稀缺性和价值性，将为企业提升整体创造性，生产和提供更多独特的创新产品和服务产生作用和贡献。创新型企业的组织情绪能力与企业创造性关系模型如图2-4所示。

---

[1] Montes et al., F. J. L. Montes, A. R. Moreno and V. G. Morales. Influence of support leadership and teamwork cohesion on organizational learning, innovation and performance: An empirical examination [J]. Technovation, 2005, 25: 1159-1172.

[2] Akgün A. E., Keskin H., Byrne J. and Selim Aren. Emotional and learning capability and their impact on product innovativeness and firm performance [J]. Technovation, 2007b, 27 (9): 501-513.

[3] 孙锐，张文勤. 重大项目实践、组织学习机制与创新人才培养研究 [J]. 科学学与科学技术管理，2013 (3): 136-144.

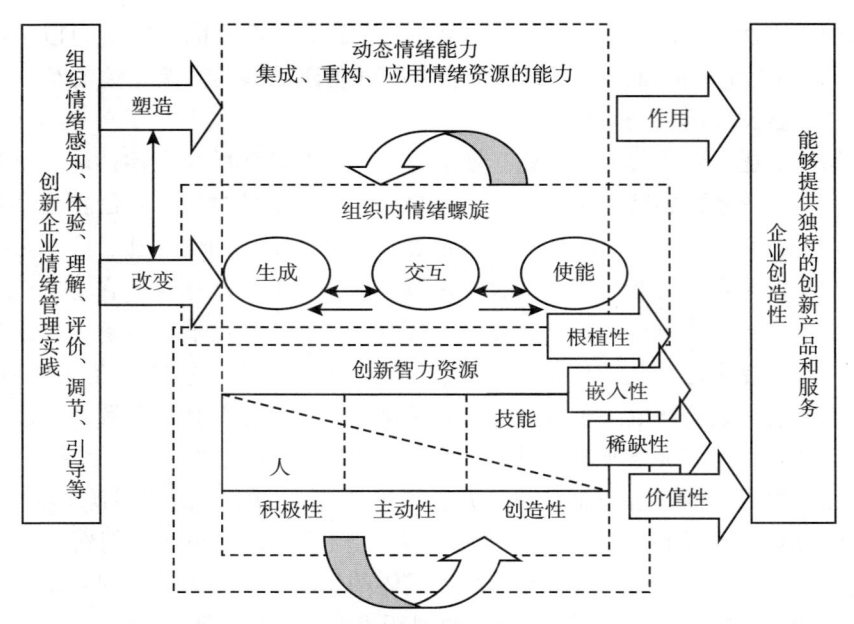

图2-4　创新型企业的组织情绪能力与企业创造性

资料来源：改编自 Wright P. M., Dunford B. B., Snell S. A. Human resources and the resource based view of the firm [J]. Journal of Management, 2001, 27: 701-721.

2.4.2　创新型企业情绪能力对创新的作用模型

基于上述对组织情绪、创新型组织情绪能力内涵及性质的分析，本章提出一个创新型企业组织情绪能力对具体创新过程的作用模型，如图2-5所示。根据乔治和周（George & Zhou）和邝（Fong）的相关理论[1][2]，一种支持性的组织情绪状态将为员工在复杂动态环境下，推动彼此间的分享知识、开展创造性活动提供便利条件。如前所述，创新是一个社会化的问题解决历程，其中涉及领域（domain）、个体（individual）与场景（field）三者互动，在问题确认、创意酝酿、解决方案生成等不同环节，组织情景脉络、个体工作动机以及技术技能投入都将产生重要的影响，而这些影响变量作用的发挥又与组织情绪密切关联。

---

[1] George J. M., Zhou J. Dual tuning in a supportive context: Joint contributions of positive mood, negative mood, and supervisory behaviors to employee creativity [J]. Academy of Management Journal, 2007, 50: 605-622.

[2] Fong C. T. The effects of emotional ambivalence on creativity [J]. Academy of Management Journal, 2006, 49 (5): 1016-1030.

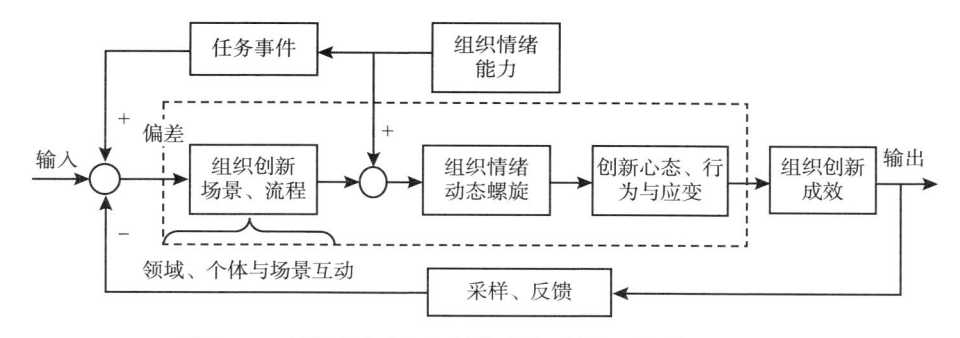

图 2-5 创新型企业组织情绪能力对创新过程的作用模型

依据创新多重社会领域理论、创造力工作动机理论以及情绪的社会建构理论，创新型企业的组织情绪能力可以通过作用于任务情景中的组织情绪螺旋等多种机制来干预组织创新进程[1][2][3][4][5]：首先，增强组织情绪能力将促进组织创新场景中的情绪沟通、互动和共享，加深员工彼此间的感情了解和情绪联结，增强对共同目标和共同身份的认同认知，统一行为指向，推动跨层级的创新联合行动；其次，较高的组织情绪能力有助于组织在创新过程中动态监测、引导、调整情绪状态和情绪螺旋，增强投入创新的情绪唤醒和激发创造力的情绪强度，提升创新群体对创造性问题的认知灵活性和组织面对非常规任务的应变性；再其次，增强组织情绪能力有助于扩展组织情绪表达和展示空间，使组织内的个体更好地了解组织情绪惯例和创新活动情绪反应，接受、融入对组织智力活动、创新创造活动的情绪表达，减少情绪冲突、抱怨和摩擦，提升对创新创造活动的理解、坚持、包容性；最后，提升组织情绪能力，将有助于员工对组织情绪的吸收、内化、同步和调谐，提升个人的团体工作动机，改善组织行为态度和创新决策质量，紧密创新环节流程，形成主动作为、积极参与的创新行为模式。基于以上机制，创新企业的组织情绪能力对组织创新过程和成效

---

[1] Amabile T. M., Conti R., Coon H., Lazenby J. and Herron M. Assessing the work environment for creativity [J]. Academy of Management Journal, 1996, 39: 1154-1184.

[2] Akgün A. E., Keskin H., Byrne J. and Selim Aren. Emotional and learning capability and their impact on product innovativeness and firm performance [J]. Technovation, 2007b, 27 (9): 501-513.

[3] Fineman. In: S. Fineman, Editor, Emotion in Organizations [M]. Sage Publications, London, 1993.

[4] Akgün A. E., Keskin H. Byrne J. Organizational emotional capability, product and process innovation and firm performance: An empirical analysis [J]. Journal of Engineering and Technology Management, 2009, 26 (3): 103-130.

[5] Mark A., Davis. Understanding the relationship between mood and creativity: A meta-analysis [J]. Organizational Behavior and Human Decision Processes, 2009, 108 (1): 25-38.

产生作用影响。另外，创新成效信息也将作为重要的管理反馈信号，与新触发的创新事件一起，输入新一轮可以被组织情绪能力干预的创新任务进程，从而形成组织情绪能力发挥作用的创新流程循环。组织情绪能力有助于强化组织创新能量的积累和释放，使组织创新行为过程容纳进了组织独特的情绪性资源，其中的情绪动态性将使人力资源、组织要素与创新流程紧密结合在一起，形成企业开放的，创新导向的组织情绪系统。

2.5 研究总结与相关展望

2.5.1 当前组织情绪能力的研究不足

综合国内外相关研究文献可以看出，近年来，有关组织情绪问题已经引起国内外学者的广泛关注。国内外一些学者已经开始致力于组织情绪能力研究，并初步涉及其对组织过程及结果变量的相关影响分析。值得注意的是，这种研究尚是探索性的，相关研究处于起步阶段，特别是尚未展开关于组织情绪能力对组织创新作用影响的系统研究。当前的研究脉络显示，已有的研究成果为组织情绪能力理论的扩展以及实践层面上的组织创新推动提供了一个极具解释力的分析框架。然而，基于上述文献分析可以看到，已有研究成果大多偏重于对组织情绪能力构成属性的描述，缺乏运用整体理论视角进行的深入诠释；此外，相对于对组织情绪能力本体的探讨，关于其形成影响因素还未提供有效的理论解释；并且对组织情绪能力的影响效应侧重于理论分析，还缺乏深入的实证检验；由于组织情绪能力具有的"动态性"和"跨层次"特征，导致实证研究要比概念发展缓慢得多。目前国际上对组织情绪能力的研究正呈现出发展性势态，但将其作为一种"实体"进行实证研究尚处于起步阶段，尚没有形成完整的理论框架，关于其内涵、结构和作用机制等还缺乏统一的认识和进一步的实证了解。并且，组织情绪能力与文化背景密切相关，东方背景下的组织情绪能力具有何种特征还未见研究报道。总体来看，相关研究还有待于解决的问题包括以下三个方面。

第一，组织情绪能力的具体测量。尽管基于前期组织情绪研究，学者们指出存在一个组织情绪能力问题，但是组织情绪能力的内涵到底是什么，它包括哪些属性，其结构怎样等组织情绪能力概念化工作尚未深入系统的完成。如何理解组织情绪能力的意义是解决测量组织情绪能力问题的前提。虽然休伊在组织变革的相关分析中[①②]，关注到组织情绪能力的价值和作用，但其研究单纯侧重于构成属性层面，没有从整体视角（holistic perspective）完成这一任务，使得现有研究框架的理论基础较为薄弱，并可能缺乏广泛的适用性。因此，基于过程分析观点，观察和分析跨类别组织水平上的组织情绪能力现象和问题，有待于在组织情绪能力的测量研究中进一步解决。

第二，组织情绪能力是如何形成的。以往组织情绪能力研究者们直接从认知心理学和社会心理学借鉴相关概念，在没有对组织情绪能力进行更普遍概念化的同时，也未关注对其形成影响因素的探讨。虽然组织情绪能力研究者从直接来源或间接来源，论证了组织情绪能力在组织中发挥的重要作用。但是，其中关于"情绪动力学"的探讨不足以弥补在组织情绪能力形成原因及过程分析方面的缺憾。基于组织内部能力视角，探讨何种组织或管理要素将有助于塑造或调动特定的组织情绪动能，同时考虑不同文化背景下组织情绪能力的形成差异，有待于在未来组织情绪能力的形成机制研究中进行深入分析。

第三，组织情绪能力是如何发生作用的。研究者非常关心组织情绪能力对组织产出的影响，组织情绪能力在企业战略活动中的作用。但是，对于组织情绪能力的作用机制缺乏系统的分析，其中包括一些基本问题，如组织情绪能力在组织战略资源和能力结构中的位置，它在组织员工价值创造过程中是如何发生作用的，尤其是组织情绪能力作为整体性构思与各种构成性属性在组织行为过程中扮演着何种角色；组织情绪能力发生作用受何种因素影响，包括与组织活动密切关联的外部环境特征及组织员工特征因素等都没有进行深入研究。这些问题的解决，都有待在组织情绪能力作用机制的研究中推进。

2.5.2 组织情绪能力的研究展望

当前我国处于经济转型期和高速发展期，各种问题、矛盾层出不穷。在这种条件下产生的组织情绪不良，不仅对组织的健康、和谐发展产生负面影响，

---

① Huy Q. H. An emotion-based view of strategic renewal [J]. Advances in Strategic Management, 2005, 22: 3–37.

② Huy Q. H. Emotional capability, emotional intelligence and radical change [J]. Academy of Management Review, 1999, 24 (2): 325–345.

也将导致员工效率低下、满意度下降、离职，进而使企业失败[1][2][3][4]。富士康员工自杀现象进一步折射出现代组织情绪管理及相关能力的必要性。在其中暴露出的诸多问题中，最为突出的是组织情绪管理能力不足，以及由此给企业带来的灾难。在经济的高速发展期，组织员工逐步沦为高速运转的经济机器上的单个零件。特别是在各种矛盾、问题不断发生的经济转型期，企业员工通常背负着超负荷的压力，而组织却没有承担起情感护理、情绪疏导的功能，让组织中的个体回归为具有喜怒哀乐的社会人，这令企业管理者深思，也为人力资源和组织行为研究者提出了深入探讨组织情绪相关问题必要性。组织情绪能力与文化背景密切相关，东方背景下的组织情绪能力具有何种特征，它与企业创新的关系如何？都值得深入探讨。未来相关研究可在以下三方面开展。

第一，创新企业组织情绪能力的结构化和测量。尽管当前，特别是在复杂变革背景下学者们提出了企业的组织情绪能力问题，但是中国情境下，企业特别是创新型企业组织情绪能力的内涵到底是什么，包括哪些基本特征和属性，是存在"一般性"模式，还是"特定性"模式等还有待进一步实证分析。

第二，对企业组织情绪能力的前因变量的探索。虽然，国际组织情绪能力研究者从直接来源或间接来源，论证了组织情绪能力对组织行为和结果会发挥作用[5]。但是，其中对"情绪动态性"的探讨不足以弥补在企业组织情绪能力形成原因及过程分析方面的缺憾。基于核心能力观点，探讨何种组织因素是构建企业组织情绪动态性的关键因素，同时考虑不同文化、产业背景下组织情绪能力的形成差异，有待深入探讨。

第三，创新企业组织情绪能力对创新结果变量的实证探索。企业组织情绪能力对组织创新的具体作用机制将是一个热点话题。但是，组织情绪能力的各构成属性影响组织创新的过程和路径是什么，其边界条件如何？还缺乏深入的实证研究，有待未来不断推进。

在当前转型社会经济条件下，从组织情绪能力视角更全面、深刻地解释和

---

[1] Anderson N., Potocnik K. and Zhou J. Innovation and creativity in organizations: A state-of-the-science review, prospective commentary, and guiding framework [J]. Journal of Management, 2014 (5): 1297 – 1334.

[2] Amabile T. M., Conti R., Coon H., Lazenby J. and Herron M. Assessing the work environment for creativity [J]. Academy of Management Journal, 1996, 39: 1154 – 1184.

[3] Dnenzin N. x. On understanding human emotion [M] San Francisco: Jossey – Bass, 1984.

[4] Bolton S. Emotion management in the workplace. Management, work and organizations series [M]. Palgrave Acmillan, Hampshire, 2005.

[5] Huy Q. H. Emotional capability, emotional intelligence and radical change [J]. Academy of Management Review, 1999, 24 (2): 325 – 345.

分析组织创新问题，将可能为组织创新和战略管理研究开辟一条新的思路，为解释组织创新行为和组织创新绩效产生提供一个新的角度，在此背景下研究识别和验证中国背景下企业组织情绪能力的结构维度、形成影响及其对创新的作用影响对形成我国独特的情绪能力和组织创新理论具有重要的理论价值。而在实践上，通过大规模实证研究检验组织情绪能力的作用机制，提出适合我国组织实际的组织情绪能力构建模式和创新干预机制，研究成果将对于推动我国企业创新、改进情绪管理模式、引导企业提升整体组织管理水平，特别是创新管理水平具有重要的现实意义。

第 3 章

中国科技企业组织情绪能力的结构测量研究

3.1 问题的提出

在当前复杂变化条件下,组织情绪问题日益引起人们的普遍关注[1][2]。组织情绪不良不仅会使企业组织涣散、人心浮动、产出减少、绩效降低,更会对组织长远生存发展带来严重负面影响[3]。当前我国处于经济转型期和高速发展期,各种问题、矛盾层出不穷,组织员工通常背负着超负荷的压力,富士康员工自杀现象进一步折射出现代企业组织情绪管理及其能力建设的必要性和急迫性[4]。组织忧郁症的破坏力不可小觑,这令企业管理者深思,也为组织行为研究提出了需要更加深入探讨的课题。

一段时间以来,"组织情绪"是组织管理中一个有意无意被忽略的话题。泰勒的"科学管理"理论强调规范化、定量化、精确化和机械化,要求员工始终保持客观、理性,将"情绪"视为一种非理性、难以驾驭的组织能量加

---

[1] Huy, Quy Nguyen, Corley, Kevin G. and Kraatz M. S. From support to mutiny: Shifting legitimacy judgments and emotional reactions impacting the implementation of radical change [J]. Academy of Management Journal, 2014, 57 (6): 1650 – 1680.

[2] Akgün A. E., Keskin H., Byrne J. Organizational emotional capability, product and process innovation and firm performance: An empirical analysis [J]. Journal of Engineering and Technology Management, 2009, 26 (3): 103 – 130.

[3] 孙锐, 张文勤. 企业创新中的组织情绪能力问题研究 [J]. 科学学与科学技术管理, 2015 (12): 12 – 19.

[4] 孙锐. 复杂变革背景下组织情绪能力与组织学习创新关系研究——人力资源管理的视角 [J]. 第一资源, 2012 (4): 116 – 122.

以遏制和排斥；而霍桑实验虽然发现组织员工情绪会对工作效能产生影响，但也没有引起人们的足够重视[1][2][3]。直到20世纪90年代，组织情绪研究呈现出蓬勃生机，并由认知心理学、社会心理学向管理学和经济学领域扩展。近期，随着对组织情绪的研究重视，管理学界将"能力"概念与组织情绪、情感结合起来提出"组织情绪能力"概念，并探讨其基本内涵及对组织的作用影响，由此形成一个研究新主题和一种重要研究趋势[4][5]。

传统的"情绪"和"组织情绪"研究将注意力聚焦于心理学领域的个体认知层面，提出并探讨了个人"情绪智力"问题，但没有进一步回答组织层面上的"情绪能力"及其作用问题[6]。组织情绪能力理论认为，这种基于情绪的能力由组织内隐的情绪能量构成，在动态变化环境下它能够推动企业变革，保持组织外部适应性，并进一步提升组织绩效[7][8][9]。然而，当前国际上对组织情绪能力内涵的分析还处于探索阶段，实证研究比概念发展缓慢得多，而国内方面有关理论和实证研究尚未开展。另外，组织的研发创新活动与组织情绪氛围密切相关[10]，在我国实施创新驱动战略的背景下，研究科技企业的组织情绪能力问题，从情绪动力学角提出推动组织创新的策略和方向，不仅有利于扩展国际组织情绪研究的理论框架，也将对推动我国科技企业创新组织管理实践提供有益借鉴。我国现实背景、文化环境都与西方国家显著不同，中国企业的组织情绪能力测量和影响需要扎根中国企业实践开展基础

---

[1] Huy Q. H. Emotional capability, emotional intelligence and radical change [J]. Academy of Management Review, 1999, 24 (2): 325–345.

[2] 潘晓云. 基于个体、团队视角冲突与情绪的研究 [D]. 复旦大学博士论文, 2008: 37.

[3] 刘小禹, 刘军. 团队情绪氛围对团队创新绩效的影响机制 [J]. 心理学报, 2012 (4): 546–557.

[4] Huy, Quy Nguyen, Corley. Kevin G., Kraatz M. S. From support to mutiny: Shifting legitimacy judgments and emotional reactions impacting the implementation of radical change [J]. Academy of Management Journal, 2014, 57 (6): 1650–1680.

[5] Akgün A. E., Keskin H., Byrne J. C., Gunsel A. Antecedents and Results of Emotional Capability in Software Development Project Teams [J]. Journal of Product Innovation Management, 2011 (6): 957–973.

[6] Akgün A. E., Keskin H., Byrne J., Selim Aren. Emotional and learning capability and their impact on product innovativeness and firm performance [J]. Technovation, 2007, 27 (9): 501–513.

[7] Akgün A. E., Keskin H., Byrne J. The moderating role of environmental dynamism between firm emotional capability and performance [J]. Journal of Organizational Change Management, 2008 (2): 230–252.

[8] Huy Q. H. Emotional balancing of organizational continuity and radical change: The contribution of middle managers [J]. Administrative Science Quarterly, 2002, 47 (1): 31–69.

[9] Huy Q. H. An emotion-based view of strategic renewal [J]. Advances in Strategic Management, 2005, 22: 3–37.

[10] 孙锐, 张文勤. 企业创新中的组织情绪能力问题研究 [J]. 科学学与科学技术管理, 2015 (12): 12–19.

探索。基于此，本章以我国科技企业为研究对象，采用定性与定量相结合的方法，通过问卷开发程序对中国企业背景下组织情绪能力的结构模型进行了探索性研究。为进一步验证问卷工具的预测效度，本章以组织创新为校标变量，分析检验了中国企业组织情绪能力及其各维度变量对企业创新的作用影响。

3.2 组织情绪能力的相关研究回顾

麦尔和萨洛维（Mayer & Salovey）[1]认为，"情绪"是显性表达的个体情感，包括爱、恨、勇气、恐惧、喜悦、悲伤、高兴和厌恶等内心状态等。"情绪"的现象学解释则将其视为一种在社会互动中产生的情感体验、情感状态或心理过程，并认为它与个体对事物及个人经历、感知的判断密切相关，会支配人们的心理活动，影响人们的决策选择，造成个体的行为改变等[2][3]。

霍奇希尔德（Hochschild）最早提出了"情绪性工作"概念，并致力于研究组织中内隐的情绪管理[4]。进入20世纪90年代，随着"以人为本"理念的提出，情绪性工作研究进入兴起阶段。这一阶段的研究侧重于对情绪表达行为、情绪工作应用策略以及情绪工作积极后效的分析[5][6]，如阿德里南（Adelinann，1995）的研究表明，情绪性工作和幸福感正相关。这期间引入了量化研究，如莫尼斯和费尔德曼（Monis & Feldman，1996）、格兰迪和克鲁（Grandey & Kru，1998）等提出了多种情绪工作结构模型，并开发了测量量表，同时，其研究对象也不再局限于服务行业，而扩展至公共管理领域，如社会工作者（Karabanow，1999）、警察（Martin，1999）等。在这方面的研究基础上，麦尔和萨洛维和费尔德曼等提出了个体情绪智力（emotional intelligence）概念，并成

---

[1] Mayer P., Salovey. What is emotional intelligence？. In: P. Salovey and D. J. Sluyter, Editors, Emotional Development and Emotional Intelligence, Basic Books [M]. New York, 1997: 3 – 31.
[2] Perlovsky L. I. Toward physics of the mind: concepts, emotions, consciousness, and symbols [J]. Physics of Life Reviews, 2006 (3): 23 – 55.
[3] Goleman D. Emotional intelligence: Why it can matter more than IQ [M]. New York: Bantam, 1995.
[4] Hochschild A. The managed heart [M]. Los Angeles: University of California Press, 1983.
[5] 张鹏鹏. 情绪性工作研究及其对酒店管理的启示 [D]. 南京师范大学硕士论文, 2008.
[6] Ashforth B. E., Humphrey R. H. Emotion in the workplace: A reappraisal [J]. Human Relations 1995, 48: 97 – 125.

为后续情绪研究的重要主题。情绪智力被认为包括认识自身情绪、管理自身情绪、自我激励、认知他人情绪和妥善处理人际关系的能力五个方面[①]，与员工面对冲突、压力下的情绪适应性显著相关。情绪智力的提出对个体及组织行为过程的研究带来了新的解释。

在过去十几年中，"变化"和"变革"一直是战略管理的研究主题。基于资源的观点强调组织"内部能力"是获取竞争优势的基础。已有研究表明，基于技术（Afuah，2002）、市场（Day，1994）、研发（Deeds，2001）、文化（Bogner & Thomas，1994）以及集成（Wang et al.，2004）的内部能力均会对组织产生重要影响，但这些"能力观"强调互动模式、知识技能以及程序惯例等，而忽略了构成能力的"情绪"层面[②]。而传统组织心理和行为研究，将"情绪"分析集中于个体层面，提出并探讨了个人"情绪智力"，但没有进一步分析和回答组织水平上的"情绪能力"问题。

由于组织是由富有各色情绪、情感的不同个体组成的，因此，情绪渗透于工作场所之中，构成了组织生活的重要部分，并像作用于员工个体一样影响整个组织[③]。近期的研究表明，"情绪"虽然是一种内在心理经验，但具有心理学和社会学的双重特质，通过情绪感知、体验、传染和传播，会启动和触发一系列组织人际交互进程[④]。组织情绪会产生社会影响，其表现之一是组织内部情绪传播会影响他人的基本假设和对组织的基本判断，进而建立或者破坏社会关系，或影响重要的组织进程[⑤]。另外，情绪也可以被视为一种反映主体状况的信息渠道，不同主体情绪的释放、传播，会像信息传播一样引发相应行为和信息反馈，从而形成一种社会化过程[⑥]。因此，现代组织是一个"情绪性"场所，是工作群体酝酿、表达、控制、发展情绪，并疏导、强化或者缓和情绪的

[①] Goleman D. Emotional intelligence: Why it can matter more than IQ [M]. New York: Bantam, 1995.

[②] Akgün A. E., Keskin H., Byrne J. Organizational emotional capability, product and process innovation and firm performance: An empirical analysis [J]. Journal of Engineering and Technology Management, 2009, 26 (3): 103 – 130.

[③] Ashforth B. E., Humphrey R. H. Emotion in the workplace: A reappraisal [J]. Human Relations, 1995, 48: 97 – 125.

[④] Elfenbein H. A., Maw – Der F., White J. B., Hwee – Hoon T. and Aik V. C. Reading your counterpart: The benefit of emotion recognition accuracy for effectiveness in negotiation [J]. Journal of Nonverbal Behavior, 2007 (4): 205 – 223.

[⑤] Fernandez, Claudia S. P. Emotional intelligence in the workplace [J]. Journal of Public Health Management & Practice, 2007, 13 (1): 80 – 82.

[⑥] Frijda N. H. Moods, emotion episodes, and emotions. In M. Lewis & I. M. Haviland (Eds.), Handbook of motions [M]. New York: Guilford Press, 1993: 381 – 403.

途径和载体[1][2]。而组织情绪的变动性也会影响身处其中的员工情绪、思想或行为，进而影响群体情感认知以及组织绩效等[3]。

　　情绪智力被认为是对个体成功至关重要的情绪特征，是"个体感知和表达情绪，理解和分析情绪，以及调控自身与他人情绪以解决问题和调整其行为的能力"[4]。同时，组织内存在情绪传染现象（emotional contagion），情绪之间相互影响，情绪以及情绪的表达具有引发他人情绪的能力[5]，只有在组织内的个体形成情绪良性互动时，才能调动情绪潜能，产生更大组织效益。在个体情绪智力和情绪性工作相关研究基础上，休伊[6][7]和阿肯等[8][9]提出了"组织情绪能力"概念，将其界定为"一种组织感知、理解、监测、调整和利用组织情绪及在组织结构、惯例和流程中引导、体现其情绪的能力"。与个体"情绪智力"概念不同，组织情绪能力是一种描述组织情绪经历、体验的相关能力类别，由内隐性的组织情绪能量构成，并不一定是天赋具有的，而是可以培养和塑造的能力[10]。同时，组织情绪能力是能力的"情感"构面，由于"情绪"嵌入在内隐性的组织社会互动之中，所以情绪能力是暗默性的，它根植于群体的社会系统和组织成员共享经验的互动网络里，由一种最难模仿、最具独特性的能力构成。在组织情绪能力的框架中，组织制度、惯例和规则特征反映着其唤起特定情绪状态的行为能力，休伊将这些特定的、具体的情绪状态唤起能力称

---

[1] Levine D. P, Levine. The fantasy of inevitability in organizations [J]. Human Relations, 2001, 54: 1251 – 1265.

[2] Fineman. In: S. Fineman, Editor, Emotion in Organizations [M]. Sage Publications, London, 1993.

[3] Felps W., Mitchell T. R. and Byington E. How, when, and why bad apples spoil the barrel: Negative group members and dysfunctional groups [J]. Research in Organizational Behavior, 2006, 27: 181 – 230.

[4] Mayer P. Salovey. What is emotional intelligence? . In: P. Salovey and D. J. Sluyter, Editors, Emotional Development and Emotional Intelligence, Basic Books [M]. New York, 1997: 3 – 31.

[5] Barsade S. G. The ripple effect: Emotional contagion and its influence on group behavior [J]. Administrative Science Quarterly, 2002, 47 (4): 644 – 675.

[6] Huy Q. H. Emotional balancing of organizational continuity and radical change: The contribution of middle managers [J]. Administrative Science Quarterly, 2002, 47 (1): 31 – 69.

[7] Huy Q. H. An emotion-based view of strategic renewal [J]. Advances in Strategic Management, 2005, 22: 3 – 37.

[8] Akgün A. E., Keskin H., Byrne J. Organizational emotional capability, product and process innovation and firm performance: An empirical analysis [J]. Journal of Engineering and Technology Management, 2009, 26 (3): 103 – 130.

[9] Akgün A. E., Keskin H., Byrne J. The moderating role of environmental dynamism between firm emotional capability and performance [J]. Journal of Organizational Change Management, 2008 (2): 230 – 252.

[10] Akgün A. E., Keskin H., Byrne J. and Selim Aren. Emotional and learning capability and their impact on product innovativeness and firm performance [J]. Technovation, 2007, 27 (9): 501 – 513.

为"情绪动态性",并认为情绪动态性包括若干种类,如表达、体会、和解、认同情绪动态性等,不同类别的"情绪动态性"说明人们与他人在组织互动中如何感知、评估、理解和表达情绪,因此,它们反映着组织成员间的情绪表达和情绪调节能力。在组织中,个体情绪会通过情绪传染、情绪分享和情绪聚合形成集体共享情绪螺旋(emotional spiral),这种组织情绪螺旋是动态的,其产生机制往往自动发生,不会被显著察觉,但可以被有意引导[1]。组织情绪能力及其"情绪动态性"可以通过作用于引导、调制、放大或紧缩组织内的集体情绪状态,来调动和发挥组织情绪潜能,以产生组织效益而不是损害组织效能。情绪虽然是一种内在的心理经验,但组织员工会根据组织情绪状态信息,进行推断和自身行为修正[2],因此,组织情绪能力不仅会对员工及其群体的动机、行为、决策产生作用,也会通过触发各种组织情绪交互进程,进而影响到组织战略过程。

在组织情绪能力的作用影响方面,休伊等的研究表明,这种能力将有利于推动组织变革,使组织保持适应性,并改善公司绩效[3][4]。后继的研究支持了这种结论,认为高水平的组织情绪能力可以为企业带来竞争优势[5][6]。持支持观点的研究者们认为,组织可以通过提升其组织流程能力灌输或控制人们情绪的能力,例如,灌输团队精神等,来达到组织特定的预期目的、执行特定的功能,或者推动有特定价值的相关活动[7]。在实证方面,阿肯等[8]的研究表明,在动态环境下,组织学习的某些维度可以帮助组织引导情绪能力嵌入组织产品创新、技术创新中去。阿肯等的实证探索证实,组织情绪能力会通

---

[1] Barsade S. G. Gibson D. E. Why does affect matter in organizations? [J]. The Academy of Management Perspectives, 2007, 21: 36–59.

[2] Sy T., Cote S., Saavedra R. The contagious leader: Impact of the leader's mood on the mood of group members, group affective tone, and group processes [J]. Journal of Applied Psychology, 2005 (2): 295–305.

[3][5] Huy, Quy Nguyen, Corley, Kevin G., Kraatz M. S. From support to mutiny: shifting legitimacy judgments and emotional reactions impacting the implementation of radical change [J]. Academy of Management Journal, 2014, 57 (6): 1650–1680.

[4] Huy Q. H. Emotional Balancing of Organizational Continuity and Radical Change: The contribution of middle managers [J]. Administrative Science Quarterly, 2002, 47 (1): 31–69.

[6] Huy Q. H. An emotion-based view of strategic renewal [J]. Advances in Strategic Management, 2005, 22: 3–37.

[7] Akgün A. E., Keskin H., Byrne J. The moderating role of environmental dynamism between firm emotional capability and performance [J]. Journal of Organizational Change Management, 2008 (2): 230–252.

[8] Akgün A. E., Keskin H., Byrne J. and Selim Aren. Emotional and learning capability and their impact on product innovativeness and firm performance [J]. Technovation, 2007, 27 (9): 501–513.

过影响组织创新进而作用于组织绩效，这种影响在环境动态性条件下更加显著[1]。而团队层次上的组织情绪能力建设也将对研发项目团队绩效产生显著作用影响[2]。

将组织能力与群体情绪能量联系起来的"组织情绪能力"探索为复杂变革条件下的企业行为研究打开一扇新窗。组织情绪能力提出的"情绪动态性"概念为弥合个体微观和组织中观层次的情绪能力提供了一个中间的融合视角[3]。关于组织情绪能力的研究，为在工作情景下如何干预组织情绪反应进而影响组织结果变量提供了管理行为思路和手段。目前国际上组织情绪能力的研究呈现出发展性势态，但大多数研究尚处于理论探讨层面，将其作为一种"实体"的实证研究处于起步阶段，尚没有形成完整的理论框架，关于其内涵、结构和作用机制等还缺乏统一的认识和进一步地实证了解。现有的组织情绪能力描述是否能够概括"情绪相关能力"的主要内涵？在不同经济文化背景下有何具体的差别体现，尚待更深入地分析探讨。

3.3 中国科技企业组织情绪能力的问卷编制

3.3.1 组织情绪能力测量题项的形成

（1）文献资料研究。

为对企业组织情绪能力实施有效测量，笔者首先收集、研究国际著名期刊发表的相关研究文献。在对企业组织情绪能力构思的基本框架、内涵内容、构思边界和维度构成进行探索分析的基础上，通过国际高质量相关实证研究文献搜集有关测量题项。由于组织情绪能力是一个多维度构思，测量较为复杂，测量题项较多，不同研究中测量存在差异，所以本章仅选择被国际同行认可的相关研究：休伊（1999、2002、2005），休伊、科利、凯文和克拉茨（Huy, Cor-

---

[1] Akgün A. E., Keskin H., Byrne J. Organizational emotional capability, product and process innovation and firm performance: An empirical analysis [J]. Journal of Engineering and Technology Management, 2009, 26 (3): 103 - 130.

[2] Akgün A. E., Keskin H., Byrne J. C., Gunsel A. Antecedents and Results of Emotional Capability in Software Development Project Teams [J]. Journal of product innovation management, 2011 (6): 957 - 973.

[3] Akgün A. E., Keskin H., Byrne J. and Selim Aren. Emotional and learning capability and their impact on product innovativeness and firm performance [J]. Technovation, 2007, 27 (9): 501 - 513.

ley, Kevin & Kraatz, 2014)、阿肯、伯恩和克斯金（Akgün, Byrne & Keskin, 2007）、阿肯、克斯金、伯恩和塞利姆（Akgün, Keskin, Byrne & Selim, 2007）、阿肯、克斯金和伯恩（2008、2009）、阿肯、克斯金、伯恩和甘塞尔（Akgün, Keskin, Byrne & Gunsel, 2011）、阿肯、克斯金、伯恩和约翰（Akgün, Keskin, Byrne & John, 2014）等的研究和问卷工具作为基础参考。对于国际文献中的相关测量题项，我们通过聘请专业人员以双向回译（back translation）方式，验证题项中文译文的语义表述是否达意、完整和准确。此后，基于企业深度访谈和半结构化问卷对相关调查题项进行挑选、提炼、修正和完善。

（2）企业实践归纳探索。

问卷编制的第二个阶段以企业深度访谈、开放调查开展现象学研究，其主要目的是获取我国企业组织情绪能力相关的第一手资料，并结合文献研究成果，确定研究构思的测量内容，并检验其在企业实践中是否具有普遍性，以便形成、完善调查问卷。为了确保问卷的可靠性和有效性，研究者到北京仁创科技、北京华旗资讯、中星微电子、广州新科电子、珠海疫苗研发企业、长春高新区汽车整车设计企业等8家科技企业的基层员工和管理人员进行深度访谈和开放式问卷调查。访谈内容主要有：组织员工在与他人互动中看待、评价、沟通、理解、表达和反映情绪的状况与特征，组织对待员工及员工之间情绪表达、传递、反映、理解和申诉的态度及反应，以及组织唤起、激发、调节、引导和管理情绪的相关方式、惯例、和过程等。每次调研由2名成员分别对访谈内容及开放式问卷回答条目进行整理，以回答者的具体语义信息和关键词为依据进行归类，同一回答语句内容包含多个意义的拆分后归纳至不同维度类别。此后，依据开放性编码、主轴性编码和选择性编码等程序，对现象学访谈材料进行归纳、分析，分类确定了组织情绪能力的六维度构思结构内容。为保证定性资料分析和条目意义归纳内部一致性，笔者采用两轮分析者材料交换认定法进行一致性审核。

（3）形成测量题项与完善问卷。

在以上文献研究和定性研究基础上，我们将组织情绪能力的操作化定义界定为：组织感知、了解、监测、引导和利用组织情绪，及在组织制度、惯例和规则中体现、表达、调整和整合员工情绪以配合重要战略活动的情绪治理能力。在确定企业组织情绪能力内涵及相关意义后，研究者在参考国际已有成熟测量工具，结合企业深度访谈和开放式问卷调查获取的内容，编制企业组织情绪能力原始调查问卷。问卷编制考虑我国企业文化背景及可读性、易懂性要求，最终形成包括鼓舞、自由表达、容错、体验、和谐和认同6个维度的27

个问卷测量题项。为确保问卷的内容效度，邀请企业管理、人力资源管理和组织行为领域3名教授、副教授及3名企业管理博士研究生就调查问卷项目的合理性、准确性进行表面效度和专家效度检验。在综合考虑测量题项的内容效度、易理解性及表述准确性的基础上，合并题目2道，删除题目3道，共保留题目22道，其中反向计分题目1道。问卷采用Liker五点计分法来考察被试企业组织情绪能力的基本状况。

（4）组织情绪能力问卷预测试与项目调整。

为检验问卷的初步测试效果，在以上问卷题项的基础上，笔者补充了研究目的、指导语（注意事项）等形成完整预测试问卷。预测试在北京、深圳、包头、鄂尔多斯、宁波、济南等地科技企业共发放问卷430余份，回收问卷372份，剔除无效或回答不完整的问卷，共获得有效问卷315份，有效率为84.7%。被调查者中，男性189人（60%）、女性126人（40%）；大专58人（18.4%）、本科154人（48.9%）、硕士76人（24.1%）、博士12人（3.8%）、高中15人（4.8%）；工作年限在2年及以下的有74人（23.5%）、工作3~5年的116人（36.8%）、工作6~10年的80人（25.4%）、工作10年以上的45人（14.3%）；年龄小于25岁的59人（18.7%）、25~35岁的189人（60.0%）、36~45岁的36人（11.4%）、46~60岁的31人（9.8%）；职级职务处于企业高层的5人（1.6%），中层管理人员124人（39.4%）、基层一般员工为186人（59%）。

问卷数据使用SPSS15进行临界比分析、通俗度分析、区分度分析以及探索性因子分析。相关净化标准及程序为：第一，在临界比分析中，计算各测试题项临界比率值，将未达到显著性标准的题项删除；第二，计算通俗性分析指标$P = \prod / W$，其中，$\prod$为被试全体在某题项上的平均得分，W为该题项最高可能得分，将通俗性指标数值较高的题项予以剔除；第三，计算各题项总相关系数，要求每一题项相关项总系数高于0.5以上；第四，计算每题项内部一致性系数值，如删除某题项后该维度α系数值提高，则删除该题项；第五，进行探索性因子分析，将在所属因子上的载荷系数小于0.5，或存在交叉载荷（cross-loading）超过0.4的测量题项删除，每删除一个题项都重新做因子分析。通过以上程序删除2项，合并题项1项、修订题项2项，最终精炼产生了1个包括19个测量题项的调查问卷改进版本，探索性因子分析变异解释量达到79.55%。此问卷包括鼓舞、自由表达、容错、体验、和谐和认同6个测量维度，其中，鼓舞情绪动态性维度有2个测量题项，典型题项为"管理者能够为组织注入希望，带来喜悦"，自由表达动态性维度有3个测量题项，典型题项为"我们组织有一种促进员工真实、合理情绪表露的能力"等，容错动态性维度有 3 个测量题项，典型题项为"组织营造了一个鼓励人们进行各种尝试和实验的环境"，体验动态性维度有 5 个测量题项，典型题项为"在公司里，员工们彼此能够相互了解和体会彼此的心境""在公司里，员工们会对他人的情绪、情感表达出适当的情绪回应""组织成员会与同事沟通自己的情绪、情感"等，和谐动态性维度有 3 个测量题项，典型题项为"组织可以在各种情绪之间，架设起有意义的联系桥梁"等，身份识别动态性维度有 3 个测量题项，典型题项为"员工们对组织的独特属性，如理念、价值观等，表现出认同和依附性"等。预测试表明以上 6 个维度能够概括和覆盖组织情绪能力的构思内涵。

3.4 中国科技企业组织情绪能力的结构测量

3.4.1 正式问卷的数据收集

正式问卷调查对象为在新一代电子技术、软件研发、电子通信、新材料、机械制造、生物医药等产业领域内的科技创新型企业。本章选择规模在 25 人以上的科技型企业开展调研，一般此规模以上的企业才具有相对健全的管理系统[①]。对每个样本企业，企业组织情绪能力数据采集自企业实际从事科技研发工作的（R&D）员工。样本企业主要为北京中关村、上海嘉定汽车产业园、广东南沙新区、包头稀土高新区、鄂尔多斯高新区、长春高新区、宁波国家高新区、石家庄高新技术开发区以及北京市、深圳市、青岛市的相关高新技术企业。所有被调查企业及人员秉承自愿原则，问卷通过纸质和电子邮件两种方式发放、回收。正式问卷调查发放企业问卷 550 余份，回收问卷 463 份，在剔除掉漏答过多以及回答明显不认真、不合格的问卷之后，最终获得 352 家企业有效问卷，问卷发放回收有效率 76.03%。

被调查企业中，电子通信业企业占 13.1%，软件服务业企业占 11.6%，机械制造业企业占 27.3%，生物医药业企业占 28.7%，化工食品业企业占

---

① 孙锐. 战略人力资源管理与组织创新氛围研究——基于企业研发人员的调查 [M]. 北京：人民出版社，2013.

15.3%，其他产业企业占4.0%。被调查企业成立1~2年的占14.2%，成立3~5年的占47.7%，成立6~10年的占35.3%，成立10年以上占2.8%。被调查企业人员规模在50人及以下的占4.8%，50~200人的占28.1%，201~500人的占25.0%，501~1000人的占13.4%，1000人以上的占28.7%。被调查企业中国有企业占33.8%，三资企业（含港澳台企业）占31.5%，民营企业占33.5%，其他类企业占1.2%。被调查企业与行业领域内最大竞争对手相比，市场占有份额远小于对手的占4.3%，小于对手的占39.5%，与对手差不多的占29.8%，大于对手的占21.0%，远大于对手的占5.4%。被调查企业在我国东部地区的占48.6%，在中部及西部地区的占51.4%。

3.4.2 变量选取与测量工具

研究采用文献分析、深度访谈、专家访谈、开放式问卷调查等方式形成测量题项陈述句，并经预测试的临界比分析、通俗度分析、区分度分析等题项问卷纯化过程，最终形成的由20个题项构成的组织情绪能力初始问卷，对中国企业组织情绪能力的结构模型进行分析。我们将被试样本随机分成数量对等的两组，分别进行探索性因素分析和验证性因素分析。

3.4.3 对组织情绪能力测量结构的探索

因子分析方法是检验问卷结构效度的重要方法。如果题项因素负荷的绝对值大于0.5，且不存在交叉载荷，累积变异量达40%以上，则表明量表具有较好的结构效度。本研究对组织情绪能力测量题项进行探索性因子分析的KMO指标为0.782，表明样本数量是充足的。Bartlett球形检验值显著水平为0.000，近似卡方分布为2755.476，自由度为171。应用主成分分析法对研究问卷进行探索性因子分析，按特征值大于1和正交旋转法方差最大法抽取因子，得到的6个特征值大于1的因子结构模型。该结构各因子载荷均在0.7及以上，且交叉变量的因子负载没有超过0.4（各测量题项跨因子载荷均小于0.3），这表明此量表具有很好的收敛效度和判别效度（见表3-1）。以上6因子模型总共解释了84.320%的总体方差。该因子模型结构明确清晰，根据因子载荷测量题项对应内容分别命名各因子为体验、自由表达、容错、和谐认同与鼓舞情绪动态性，以上6因子模型与问卷题项对应假设构思表达一致，即表明中国科技企业组织情绪能力由体验、自由表达、容错、和谐认同与鼓舞情绪动态性6个一阶因素构成,各对应因子方差贡献率分别为 30.651%、14.845%、11.714%、10.901%、9.933% 和 6.276%。

表 3-1　　　　　　企业组织情绪能力问卷的探索性因素分析

测量项目	体验动态性	自由表达动态性	容错动态性	和谐动态性	认同动态性	鼓舞动态性
MT2	0.851	-6.645E-02	3.001E-02	7.061E-02	8.237E-02	0.141
MT1	0.822	8.358E-02	-1.480E-03	0.201	4.274E-02	9.398E-02
MT5	0.813	0.127	0.267	7.401E-02	5.133E-02	4.410E-02
MT4	0.804	0.200	8.010E-02	7.192E-02	0.119	-2.221E-02
MT3	0.731	3.085E-02	0.157	4.856E-02	9.854E-02	0.259
MZ2	7.878E-02	0.956	3.136E-02	6.877E-02	3.080E-02	6.475E-02
MZ3	7.481E-02	0.944	4.482E-02	9.003E-02	2.555E-02	3.904E-02
MZ1	0.137	0.864	0.164	0.171	-1.524E-02	0.131
MY1	4.996E-02	0.120	0.915	5.893E-02	9.231E-02	0.112
MY2	0.134	0.148	0.897	9.799E-02	2.824E-02	0.143
MY3	0.229	-3.640E-02	0.896	8.110E-02	3.668E-02	0.126
MH2	0.134	4.719E-02	2.399E-02	0.937	1.120E-03	3.136E-03
MH3	9.104E-02	8.733E-02	0.109	0.923	2.635E-02	4.752E-02
MH1	0.158	0.198	0.102	0.905	-5.353E-02	6.232E-02
MS2	9.507E-02	-1.319E-02	0.104	3.684E-02	0.912	9.474E-02
MS1	0.127	0.134	1.191E-02	-2.307E-02	0.895	0.120
MS3	8.666E-02	-7.073E-02	3.281E-02	-3.416E-02	0.875	0.123
MG1	0.196	0.112	0.190	4.948E-02	0.197	0.913
MG2	0.208	0.125	0.196	5.871E-02	0.176	0.905
特征根	5.824	2.820	2.226	2.071	1.887	1.192
方差贡献率	30.651%	14.845%	11.714%	10.901%	9.933%	6.276%

企业组织情绪能力各维度构思相关系数矩阵如表 3-2 所示。由表 3-2 可知，组织情绪能力各维度变量呈中低程度相关，表明各维度既有一定关联性，属于同一组织情绪能力总体构思；同时各维度意义又相对独立，没有由于维度意义重合而产生过度相关，表明其反映着同一总体构思的不同构面。我们采用 AVE（Average Variance Extracted）检验研究构思的聚合效度和区分效度。如果 AVE 超过 0.5 则说明各维度构思测量具有聚合效度；如果两个维度变量的相关系数（Φ 估计）小于两个维度的 AVE 平方根，则表明测量问卷具有区别效度[1]。由表 3-2 可知，组织情绪能力各维度变量 AVE 值在 0.64~0.85 之间，均超过 0.5，表明问卷具有良好的收敛效度，同时，矩阵对角线 AVE 的平方根值均大于其所在行和列的相关系数，表明研究问卷具有良好的区分效度。

表 3-2　　　　企业组织情绪能力各维度变量相关矩阵及效度检验

结构维度	AVE	体验动态性	表达动态性	和谐动态性	鼓舞动态性	容错动态性	认同动态性
体验动态性	0.648	1.000					
表达动态性	0.851	0.223	1.000				
和谐动态性	0.849	0.269	0.255	1.000			
鼓舞动态性	0.826	0.375	0.235	0.149	1.000		
容错动态性	0.815	0.305	0.204	0.200	0.372	1.000	
认同动态性	0.799	0.227	0.063	0.010	0.337	0.141	1.000

如表 3-3 所示，对问卷进行项目分析和信度检验结果表明，6 维度企业组织情绪能力问卷其整体内部一致性系数 α 值为 0.86，各维度变量 α 值在 0.88~0.96，均高于 0.7 的标准。同时，删除任一个题项均不会带来总体量表和各维度变量 α 信度值的进一步提高。从修正的项总相关系数值看，各题项与对应维度的相关系数在 0.76~0.91，均高于 0.5 的临界值要求。结合以上检验分析，企业组织情绪能力问卷没有进一步须删除的题项，问卷项目设计是合理、可信的。

---

[1] Fornell C., D. F. Larcker. Evaluating structural models with unobservable variables and measurement error [J]. Journal of Marketing Research, 1981, 18, February: 39-50.

表 3-3　　　　　　　　　　企业组织情绪能力量表的信度

维度及题项	项总相关系数	维度 α/删除该题项后的 α	维度及题项	项总相关系数	维度 α/删除该题项后的 α
表达动态性		0.937	和谐动态性		0.934
MZ1	0.81	0.932	MH1	0.873	0.902
MZ2	0.91	0.872	MH2	0.869	0.904
MZ3	0.88	0.895	MH3	0.860	0.908
容错动态性		0.922	鼓舞动态性		0.964
MY1	0.842	MY1	MG1	0.91	—
MY2	0.855	MY2	MG2	0.91	—
MY3	0.840	MY3	体验动态性		0.886
认同动态性		0.893	MT1	0.733	0.860
MS2	0.802	0.841	MT2	0.762	0.854
MS1	0.823	0.821	MT3	0.669	0.875
MS3	0.753	0.880	MT4	0.715	0.864
			MT5	0.756	0.855

3.4.4 对组织情绪能力测量结构的验证

本章采用结构方程模型对另一半数据进行验证因子分析，以检验六因子模型是否得到验证支持。在验证性分析部分，除六因子基本模型外，笔者还提出五个备择模型，通过模型比较来确定最优企业组织情绪能力模型。企业组织情绪能力备择五因子模型，将鼓舞动态性和表达动态性维度合并，其他各维度单列；备择四因子模型将鼓舞动态性、表达动态性和容错动态性维度合并，其他各维度单列；备择三因子模型将鼓舞动态性、表达动态性、容错动态性和体验动态性维度合并，其他各维度单列；备择二因子模型将认同动态性单列，将其他各维度合并；备择单因素模型，将为各维度变量合并为一个单一维度构思。模型验证及指标比较使用 LISREL 8.7 分析程序进行。

企业组织情绪能力六因子模型的结构方程模型如表 3-4 所示。其结构方程模型各指标数值为：χ^2 值为 214.11，df 值为 137，χ^2/df 值为 1.56，χ^2/df 小于 3 的标准值；RMSEA 值为 0.06，SRMR 值为 0.04，均小于 0.08 的标准值；CFI 值为 0.97，GFI 值为 0.89，NFI 值为 0.94，均处于标准值范围内。因此，企业组织情绪能力六因子模型整体残差指标、相对拟合度和绝对拟合度指标等显示出良好的拟合度。此外，评价模型优劣的指标还可参考各个题项与误差的标准化载荷等，如果观测变量在潜变量上的负荷较高，而在误差上的负荷较低，则表示模型质量好，观测变量与潜变量的关系稳定①。

表3-4　　　　企业组织情绪能力问卷的验证性分析模型比较

构思模型	χ^2	df	χ^2/df	RMSEA	SRMR	CFI	GFI	NFI
六因子模型	214.11	137	1.56	0.06	0.04	0.97	0.89	0.94
五因子模型	604.39	142	4.26	0.14	0.12	0.84	0.73	0.81
四因子模型	990.57	146	6.78	0.18	0.16	0.71	0.63	0.69
三因子模型	1199.63	149	8.05	0.20	0.15	0.63	0.58	0.61
二因子模型	1542.32	151	10.21	0.23	0.17	0.52	0.52	0.50
单因子模型	1873.57	152	12.33	0.25	0.19	0.44	0.47	0.42

注：六因子模型：MG；MZ；MY；MT；MH；MS；五因子模型：MG+MZ；MY；MT；MH；MS；四因子模型：MG+MZ+MY；MT；MH；MS；三因子模型：MG+MZ+MY+MT；MH；MS；二因子模型：MG+MZ+MY+MT+MH；MS；单因子模型：MG+MZ+MY+MT+MH+MS。

由图3-1可知，研究量表每一测量题项在相应潜变量上的标准化载荷数值较高，在0.78～0.98之间，这表明每一观测变量对相应潜变量的解释率较大，且误差较小。基本模型与其他竞争模型的观测数据、拟合指数比较如表3-4所示。从χ^2/df指标看来，六因子基本模型均优于备择模型，且备择模型均大于3的最优值；在RMSEA和SRMR指标方面，备择模型一因子模型、二因子模型、三因子模型、四因子模型、五因子模型均超过了0.095，而基本模型在0.08之内。在CFI、GFI、NFI指标方面，基本模型亦优于其他备择模型。因此，企业组织情绪能力六因素模型与实际观察数据吻合较好，这一结构模型是相对较优模型。

---

①　郑建君，金盛华，马国义. 组织创新气氛的测量及其在员工创新能力与创新绩效关系中的调节效应［J］. 心理学报，2009，41（12）：1203-1214.

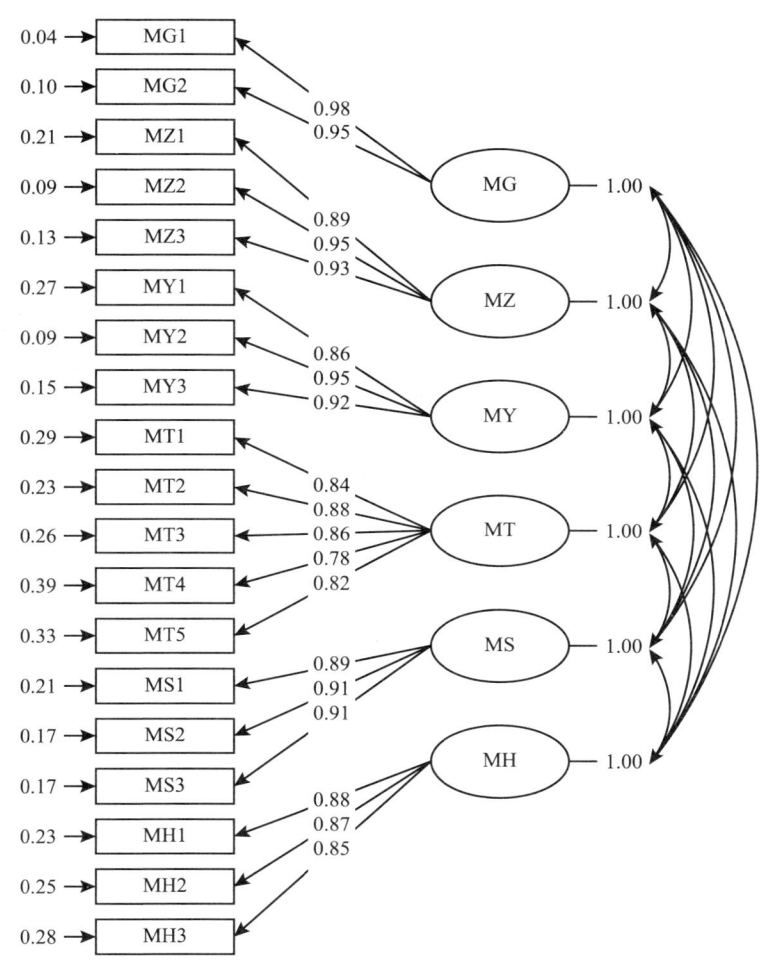

图 3-1　企业组织情绪能力问卷的验证性因素分析

3.5　组织情绪能力对校标变量的预测效度分析

3.5.1　理论假设

组织情绪能力与创新间的关系引起了越来越多国际管理学者的注意[①]。一

---

① Akgün A. E., Keskin H., Byrne J. and Selim Aren. Emotional and learning capability and their impact on product innovativeness and firm performance [J]. Technovation, 2007, 27 (9): 501–513.

个组织的情绪状态和创新氛围对企业创新努力及结果都至关重要[1][2][3]。然而，大多数现有基于情绪的创新创造研究尚停留在员工个体层面，连接组织情绪与组织创新成果的理论和实证都甚为匮乏。对创新型企业而言，形成创新驱动力首先是要调动企业创新主体的潜能和热情，其中组织情绪能力扮演着重要角色[4][5][6]。组织情绪能力鼓舞动态性的基本内涵是指组织给所有成员注入希望、带来工作喜悦的能力，这有利于调动组织员工创新的内在动机，进而在企业产品、流程创新上带来更好的表现。组织情绪能力的表达、体验、和谐和认同动态性分别是指组织鼓励员工表达真情实感的能力，理解、体会不同情绪情感的能力，在不同情绪间架设桥梁的能力，以及使员工在情感上形成组织身份认同的能力，这些方面的组织能力均有利于破除组织创新的情绪障碍，扫除情绪壁垒，增强员工承诺，构造有利于创新的企业氛围，使员工心无旁骛地投入创新，从而带来产品创新、流程创新等组织创新成效的提升。情绪容错动态性是组织构建鼓励试验，宽容失败相关场景的能力，这对于形成组织创新的心理安全保障，推动企业产品创新和管理实践创新产生正向影响。基于此，提出如下研究假设：

假设1：科技企业组织组织情绪能力会对其产品创新产生正向影响；

假设1a~1f：科技企业组织组织情绪能力的鼓舞、自由表达、容错、体验、和谐和认同情绪动态性维度均会对其企业产品创新产生正向影响。

假设2：科技企业组织组织情绪能力会对其流程创新产生正向影响；

假设2a~2f：科技企业组织组织情绪能力的鼓舞、自由表达、容错、体验、和谐和认同情绪动态性维度均会对其企业流程创新产生正向影响。

---

[1][5] 孙锐，张文勤. 企业创新中的组织情绪能力问题研究 [J]. 科学学与科学技术管理，2015 (12)：12-19.

[2] 孙锐. 复杂变革背景下组织情绪能力与组织学习创新关系研究——人力资源管理的视角 [J]. 第一资源，2012 (4)：116-122.

[3] 孙锐. 战略人力资源管理与组织创新氛围研究——基于企业研发人员的调查 [M]. 北京：人民出版社，2013.

[4] Akgün A. E., Keskin H., Byrne J. Organizational emotional capability, product and process innovation and firm performance: An empirical analysis [J]. Journal of Engineering and Technology Management, 2009, 26 (3)：103-130.

[6] 刘小禹，刘军. 团队情绪氛围对团队创新绩效的影响机制 [J]. 心理学报，2012 (04)：546-557.

3.5.2 研究方法

(1) 研究样本与数据收集。

本章调查样本与组织情绪能力正式问卷调查样本一致。被调查企业为在新一代电子技术、软件研发、电子通信、新材料、机械制造、生物医药等产业行业的科技创新型企业。研究采用多源数据分析方法：企业组织情绪能力问卷数据采集自企业一线研发技术（R&D）员工，企业创新：产品创新、流程创新数据采集自企业中层或高层经理。

(2) 研究工具。

企业组织情绪能力问卷采用通过问卷开发程序形成的测量量表，包括鼓舞、自由表达、容错、体验、和谐和认同6个维度19个题项。组织创新，包括产品创新和流程创新，测量采用丹尼尔等（Daniel et al.）的研究量表[①]。产品创新、流程创新各有3个测量题项。让填答者采取与竞争对手相比较的方式，从"远低于竞争对手"到"远高于竞争对手"在5点李克特量表中选答。其中，产品创新测量题项有"新产品/新服务推出的数量""在业内推出新产品/新服务所处的领先位置"等；流程创新题项有"在组织流程中引入革新的数量""在业内组织流程创新方面的所处领先位置"等。调查问卷采用5点李克特量表来衡量，在对企业产品创新、流程创新和管理创新的测量中，1代表远低于竞争对手，5代表远高于竞争对手。除企业创新外，在其他变量的测量中，1代表完全符合，5代表完全不符合。此外，问卷还包括被调查企业及个人背景资料等。参照相关研究，本研究将可能对结果变量产生影响的企业寿命、人员规模、发展阶段、市场份额等变量设置为控制变量，同时也控制了企业所处产业类型和所处地区等。

3.5.3 数据分析和研究结果

本章使用SPSS（12.0版）作为数据处理工具。企业组织情绪能力问卷信度、效度数据上节所示，经分析检验具有良好的信度和效度。组织创新的产品创新和流程创新作为2维度变量其验证性因子（CFA）分析结果为：$\chi^2 = 27.74$,

---

① Daniel Jiménez, Raquel Sanz–Valle. Could HRM support organizational innovation? [J]. The International Journal of Human Resource Management, 2008, 19 (7): 1208–1221.

$p<0.01$；$\chi^2/df = 3.46$、$CFI = 0.97$、$NFI = 0.96$、$IFI = 0.97$、$GFI = 0.97$、$AGFI = 0.93$、$RMSEA = 0.084$、$SRMR = 0.044$，每个潜变量对应测量题项的平均标准化因子载荷都在0.6以上，且在0.01水平上显著，表明测量工具具有良好的拟合度。组织创新整体 α 信度系数值为0.76，产品创新和流程创新 α 信度值分别为0.71和0.75，均高于0.7的标准值，表明组织创新测量工具具有较好的信度和效度。本研究各变量的描述统计分析及各变量相关系数如表3-5所示。由表3-5可知，企业组织情绪能力及其各维度变量与产品创新、流程创新变量之间均呈显著相关，这为研究假设验证工作奠定了前提基础。

表3-5　研究变量的描述性分析与相关分析

变量	M	SD	1	2	3	4	5	6	7	8	9
鼓舞动态性	3.482	0.782	1.000								
表达动态性	3.046	0.903	0.256***	1.000							
容错动态性	3.353	0.810	0.334***	0.163***	1.000						
体验动态性	3.361	0.678	0.397***	0.271***	0.315***	1.000					
和谐动态性	3.252	0.758	0.159***	0.225***	0.204***	0.272***	1.000				
认同动态性	3.739	0.646	0.347***	0.139***	0.116**	0.222***	-0.014*	1.000			
组织情绪能力	3.366	0.456	0.670***	0.585***	0.589***	0.751***	0.511***	0.450***	1.000		
产品创新	3.171	0.586	0.516***	0.278***	0.401***	0.569***	0.329***	0.383***	0.697***	1.000	
流程创新	3.168	0.651	0.544***	0.238***	0.457***	0.445***	0.327***	0.275***	0.633***	0.407***	1.000

注：* 表示 $p<0.1$；** 表示 $p<0.05$；*** 表示 $p<0.01$。

为进一步验证研究假设，分别以产品创新、流程创新作为效标变量，将企业组织情绪能力及各维度变量作为预测变量，采用Enter法进行复回归分析。由表3-6的回归分析模型可见，组织情绪能力及鼓舞、自由表达、容错、体验、和谐和认同各维度变量对企业产品创新的各回归模型 F 值均达到显著性水平，回归模型的最大 VIF 值为 6.002，远小于临界值 10，以 VIF 诊断模型多重共线性均在容忍度之内。各回归模型中自变量对因变量的回归系数为正，且回归均系数显著。其中，企业组织情绪能力整体变量对产品创新变量的解释力达到 41.6%；体验和鼓舞动态性维度对企业产品创新的解释力较高，分别为 24.5% 和 22.9%，其他各维度：容错、认同、和谐和自由表达动态性维度对企业产品创新的解释力分别达到 13.7%、10.5%、8.9% 和 7.3%。假设 1 及假设 1a~1f 得到验证。

表 3-6　企业组织情绪及各维度变量对企业产品创新回归模型分析

变量	企业产品创新							
	模型 1	模型 2	模型 3	模型 4	模型 5	模型 6	模型 7	模型 8
控制变量	β	β	β	β	β	β	β	β
企业寿命	-0.143*	-0.071	-0.093	-0.168*	-0.103	-0.089	-0.131	-0.095
发展阶段	-0.238***	-0.045	-0.078	-0.220***	-0.213***	-0.143**	-0.164**	-0.195***
人员规模	0.154**	0.060	0.095	0.152**	0.156**	0.093	0.109*	0.093
市场份额	0.067	0.011	0.028	0.077	0.055	-0.001	0.054	0.055
行业=电子通信	-0.156	-0.133*	-0.128	-0.146	-0.173*	-0.089	-0.223**	-0.101
行业=机械制造	-0.172	-0.084	-0.101	-0.107	-0.123	-0.185*	-0.184	-0.191
行业=生物医药	0.035	-0.034	-0.030	0.043	0.038	-0.006	-0.002	0.006
行业=化工食品	0.016	-0.015	-0.015	0.051	0.015	-0.010	-0.016	-0.021
行业=软件服务	-0.116	-0.142**	-0.069	-0.139	-0.103	-0.189**	-0.118	-0.151*
地区=东部	0.000	-0.028	-0.034	-0.021	0.021	0.034	-0.019	-0.034
地区=中部	0.090	-0.015	0.034	0.064	0.085	0.016	0.079	0.024
自变量								
组织情绪能力		0.685***						
体验动态性			0.529***					
表达动态性				0.286***				
和谐动态性					0.305***			
鼓舞动态性						0.503***		
容错动态性							0.380***	
认同动态性								0.342***

续表

变量	企业产品创新							
	模型1	模型2	模型3	模型4	模型5	模型6	模型7	模型8
R^2	0.107	0.512	0.347	0.180	0.195	0.331	0.242	0.211
调整 R^2	0.078	0.494	0.323	0.151	0.167	0.307	0.215	0.183
ΔR^2		0.416	0.245	0.073	0.089	0.229	0.137	0.105
F	3.71***	29.59***	14.98***	6.22***	6.85***	13.97***	9.03***	7.57***
最大 VIF	5.984	5.996	6.002	5.985	5.984	5.992	5.994	5.992

注：β 为标准化的 Beta 系数；* 表示 $p<0.1$；** 表示 $p<0.05$；*** 表示 $p<0.01$。

由表 3-7 的回归分析可见，组织情绪能力及鼓舞、自由表达、容错、体验、和谐和认同各维度变量对企业流程创新的各回归模型的 F 值均达到显著性水平，各回归模型的最大 VIF 值为 6.002，远小于临界值 10，以 VIF 诊断模型多重共线性在容忍度之内。模型中各自变量对因变量的回归系数均为正，且回归均系数显著。其中，企业组织情绪能力整体变量对企业流程创新变量的解释力达到 35.8%；鼓励、容错和体验动态性维度对企业流程创新的解释力较高，分别为 24.8%、19.7% 和 17.2%，其他各维度：和谐、自由表达和认同动态性维度对企业流程创新的解释力分别达到 9.3%、4.8% 和 4.6%。因此，假设 2 及假设 2a~2f 得到验证。

表 3-7　企业组织情绪及各维度变量对企业流程创新回归模型分析

变量	企业流程创新							
	模型1	模型2	模型3	模型4	模型5	模型6	模型7	模型8
控制变量	β	β	β	β	β	β	β	β
企业寿命	-0.170**	-0.103*	-0.128*	-0.190***	-0.129*	-0.114*	-0.156**	-0.138*
发展阶段	-0.183***	-0.003	-0.048	-0.168**	-0.157**	-0.084	-0.094	-0.154**
人员规模	0.191***	0.104*	0.141**	0.190***	0.193***	0.127**	0.137**	0.150**
市场份额	0.059	0.007	0.025	0.067	0.046	-0.012	0.042	0.050
行业=电子通信	-0.044	-0.022	-0.020	-0.036	-0.062	0.025	-0.124	-0.007
行业=机械制造	-0.053	0.029	0.006	-0.001	-0.003	-0.066	-0.068	-0.066
行业=生物医药	0.008	-0.056	-0.047	0.015	0.011	-0.035	-0.036	-0.012
行业=化工食品	0.017	-0.012	-0.010	0.045	0.015	-0.010	-0.022	-0.008

续表

变量	企业流程创新							
	模型1	模型2	模型3	模型4	模型5	模型6	模型7	模型8
行业=软件服务	0.137	0.113	0.177 **	0.119	0.150	0.061	0.134	0.114
地区=东部	-0.055	-0.081 *	-0.084	-0.072	-0.033	-0.019	-0.078	-0.077
地区=中部	0.085	-0.013	0.038	0.064	0.080	0.008	0.072	0.041
自变量								
组织情绪能力		0.636						
体验动态性			0.445 ***					
表达动态性				0.233 ***				
和谐动态性					0.313 ***			
鼓舞动态性						0.522 ***		
容错动态性							0.455 ***	
认同动态性								0.230 ***
R^2	0.086	0.434	0.255	0.134	0.178	0.328	0.278	0.133
调整 R^2	0.056	0.414	0.228	0.104	0.149	0.304	0.253	0.102
ΔR^2		0.358	0.172	0.048	0.093	0.248	0.197	0.046
F	2.90 ***	21.69 ***	9.66 ***	4.38 ***	6.13 ***	13.76 ***	10.89 ***	4.32 ***
最大 VIF	5.984	5.996	6.002	5.985	5.984	5.992	5.994	5.992

注：β 为标准化的 Beta 系数；* 表示 $p<0.1$；** 表示 $p<0.05$；*** 表示 $p<0.01$。

3.6 研究结论与讨论

本章围绕科技型企业，通过文献分析、深度访谈、专家访谈、开放式问卷调查等方式形成测量题项陈述句，经预测试项目分析的临界比分析、通俗度分析、区分度分析等对测量题项进行纯化，形成了中国企业组织情绪能力问卷。此后，开展了针对我国新一代电子技术、软件研发、电子通信、新材料、机械制造、生物医药等 350 余家科技型产业企业的正式问卷调查，探索性分析表明中国企业组织情绪能力是鼓舞、自由表达、容错、体验、和谐和认同情绪动态性六维度结构，验证性分析的各项拟合指数表现优良，各指标均达到了统计学标准；通过竞争性模型比较，六因子组织情绪能力模型优于其他被择模型，且每个题项的标准化载荷与误差合理，所形成的问卷显示出良好的信度、收敛效度、区分效度等结构效度。分析表明，以上企业组织情绪能力六维度结构模型较为合理，可以作为未来实证研究的基础工具。国际上对组织情绪能力的测量还在不断发展完善之中，我们得到的企业组织情绪能力问卷与之既有相似性，也有独特性。从休伊（1999）到阿肯、克斯金、伯恩和塞利姆（2007）、阿肯、克斯金和伯恩（2008、2009）和阿肯、克斯金、伯恩和甘塞尔（2011）的相关研究中均对精神鼓舞、情绪识别、情绪表达、情绪和解、情感认同、容忍试验等重要组织情绪能力内涵的关注和体现，但本章形成的测量问卷，与我国经济文化背景、员工认知习惯相结合，在题项语义表达上有所合并、拆解和增添，项目意义更为聚焦、明确，与我国科技企业管理实践更加贴近和匹配，形成的鼓舞、自由表达、容错、体验、和谐和认同动态性等六因素结构模型是国际研究在中国企业背景下的修订、发展和完善。

为了进一步检验中国企业组织情绪能力问卷的预测效度，本章以企业产品创新和流程创新为效标变量，通过对新一代电子技术、软件研发、电子通信、新材料、生物医药产业等350余家科技企业的多源问卷调查表明，企业组织情绪能力会对企业产品创新、企业流程创新产生正向影响，其中，体验和鼓舞情绪动态性对企业产品创新的解释力较高，对其变异量的解释量达到24.5%和22.9%，容错、认同、和谐和自由表达情绪动态性对企业产品创新变异量的解释分别为13.7%、10.5%、8.9%和7.3%；另外，鼓舞、容错和体验情绪动态性对企业流程创新的解释力较高，对其变异量的解释分别达到24.8%、19.7%和17.2%，和谐、自由表达和认同动态性对企业流程创新的解释力为9.3%、4.8%和4.6%。以上研究分析丰富了国际组织情绪能力的理论框架，扩展和补充了国际组织情绪能力研究的实证探索，同时也是第一次提出并验证中国企业组织情绪能力的结构模型及其对组织创新的作用影响，为解释组织创新行为和绩效提供了一个新视角，也为在中国科技企业背景下通过提升组织情绪能力来推动组织创新提供了直接证据和理论支撑。在我国大力实施创新驱动发展的战略背景下，从组织创新驱动力角度出发，研究围绕提升组织情绪能力的相关管理策略，将为丰富中国企业自主创新管理实践提供有益借鉴。

本研究也存在一些研究不足和局限。首先，本研究主要是从推动企业组织创新的角度出发，选择我国科技创新型企业作为样本进行实证研究的，同时选择的效果变量也局限于企业创新。当前，其他企业或组织，特别是内含情绪性劳动的服务型企业、公共事业单位等也同样会有组织情绪能力管理问题，但本研究未深入和讨论和涉及。其次，研究数据收集是横截面数据，用以说明变量间的因果关系还有很大局限,未来可考虑针对企业的多时点测量和追踪研究。此外,对企业组织情绪能力前因后果探究是一个亟待发掘的重要领域,但限于框架、篇幅等,本研究未在此方面扩展研究,未来可将更多有价值的重要变量纳入模型框架展开实证研究。

第 4 章

科技企业组织情绪能力、组织学习与创新绩效的关系研究

4.1 问题的提出

在市场激烈竞争和行业发展势态快速变化的背景下,企业要在竞争中取胜,就需要不断推进组织学习,开展持续创新活动。有研究表明,当前的创新,包括技术创新、产品创新和流程创新等已经成为组织绩效的重要决定要素和组织长远生存发展的基础[1]。因此,从不同角度探寻影响创新及创新绩效的组织要素,并解释它们是怎样影响创新的是当前研究的焦点问题[2]。

阿马比尔的组成成分学说、福特的多重社会领域学说和伍德曼的交互作用学说都强调,创新、创造活动无法脱离组织脉络、社会情境和文化背景等而独立存在[3][4][5]。基于此,个体、团队和组织层次上的创新影响变量被考察和发掘出来,如个体层次上的个性、人格、动机、认知、技能、自我效能、情绪,团

---

[1] Anderson, Neil, Potocnik, Kristina, Jing Zhou. Innovation and creativity in organizations: A state-of-the-science review, prospective commentary, and guiding framework [J]. Journal of Management, 2014 (5): 1297–1334.

[2] Yuan F. and R. W. Woodman. Innovative behavior in the workplace: The role of performance and image outcome expectations [J]. Academy of Management Journal, 2010, 53: 323–34.

[3] Neil Anderson, Carsten K. W. Dreu and Bernard A. N. The routinization of innovation research: A constructively critical review of the state-of-the-science [J] Journal of Organizational Behavior, 2004, 25: 147–173.

[4] Vitavin Ittipanuvat, Katsuhide Fujita, Ichiro Sakata, Yuya Kajikawa. Finding linkage between technology and social issue: A Literature Based Discovery approach [J]. Journal of Engineering and Technology Management, 2014, 32: 160–184.

[5] 孙锐. 战略人力资源管理与组织创新氛围研究——基于企业研发人员的调查 [M]. 北京:人民出版社,2013.

队层次上的团队结构、任务特征、团队过程、心理安全、成员关系、外部联系和社会网络,以及组织层次上的战略取向、组织结构、组织文化、组织气氛、领导风格、资源分配等(Anderson & Zhou,2014;Mark,2009;Hareli & Rafaeli,2008;Todd Dewett,2007;George & Zhou,2007;Yueh-Ysen,2006;Fernandez & Claudia,2007;Zhou,2003),都被证明会作用或影响创新。尽管对创新的影响变量和最佳实践被广为探讨,但有效的创新管理依然令人头疼,这意味着当前研究一定还有所遗漏或者一些东西尚未被深入挖掘[①]。除去对人、财、物、组织设计等创新硬件因素的探讨外,国际上关于"情绪""氛围"等软性因素对创新的影响正在引起学界的重视。基于企业调查和前期研究,笔者认为,在组织层面探讨凝聚组织情绪能量,促进员工激发创新思维、实施创新活动的集体性能力,并开展相关实证研究,将有利于弥补当前相关研究的不足,丰富和发展创新管理理论构架。

国外近二十年来对组织中情绪的研究热情持续增强,称为组织行为学界的一场"情感风暴"[②],但对"情绪能力"的研究还主要集中于个体层面,而国内对组织、群体层面上的情绪研究更加滞后[③][④]。组织情绪作为组织能量的一种重要来源,对组织行为过程将会产生重要影响[⑤][⑥]。有研究者将组织情绪与组织能力联系起来,提出了组织情绪能力(emotional capability)概念[⑦][⑧]。这方面的新进展,为从组织层面理解群体行为和组织情绪动力学提供了一个新视角[⑨],也为解释组织创新的驱动力问题提供了一条新思路。一方面,组织中的

---

① 周京,克里斯蒂娜·E. 莎莉著,魏昕等译. 组织创造力全书[M]. 北京:北京大学出版社,2010.
② Barsade S. G., Brief A. P. and Spataro S. E. The affective revolution in organizational behavior: The emergence of a paradigm. In J. Greenberg (Ed.), Organizational behavior: The state of the science. Mahwah [M]. NJ: Erlbaum, 2003: 3-52.
③ 刘小禹,刘军. 团队情绪氛围对团队创新绩效的影响机制[J]. 心理学报, 2012 (04): 546-557.
④ 孙锐,王乃静,石金涛. 中国背景下不同类型企业组织创新气氛差异的实证研究[J]. 南开管理评论, 2008 (2): 42-49.
⑤ Amabile T., Barsade S, Mueller J., Staw B. Affect and creativity at work [J]. Administrative Science Quarterly, 2005, 50 (3): 367-403.
⑥ Shlomo Hareli, Anat Rafaeli. Emotion cycles: On the social influence of emotion in organizations [J]. Research in Organizational Behavior, 2008, 28: 35-59.
⑦ Huy Q. H. Emotional capability, emotional intelligence, and radical change [J]. Academy of Management Review, 1999, 24 (2): 325-345.
⑧ Akgün A. E., Keskin H., Byrne J. The moderating role of environmental dynamism between firm emotional capability and performance [J]. Journal of Organizational Change Management, 2008, 21 (2): 230-252.
⑨ Huy, Quy Nguyen, Corley, Kevin G., Kraatz, Matthew S. From support to mutiny: Shifting legitimacy judgments and emotional reactions impacting the implementation of radical change [J]. Academy of Management Journal, 2014, 57 (6): 1650-1680.

创新和创造行为本质上是一种冒险行为[1]，是对传统思维、行动模式和习惯势力的挑战[2]，其中蕴含着个体、群体与组织因素之间的社会化交互作用[3]，其创新过程会受到组织和集体情绪的深刻影响。另一方面，创新管理领域一直强调"特定能力"对组织创新及创新绩效改善的重要性[4]，理论界一直在努力探寻、识别不同类型的创新推动力[5]。由于组织员工的情感能量最具内隐性和独特性，以它为基础的能力可能通过影响组织相关活动，如学习、创新等，为企业提供竞争优势[6]。

当前，我国对情绪能力的研究还处于个体层面，对组织情绪能力的探讨尚未见相关实证报道。而国际上将情绪作为一种社会性"实体"进行研究，正在引起学者们的广泛注意。高新技术企业一般具有相对更强的内在创新要求[7]，研究推动高新技术企业组织创新的情绪、情感新动力，并据此提出管理策略具有重要的理论和实践意义。基于此，本章以我国高新技术企业为研究对象，探讨组织情绪能力、组织学习与组织创新绩效的作用机理。研究发现，高新技术企业组织情绪能力会通过作用于组织学习进而影响组织创新绩效，其中，组织承诺能够正向调节组织情绪能力和组织学习之间的关系，组织学习在组织情绪能力与组织创新绩效之间起到中介作用，从而验证了一个组织情绪能力对创新影响的被调节的中介路径模型。期望本研究有利于深化对我国高新技术企业创新形成规律的认识，并为企业创新管理实践提供有益的借鉴。

---

[1] Amabile T. M., Conti R., Coon H., Lazenby J. and Herron. M. Assessing the work environment for creativity [J]. Academy of Management Journal, 1996, 39: 1154–1184.

[2] Van de Ven A., Angle H. L. and Poole M. Research on the management of innovation: The Minnesota studies [M]. New York: Harper & Row, 1989.

[3] Shalley C., Zhou J. and Oldham G. The effects of personal and contextual characteristics on creativity: Where should we go from here? [J]. Journal of Management, 2004 (15): 933–958.

[4] Montes et al., F. J. L. Montes, A. R. Moreno and V. G. Morales. Influence of support leadership and teamwork cohesion on organizational learning, innovation and performance: An empirical examination [J]. Technovation, 2005, 25: 1159–1172.

[5] Akgün A. E., Keskin H., Byrne J. and Selim Aren. Emotional and learning capability and their impact on product innovativeness and firm performance [J]. Technovation, 2007b, 27 (9): 501–513.

[6] Akgün A. E., Keskin H., Byrne J. Organizational emotional capability, product and process innovation, and firm performance: An empirical analysis [J]. Journal of Engineering and Technology Management, 2009, 26 (3): 103–130.

[7] 孙锐. 战略人力资源管理与组织创新氛围研究——基于企业研发人员的调查 [M]. 北京：人民出版社，2013.

4.2 理论背景和研究假设

4.2.1 组织情绪能力及其对组织学习的作用影响

"情绪"渗透于工作场所之中,是组织生活的重要内容[1]。相关研究表明,组织情绪具有心理学和社会学的双重特质,可被感知、被传播,可以像作用于员工一样作用于群体过程和组织结果[2]。因此,凯文·汤姆森曾提出组织"情绪资本"的概念,强调现代企业必须重视组织情绪资本的管理,并指出它将影响公司的产品质量和服务水平[3]。基于组织情绪及情绪性工作的研究基础,管理学界提出了组织情绪能力构思(construct)[4][5][6],将其界定为"组织感知、了解、监测、调整和利用组织成员情绪,及在组织制度、惯例和规则中体现和表达其情绪的能力"。以往研究结论指出,个体层次上的情绪能力会影响个体的情感、认知以及个人绩效等[7][8]。相对于传统个体层次上的"情绪智力",组织情绪能力是一种描述组织群体情绪体验、经历的能力类别,是一种涉及如何引导和管理组织内隐情绪能量的能力类别[9]。组织情绪能力容纳了组织独特的情绪资源和情绪管理要素,具有不可模仿性和难以移植性,使组织情绪能量的积累、释放更具可预测性和可引导性,将有可能为形成企业独特的竞争优势产

---

[1] Shlomo Hareli, Anat Rafaeli. Emotion cycles: On the social influence of emotion in organizations [J]. Research in Organizational Behavior, 2008, 28: 35 – 59.

[2] Fernandez, Claudia S. P. Emotional intelligence in the workplace [J]. Journal of Public Health Management & Practice, 2007, 13 (1): 80 – 82.

[3] 凯文·汤姆森著,崔姜薇,石小亮译. 情绪资本 [M]. 北京:当代中国出版社,2004.

[4] Huy Q. H. Emotional capability, emotional intelligence, and radical change [J]. Academy of Management Review, 1999, 24 (2): 325 – 345.

[5] Huy Q. H. Emotional balancing of organizational continuity and radical change: The contribution of middle managers [J]. Administrative Science Quarterly, 2002, 47 (1): 31 – 69.

[6] Akgn A. E., Keskin H., Byrne J. C., Gunsel A. Antecedents and results of emotional capability in software development project teams [J]. Journal of product Innovation Management, 2011, 28 (6): 957 – 973.

[7] Shalley C., Zhou J. & Oldham G. The effects of personal and contextual characteristics on creativity: Where should we go from here? [J]. Journal of Management, 2004 (15): 933 – 958.

[8] Fernandez, Claudia S. P. Emotional Intelligence in the Workplace [J]. Journal of Public Health Management & Practice, 2007, 13 (1): 80 – 82.

[9] Akgün A. E., Keskin H., Byrne J. and Selim Aren. Emotional and learning capability and their impact on product innovativeness and firm performance [J]. Technovation, 2007b, 27 (9): 501 – 513.

生贡献。

周和乔治指出,一种支持性的组织情绪状态将为员工在动态变动环境下,提供分享知识、发挥创造力的便利条件[①]。菲内曼[②]和阿肯等[③]的研究表明,情绪和情感提供了必要的学习动力,并认为"情绪和情感不应仅被视为一种组织学习的副产品或学习过程的干扰因素,而应被视为一种对学习什么,如何学习以及在什么组织情景下学习的内在动机要素"。根据"情绪事件理论"(Affective Events Theory,AET)和情绪动力学理论,组织情绪由特定的事件(specific events)引发,进而影响员工的态度和行为,而组织情绪能力作为理解、体会、引导、释放群体情绪的功能构成,有助于在组织面临复杂变化时增强启动、疏导组织情绪和掌握组织学习交互的主动性和掌控性,从而对推动组织内的学习活动产生增益效应。

在外部竞争环境下,创新型企业要建立学习机制,动态搜寻外部知识资源,更新内部知识结构,以动态塑造外部适应柔性。亚伯拉罕等(Abraham et al.)指出,组织学习是一个动态引入、吸收、整合,利用外部、内部知识和经验推动组织运作改进的过程,是一个不同部门、员工间互动、交换的社会过程[④]。"组织情绪能力"作为一种深层组织结构,它所产生的规范组织成员日常行为的共享逻辑,以及关于人际态度、社会风险的共有信念,将有助于对部门之间、人际之间的知识互动、学习反馈产生正向影响[⑤]。例如,通过协调具有不同意见的情绪个体,避免群体中的负面情绪影响,形成一种更有效的群体讨论和建言方式,以整合各种不同想法和观点,促进更高质量的群体学习和组织决策,以提高组织探索新知识和利用已有知识的效率[⑥⑦]。因此,本章提出以下研究假设:

[①] Zhou J., George J. M. Awakening employee creativity: The role of leader emotional intelligence [J]. The Leadership Quarterly, 2003, 14: 545 – 68.

[②] Fineman. Emotion and management learning, Management Learning, 1997, 28 (1): 13 – 25.

[③] Akgün A. E., Keskin H., Byrne J. and Selim Aren. Emotional and learning capability and their impact on product innovativeness and firm performance [J]. Technovation, 2007b, 27 (9): 501 – 513.

[④] Abraham Carmeli, Jody Hoffer Gittell. High-quality relationships, psychological safety, and learning from failures in work organizations [J]. Journal of Organizational Behavior, 2009 (6): 709 – 729.

[⑤] 孙锐,陈国权. 企业跨部门心理安全、知识分享与组织绩效间关系 [J]. 南开管理评论, 2012 (1): 67 – 74, 83.

[⑥] K. A. Bantel and S. E. Jackson. Top management and innovations in banking: Does the composition of the top team make a difference? [J]. Strategic Management Journal, 1989 (10): 107 – 124.

[⑦] Joaquín Alegrea, Ricardo Chivab. Assessing the impact of organizational learning capability on product innovation performance: An empirical test [J]. Technovation, 2008, 28: 315 – 326.

假设1：企业组织情绪能力会正向影响组织学习。

4.2.2 组织情绪能力以组织学习为中介对创新绩效的作用影响

范德文等（Van de Ven et al.）曾经指出，从创造性想法的提出，到新技术、新产品的开发、应用这一整体过程都与参与者的情绪密切相关[1]。对于某些组织任务，如创造性活动和学习活动等更适宜于在一种可以进行自由情绪表达和沟通讨论的环境中进行[2]。以往的研究证实，为员工提供情绪、情感表达的机会对于其踊跃提出创意具有正向效应[3]。基于情绪劳动理论，即使存在恐惧、内疚和尴尬等负面效应情绪的显示自由，也会使员工有更强动力持续投入具有高风险和需要耐心的复杂创新活动中去[4]。由此可见，组织情绪状态及其治理机制会影响工作场所中的创新，进而会影响企业的创新产出。

根据创造力社会心理学和情绪社会建构理论，组织情绪能力作为一种可增强组织情绪社会性、共享性的集体行动能力，可通过建立、修正群体情绪行为模式，聚焦群体创新注意力，为创新提供情绪导向和氛围支持来推动组织内的创新活动，提升企业创新绩效。首先，具备较强组织情绪能力的企业，可以促进员工间的情绪沟通、互动和共享，加深彼此间的情感了解和情绪联结[5]，增强对共同创新目标和共同群体身份的认同，为清除创新道路上的各种人为阻碍提供情感激励和有力支持。例如，有研究表明，在团队层次上，群体成员的一致性或同质性情感、情绪反应会决定团队的创新绩效[6]。其次，现代创新活动需要组织成员的协同配合，其间涉及一系列个体、群体与组织的社会化交互过程，组织情绪能力作为创新过程中人际关系的融合剂和润滑剂，将为组织中的创新流程提供情绪支持。此外，提升组织情绪能力，有利于强化对组织情绪的动态把握和协调，同化一系列不同情绪诉求来健全组织情绪管理功能，疏导消

---

[1] Van de Ven A., Angle H. L. and Poole M. Research on the management of innovation: The Minnesota studies [M]. New York: Harper & Row, 1989.

[2] Ashforth B. E., Humphrey R. H. Emotion in the workplace: A reappraisal [J]. Human Relations, 1995, 48: 97 – 125.

[3] Perel M. You can innovate in hard times [J]. Research Technology Management, 2005, 48: 14 – 24.

[4] Huy Q. H. An emotion-based view of strategic renewal [J]. Advances in Strategic Management, 2005, 22: 3 – 37.

[5] Fineman. Emotion and management learning [J]. Management Learning, 1997, 28 (1): 13 – 25.

[6] George J. M. and Zhou J. Understanding when bad moods foster creativity and good ones don't: The role of context and clarity of feelings [J]. Journal of Applied Psychology, 2002, 87: 687 – 697.

极情绪、倡导积极情绪以协助流程创新和产品创新等[1][2]。

更进一步地，本研究认为组织情绪能力对组织创新绩效的作用是以组织学习为中介来实现的。在企业中，如果组织成员处于高风险性的人际环境，不安全的心理状态或不稳定的情绪心境，其相互间的知识分享和学习活动也将受到阻碍[3]，而组织学习水平的降低将进一步损害企业创新绩效[4]。在高组织情绪能力的背景下，组织群体情绪社会共享、有效互动，不同个体、部门间会表现出彼此信任、相互尊重、相互容忍、积极合作、主动反馈和彼此互助的行为，这有利于避开批判性思维，以开放的态度推动经验交流、知识交换和创新参与。以往有研究支持，曾多次表明组织学习会对企业创新绩效会产生正向影响[5][6][7]。根据弗雷德里克森和乔伊纳（Fredrickson & Joiner, 2002）的情绪扩展和构建互动（broadening-and-building interactions）理论[8]，积极的情绪会扩展个体的认知与行动资源，进而通过扩展和开拓性互动，促进不同情绪个体间的沟通与合作，这就为组织提供了问题沟通情景和学习空间，有助于锻炼员工项目实施能力，改善群体创新态度、提升创新决策质量、紧密创新部门流程，形成主动作为、集体参与的创新行为模式，进而提升企业提升创新绩效。对于一般高新技术企业而言，流程创新和产品创新是衡量创新绩效的两个重要层面[9]。其中前者偏重于组织过程，后者偏重于组织结果，这二者对科技型企业的发展十分关键。在本章中，我们将组织创新绩效聚焦于产品创新和流程创新方面。基于以上讨论，本章提出以下研究假设：

---

[1] Akgün A. E., Keskin H., Byrne J. Organizational emotional capability, product and process innovation, and firm performance: An empirical analysis [J]. Journal of Engineering and Technology Management, 2009, 26 (3): 103 – 130.

[2] Akgün A. E., Keskin H., Byrne J. and Selim Aren, Emotional and learning capability and their impact on product innovativeness and firm performance [J]. Technovation, 2007b, 27 (9): 501 – 513.

[3][5] 孙锐，陈国权. 企业跨部门心理安全、知识分享与组织绩效间关系 [J]. 南开管理评论, 2012 (1): 67 – 74, 83.

[4] Montes, F. J. L. Montes, A. R. Moreno and V. G. Morales. Influence of support leadership and teamwork cohesion on organizational learning, innovation and performance: An empirical examination [J]. Technovation, 2005, 25: 1159 – 1172.

[6] K. A. Bantel and S. E. Jackson. Top management and innovations in banking: Does the composition of the top team make a difference? [J]. Strategic Management Journal, 1989 (10): 107 – 124.

[7] Van de Ven A., Angle H. L. and Poole M. Research on the management of innovation: The Minnesota studies [M] New York: Harper & Row, 1989.

[8] Mowday, Richard T, Porter, Lyman W, Steers, Richard M. Employee-organization linkages: The psychology of commitment, absenteeism, and turnover [M]. New York: Academic Press, 1982.

[9] 孙锐. 战略人力资源管理与组织创新氛围研究——基于企业研发人员的调查 [M]. 北京: 人民出版社, 2013.

假设2：组织学习在企业组织情绪能力与其创新绩效的关系之间起中介作用；

假设2a：组织学习在企业组织情绪能力与其产品创新绩效的关系间起中介作用；

假设2b：组织学习在企业组织情绪能力与其流程创新绩效的关系间起中介作用。

4.2.3　组织承诺在组织情绪能力对创新绩效作用中的调节作用

组织承诺（organizational commitment）一直以来是人力资源管理和组织行为研究的热点话题，它是指员工对组织认同及在工作中身心投入的程度[1]，通常被用来描述员工与组织间关系的心理状态。当员工对其组织有较高的承诺时，往往意味着对组织有较高的归属感，会更愿意留在组织中，并为在工作中付出额外的心力[2]，进而提高组织整体绩效。

有研究提出，没有组织承诺，企业任何创新理念和行动都将会严重受挫；如果要使员工为企业发展承担更多责任，就需要建立起员工与组织的内部承诺[3]。以往的研究表明，组织承诺对员工接纳组织变革，并推动组织变革成功会产生重要影响[4]。同样的，当企业开展创新活动尤其是推动技术创新时，一般面临较高的不确定性和风险性，往往遭受失败、责难或打击，因此，需要科技人员更多的心理承诺和工作投入。较高的组织承诺可以密切组织与员工间的联系，不仅能够使员工更愿意听从组织安排，各项组织措施得到有效落实，使组织管理策略产生更显著的效果，同时也有利于激活员工创新思维和潜在能量，全身心地为组织贡献专业知识和相关技能。基于工作动机理论，真正的组织承诺对提升员工工作动机会产生积极影响[5]，它并会使员工将组织需求置于

---

[1] Mowday, Richard T., Porter, Lyman W., Steers, Richard M. Employee-organization linkages：The psychology of commitment, absenteeism, and turnover [M]. New York：Academic Press, 1982.

[2] Porter L. M, Steers R. M, Mowday R. T. and Boulian P. V. Organizational Commitment, Job Satisfaction and Turnover among psychiatric Technicians [J]. Journal of Applied Psychology, 1974, 59 (3)：603 – 609.

[3] 孙锐. 变革环境下企业创新人才培养研究——组织学习的视角 [M]. 北京：经济科学出版社，2011.

[4] Herscovitch L., Meyer J. P. Commitment to organizational change：Extension of a three-component model [J]. The Journal of Applied Psychology, 2002, 87 (3)：474 – 87.

[5] 孙锐. 战略人力资源管理与组织创新氛围研究——基于企业研发人员的调查 [M]. 北京：人民出版社，2013.

个人需求之前,并提高参与群体工作的合作性和推动力,这有利于促进组织隐性知识转移,进而推动组织的创新活动。

基于以上思路,本章认为,如果高新技术企业采取措施来提升员工组织承诺,就能在一定程度上提高企业组织情绪能力通过组织学习对创新绩效产生的影响效果。具体地,当企业科技员工的组织承诺程度较高时,他们对组织的归属感、配合度和组织工作参与度会相应较高,在这种情景下,企业组织情绪能力提升对促进组织内知识转移、整合和创造等组织学习活动的效果会增强,从而进一步增强对一系列企业创新结果变量的影响。当科技员工的组织承诺程度较低时,他们对组织的归属感、认可度和参与度下降,那么企业组织情绪能力提升对组织学习水平的作用效果就会下降,进一步对企业创新绩效结果变量的影响会随之减弱。也即员工组织承诺越强,组织情绪能力与组织学习之间的关系越强,组织情绪能力通过组织学习影响组织创新绩效的间接效应也越强。因此,本章提出以下研究假设:

假设3:组织承诺会调节组织情绪能力与组织创新绩效间以组织学习为中介的间接关系。具体而言,当员工组织承诺程度较高时,这一间接关系相对较强,而当员工组织承诺程度较低时,这一间接关系相对较弱。

假设3a:组织承诺会调节组织情绪能力与产品创新绩效间以组织学习为中介的间接关系。具体而言,当员工组织承诺程度较高时,这一间接关系相对较强,而当员工组织承诺程度较低时,这一间接关系相对较弱。

假设3b:组织承诺会调节组织情绪能力与流程创新绩效间以组织学习为中介的间接关系。具体而言,当员工组织承诺程度较高时,这一间接关系相对较强,而当员工组织承诺程度较低时,这一间接关系相对较弱。

本章的假设模型如图4-1所示。

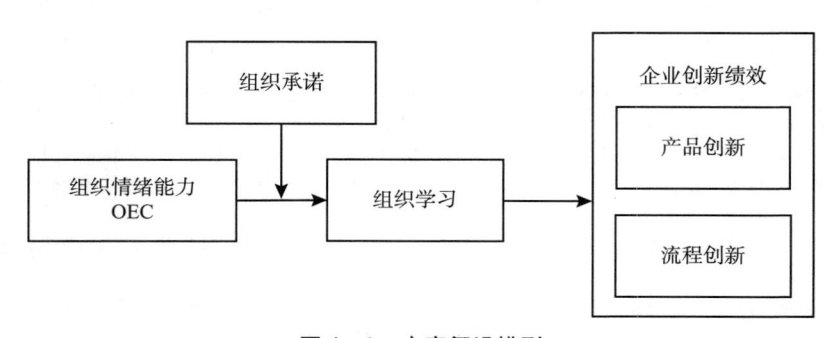

图4-1 本章假设模型

4.3 研究方法

4.3.1 研究样本与数据收集

本章使用以企业为对象的多源问卷调查方法。研究调查对象为在新一代电子技术、软件研发、电子通信、新材料、机械制造、生物医药等产业领域内的高新技术企业。本章选择规模在25人以上的科技型企业开展调研,有研究表明此规模以上的企业一般才具有相对健全的管理系统。对每个样本企业,组织情绪能力、组织学习、组织承诺数据采集自企业中实际从事科技研发(R&D)工作的员工,企业创新绩效数据采集自企业研发部门经理或分管高层管理者。笔者所在单位为国家级科研院所,本问卷调查跟随课题组到相关地市、重点园区开展科技创新及人才政策相关调研课题时开展。问卷调查自2012年开始,持续2年左右时间。样本企业主要来自北京中关村、上海嘉定汽车产业园、广东南沙新区、包头稀土高新区、鄂尔多斯高新区、长春高新区、宁波国家高新区、石家庄高新技术产业开发区以及北京市、深圳市、青岛市的相关高新技术企业。所有问卷调查企业及人员秉承自愿原则,问卷通过纸质快递和电子邮件两种方式发放和回收。在剔除掉漏答过多以及回答明显不认真的不合格问卷之后,最终回收有效问卷352份,问卷发放回收有效率62.7%。

被调查企业处于电子通信业的占13.1%,软件服务业的占11.6%,机械制造业的占27.3%,生物医药业的占28.7%,化工食品业的占15.3%,其他产业的占4.0%。被调查企业成立1~2年的占14.2%,成立3~5年的占47.7%,成立6~10年的占35.3%,成立10年以上占2.8%。被调查企业人员规模在50人及以下的占4.8%,51~200人的占28.1%,201~500人的占25.0%,501~1000人的占13.4%,1000人以上的占28.7%。被调查企业样本中国有企业占33.8%,三资企业(含港澳台企业)占31.5%,民营企业占33.5%,其他类型企业占1.2%。被调查企业与行业领域内最大竞争对手相比,市场占有份额远小于对手的占4.3%,小于对手的占39.5%,与对手差不多的占29.8%,大于对手的占21.0%,远大于对手的占5.4%。被调查企业处于我国东部地区占总量的48.6%,中部及西部地区的占总量 51.4%。

4.3.2 变量选取与测量工具

问卷调查内容包括企业组织情绪能力、组织学习、组织承诺、企业创新绩效以及被调查企业和个人背景资料五部分。其中，组织情绪能力、组织学习、组织承诺数据来自企业研发（R&D）工作员工，企业创新绩效数据来自研发部门经理或分管高层管理者。本调查问卷采用 5 点李克特量表来衡量，其中，1 代表完全不同意或远低于竞争对手，5 代表完全同意或远高于竞争对手。本章中所使用的具体测量工具如下：

对组织情绪能力的测量采用阿肯等[1][2]在休伊[3]研究基础上提出的量表，其中包括 20 个测量题项，代表性的题目如"我们公司有一种能够给其员工灌输希望的能力""在公司里，员工们会对他人的情绪、情感表达出适当的情绪回应""在公司里，员工们彼此能够相互了解和体会彼此的心境"等。

对组织学习的测量采用范德文等[4]提出的量表，共 14 个测量题项，代表性的题目如"在我们这里，有人提出新想法的时候会获得支持和鼓励""我与我的工作团队成员之间有自由、开放的对话沟通""公司有专门用于接收、分析、共享公司外部相关信息的处理系统和程序"等。

对组织承诺的测量采用波特等（Porter et al.） OCQ 提出的量表[5]，配合本章设计经精订简修后形成测量问卷，包括 3 个题项，如"我愿意付出比一般期望更多的努力来协助公司获得成功""为了继续留在公司服务，任何工作指派我都愿意接受""我很骄傲地告诉别人，我是这家公司的一分子"等。

---

[1] Akgün A. E., Keskin H., Byrne J. The moderating role of environmental dynamism between firm emotional capability and performance [J]. Journal of Organizational Change Management, 2008, 21 (2): 230 – 252.

[2] Fernandez, Claudia S. P. Emotional Intelligence in the Workplace [J]. Journal of Public Health Management & Practice, 2007, 13 (1): 80 – 82.

[3] Huy Q. H. Emotional balancing of organizational continuity and radical change: The contribution of middle managers [J]. Administrative Science Quarterly, 2002, 47 (1): 31 – 69.

[4] Van de Ven A., Angle H. L. and Poole M. Research on the management of innovation: The Minnesota studies [M]. New York: Harper & Row, 1989.

[5] Porter L. M, Steers R. M, Mowday R. T. and Boulian P. V. Organizational commitment, job satisfaction and turnover among psychiatric technicians [J]. Journal of Applied Psychology, 1974, 59 (3): 603 – 609.

第 4 章　科技企业组织情绪能力、组织学习与创新绩效的关系研究

对企业创新绩效的测量，采用丹尼尔等（Daniel et al.）提出的量表[①]，共 6 个测量问题，涉及两个维度：产品创新绩效和流程创新绩效。此题项由相关中层或高层管理者作答，采取与竞争对手相比较的方式，填答远低于竞争对手，还是远高于竞争对手。其中产品创新绩效包括 3 个问题，如"新产品/新服务推出的数量""在业内推出新产品/新服务所处的领先位置"等；流程创新绩效也包括 3 个题目，如"在组织流程中引入的革新数量""在业内组织流程创新方面的所处领先位置"。

控制变量：根据以往相关研究[②③④⑤]，考虑到企业成立时间、人员规模、发展阶段、市场规模可能对企业创新绩效产生的作用影响，本章将以上变量设置为分类控制变量，同时还控制了企业所处行业、所有制类型、所在地区等。

4.3.3　统计方法

本章使用 SPSS 12.0 和 LISREL 8.7 检验测量工具的信度和效度，对研究变量进行描述性统计分析和探索性（EFA）、验证性因子（CFA）分析。为验证研究假设，本章采用 SPSS 和 SPSS Process 宏程序来完成。基于对有调节的中介模型相关建模[⑥]及海斯（Hayes，2013）关于有调节的中介效应判定指标 INDEX（Index of moderated mediation）通过 bootstrapping 的检验方法研究[⑦]，Process 宏程序将处理报告假设模型在调节变量两个不同取值情况下的条件间接效应（conditional indirect effect），如果在不同取值条件下的间接效应一个显

[①] Daniel Jiménez a, Raquel Sanz - Valle. Could HRM support organizational innovation? [J]. The International Journal of Human Resource Management, 2008, 19 (7): 1208 - 1221.

[②] Akgün A. E., Keskin H., Byrne J. The moderating role of environmental dynamism between firm emotional capability and performance [J]. Journal of Organizational Change Management, 2008, 21 (2): 230 - 252.

[③] Montes et al., F. J. L. Montes, A. R. Moreno and V. G. Morales. Influence of support leadership and teamwork cohesion on organizational learning, innovation and performance: An empirical examination [J]. Technovation, 2005, 25: 1159 - 1172.

[④] Akgün A. E., Keskin H., Byrne J. and Selim Aren. Emotional and learning capability and their impact on product innovativeness and firm performance [J]. Technovation, 2007b, 27 (9): 501 - 513.

[⑤] 孙锐, 陈国权. 企业跨部门心理安全、知识分享与组织绩效间关系 [J]. 南开管理评论, 2012 (1): 67 - 74, 83.

[⑥] 温忠麟, 叶宝娟. 有调节的中介模型检验方法: 竞争还是替补? [J]. 心理学报, 2014 (5): 714 - 726.

[⑦] Hayes, A. F. Introduction to mediation, moderation, and conditional process analysis: A regression-based approach [M]. New York, NY: Guilford Press, 2013.

著,一个不显著,则说明存在有调节的中介效应①。此种检验研究方法比传统相关检验工具如 SPSS indirect 宏程序等具有更强的适用范围,能够分析各种中介模型、调节模型以及它们之间的组合模型,因此得到学术界的广泛认可和接受,在近期国际组织行为学相关实证研究中被广泛使用②。在本章中,按照 bootstrapping 分析,通过 5000 次重复取样,构造 95% 偏差校正的置信区间(bias-corrected confidence intervals),如果置信区间 CI 的下限和上限之间不包括零,那么就表明相应效应是显著的③④。同时,本章基于 SPSS Process 运算得到的相关判定指标 INDEX 分析方法来验证有调节的中介模型。

4.4 数据分析和研究结果

4.4.1 测量工具的信度和效度

在进行假设检验之间,首先对本章所涉及的变量进行信度和效度检验。本章使用 Cronbach α 系数检验各量表的信度。本章涉及的组织情绪能力量表 α 信度系数为 0.88,组织学习量表的 α 信度系数为 0.84,组织承诺量表的 α 信度系数为 0.71,企业创新绩效量表的 α 信度系数为 0.76,其中产品创新绩效和流程创新绩效的 α 系数分别为 0.71 和 0.75,各测量变量的 α 系数高于 0.7 时,表明各研究变量信度较高,测量工具具有良好的内在一致性。其次,根据本研究假设,其中包括组织情绪能力、组织学习、组织承诺、产品创新绩效和流程创新绩效五个测量变量。表 4-1 列出全部五个研究变量的验证性因子分析(CFA)结果。考察对应五因子模型验证性因子(CFA)分析主要拟合指数:$\chi^2 = 518.98$,$p < 0.01$;$\chi^2/df = 3.24$;CFI = 0.87;RMSEA = 0.08;SRMR = 0.06;TLI = 0.84,每个潜变量对应测量题项的平均标准化因子载荷在 0.7 以上,且在 0.01 水平上显著,表明测量潜变量具有良好的结构效度。计算表明各研究变量的 AVE 值介于 0.63~0.73,均高于 0.5 的临界值,且各因子之间的相关系数均小于对角线上的 AVE 值,即 AVE 都高于因子相关系数的平方值,显

---

①③ 陈笃升,王重鸣. 组织变革背景下员工角色超载的影响作用:一个有调节的中介模型 [J]. 浙江大学学报(人文社会科学版),2015 (3):143-157.

②④ 方杰,张敏强,顾红磊等. 基于不对称区间估计的有调节的中介模型检验 [J]. 心理科学进展,2014 (10):1660-1680.

示研究量表具有良好的收敛效度和区分效度。此后，本章对各研究变量进行相关组合，构建备择因子模型和假设因子模型进行对比研究，主要拟合指标如表4-1所示。其中，备择四因子模型将产品创新绩效和流程创新绩效两个因子进行合并，形成四个因子；备择三因子模型将组织承诺和组织学习，产品创新绩效和流程创新绩效等因子分别进行合并形成三个因子；备择二因子模型将组织情绪能力、组织承诺和组织学习三因子合并，产品创新绩效和流程创新绩效两因子合并形成二个因子；备择一因子模型将所测量的五个因子合并形成一个整体因子。由拟合结果可知，假设模型在主要各拟合指标上均优于四个备择模型，且假设模型和备择模型之间的 $\Delta\chi^2$ 显著增加，差异显著。结果表明，本章中所包括的五个测量变量具有良好的区分效度。

表 4-1　　　　　　　　测量变量的区分效度检验

模型	χ^2	df	χ^2/df	$\Delta\chi^2$	RMSEA	SRMR	CFI	TLI
假设五因子模型	518.98	160	3.24	—	0.08	0.06	0.87	0.84
备择四因子模型	645.02	164	3.93	126.04***	0.09	0.07	0.82	0.80
备择三因子模型	648.69	167	3.88	129.71***	0.09	0.07	0.82	0.80
备择二因子模型	741.93	169	4.39	222.95***	0.10	0.07	0.79	0.76
备择单因子模型	750.98	170	4.42	232***	0.10	0.07	0.79	0.76

注：五因子模型：组织情绪能力、组织承诺、组织学习、产品创新绩效、流程创新绩效；四因子模型：组织情绪能力、组织承诺、组织学习、产品创新绩效+流程创新绩效；三因子模型：组织情绪能力、组织承诺+组织学习、产品创新绩效+流程创新绩效；二因子模型：组织情绪能力+组织承诺+组织学习、产品创新绩效+流程创新绩效；单因子模型：组织情绪能力+组织承诺+组织学习+产品创新绩效+流程创新绩效；$\Delta\chi^2$ 的检验是基于五因子模型；N=352；*** 代表 p<0.01。

4.4.2　研究变量的描述性分析

本章涉及的主要变量：组织情绪能力、组织学习、组织承诺、产品创新绩效和流程创新绩效的描述性分析如表4-2所示。由表4-2可知，本章的主要变量，组织情绪能力、组织学习、组织承诺、产品创新绩效和流程创新绩效之间存在显著正相关（p<0.01），表明预测变量与效标变量之间具有较高的相关性，这为验证本章变量之间的关系假设奠定了基础。

表 4-2 研究变量的均值、标准差及相关系数

变量	1	2	3	4	5	6	7	8	9	10	11	12
成立时间												
发展阶段	0.53***											
所处行业	0.12**	0.01										
所有制类型	0.23***	0.28***	0.12**									
人员规模	0.60***	0.45***	-0.06	0.14***								
市场规模	0.27***	0.45***	-0.07	0.22***	0.40***							
所处地区	0.15***	0.27***	-0.10*	-0.30***	0.21***	0.23***						
组织情绪能力	-0.12**	-0.24***	0.07	-0.10*	-0.01	-0.03	-0.13**					
组织承诺	-0.09	-0.08	-0.03	-0.04	0.13**	0.15***	0.05	0.81***				
组织学习	-0.10*	-0.20***	0.02	0.00	-0.01	-0.11**	-0.15***	0.83***	0.68***			
产品创新绩效	-0.10*	-0.15***	0.06	-0.09*	0.04	0.02	-0.05	0.70***	0.73***	0.61***		
组织流程绩效	-0.13**	-0.17***	0.08	-0.01	0.02	-0.01	0.00	0.63***	0.61***	0.62***	0.41***	
变量均值	2.84	2.27	2.97	2.02	3.33	2.84	1.98	3.37	3.27	3.41	3.17	3.17
变量标准差	1.01	0.73	1.33	0.85	1.29	0.98	0.98	0.46	0.60	0.46	0.59	0.65

注：N=352；* 表示 $p<0.1$；** 表示 $p<0.05$；*** 表示 $p<0.01$。

4.4.3 组织情绪能力、组织学习对创新绩效的作用及中介效应分析

为进一步厘清各变量之间的关系，本章使用多元回归方法进行验证分析。首先，检验组织情绪能力对组织学习的作用影响，如表4-3中模型1所示。回归模型1在控制了企业成立时间、发展阶段、人员规模、市场规模以及企业所处行业、所有制类型、所在地区等变量后，由回归结果可知，组织情绪能力对组织学习的直接效应是显著的正向关系（β=0.86，p<0.01），控制变量和自变量共同解释了因变量70%的变异量，因此研究假设1得到完全支持。其次，由表4-3模型3和模型4可知，组织情绪能力分别对产品创新绩效产生显著的正向影响（β=0.89，p<0.01），对流程创新绩效产生显著的正向影响（β=0.92，p<0.01），控制变量和自变量分别解释了因变量50%和45%的变异量。最后，由表4-3模型5可知，在加入中介变量组织学习后，组织学习对产品创新绩效具有显著的正向影响（β=0.22，p<0.05），组织情绪能力对产品创新绩效正向影响仍然显著，但回归系数降低（由β=0.86，p<0.01降低到β=0.70，p<0.01），表明组织学习在企业组织情绪能力与产品创新绩效的关系间起中介作用。由表4-3模型6可知，在加入中介变量组织学习后，组织学习对流程创新绩效具有显著的正向影响（β=0.37，p<0.01），组织情绪能力对流程创新绩效正向影响仍然显著，但回归系数降低（由β=0.92，p<0.01降低到β=0.60，p<0.01），表明组织学习在企业组织情绪能力与流程创新绩效的关系间起中介作用。

表4-3　　　　　　　研究变量相关回归模型分析

控制变量与自变量 \ 因变量	模型1 组织学习	模型2 组织学习	模型3 产品创新绩效	模型4 流程创新绩效	模型5 产品创新绩效	模型6 流程创新绩效
成立时间	-0.01	-0.02	-0.03	-0.08**	-0.03	-0.08**
发展阶段	0.02	0.02	-0.06	-0.00	-0.06	-0.01
人员规模	0.00	-0.00	0.04	0.02	0.04	0.01
市场规模	-0.06***	-0.06***	0.00	-0.01	0.01	0.01
组织情绪能力	0.86***	0.77***	0.89***	0.92***	0.70***	0.60***

续表

控制变量与自变量 \ 因变量	模型1 组织学习	模型2 组织学习	模型3 产品创新绩效	模型4 流程创新绩效	模型5 产品创新绩效	模型6 流程创新绩效
组织学习					0.22**	0.37***
组织承诺		0.08*				
组织情绪能力×组织承诺		0.18***				
截距	0.68***	0.72***	0.64**	0.36	0.48	0.11
R^2	0.71	0.72	0.52	0.47	0.53	0.49
调整R^2	0.70	0.71	0.50	0.45	0.50	0.47
VIF	6.86	6.62	6.86	6.86	6.81	6.81

注：N=352；* 表示 $p<0.1$；** 表示 $p<0.05$；*** 表示 $p<0.01$；各回归模型中还控制了企业所处行业、所有制类型、所在地区。

表4-4则进一步显示了自变量组织情绪能力对两个因变量产品创新绩效和流程创新绩效作用的完整效应及排除了中介变量影响后的直接效应。在这里，本章采用 SPSS Process 置信区间宏程序进行验证中介效应的 bootstrapping 分析。目前国际上判定中介效应的主流分析范式，就是采用 bootstrappin 方法分析自变量到中介变量的回归系数和中介变量到因变量的回归系数乘积项是否显著不为零[1]。由表4-4可知，组织情绪能力通过组织学习影响产品创新绩效的中介效应为0.19，标准误差为0.08，置信区间为 [0.04, 0.35]，组织情绪能力影响产品创新绩效的直接效应为0.70，标准误差为0.09，其置信区间为 [0.52, 0.89]，由于以上效应的置信区间都不包含零，因此，组织学习在企业组织情绪能力与产品创新绩效中起中介效应是显著的。同理，组织情绪能力通过组织学习影响流程创新绩效的中介效应为0.32，标准误差为0.09，置信区间为 [0.13, 0.50]，组织情绪能力影响流程创新绩效的直接效应为0.60，标准误差为0.11，其置信区间为 [0.39, 0.81]，由于以上效应的置信区间都不包含零，因此，组织学习在企业组织情绪能力与流程创新绩效中起中介效应也是显著的，因此，假设2a和假设2b得到完全支持。

---

[1] 方杰，张敏强，顾红磊等. 基于不对称区间估计的有调节的中介模型检验 [J]. 心理科学进展，2014（10）：1660-1680.

表 4-4　　　　　　　组织学习中介效应的 bootstraping 分析结果

因变量	效应类别	效应大小	标准误	95%置信区间 下限	95%置信区间 上限
产品创新绩效	间接效应	0.19	0.08	0.04	0.35
	直接效应	0.70	0.09	0.52	0.89
	完整效应	0.89	0.05	0.79	1.00
流程创新绩效	间接效应	0.32	0.09	0.13	0.50
	直接效应	0.60	0.11	0.39	0.81
	完整效应	0.92	0.06	0.79	1.04

4.4.4 组织承诺在上述路径中扮演的角色及有调节的中介效应分析

为进一步验证组织承诺在组织情绪能力、组织学习对创新绩效的作用路径中的调节效果，以及整体研究模型有调节的中介效应，本章使用多元回归分析和 SPSS Process 置信区间宏程序进行相关验证。首先，由表 4-3 的回归模型 2 所示，组织承诺会对组织学习产生正向影响（$\beta = 0.08$，$p < 0.1$），同时，组织情绪能力和组织承诺的交互项亦会对组织学习产生正向影响（$\beta = 0.18$，$p < 0.01$），相关图示如图 4-2 所示，这为后继研究奠定了前提条件。

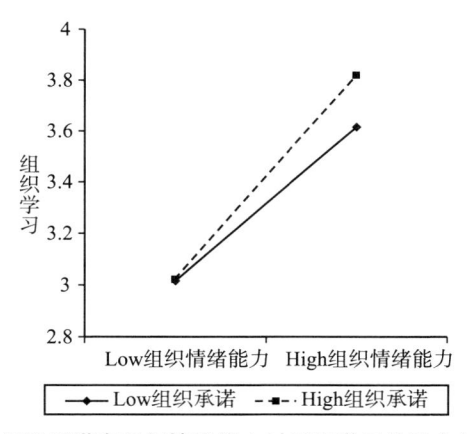

图 4-2　组织承诺在组织情绪能力对组织学习作用中的调节效应

然后，本章通过 Process 运算直接得到在调节变量不同取值下的条件间接效应。Process 将这个不同取值自动操作为在调节变量的均值基础上分别减少一个标准差和增加一个标准差,构成低值和高值①,如表4-5所示。

表4-5 被调节的中介效应 bootstraping 分析结果

因变量	条件间接效应					有调节的中介效应			
	调节变量	效应	标准误	95%置信区间		INDEX	标准误	95%置信区间	
				下限	上限			下限	上限
产品创新绩效	低值	0.15	0.06	0.04	0.27	0.04	0.02	0.01	0.09
	高值	0.20	0.08	0.05	0.35				
流程创新绩效	低值	0.24	0.08	0.10	0.40	0.07	0.03	0.03	0.13
	高值	0.32	0.10	0.14	0.52				

由表4-5左边部分条件间接效应的分析结果可知,当员工组织承诺水平较低时,组织情绪能力通过组织学习影响产品创新绩效的间接效应为0.15,标准误差为0.06,其置信区间为[0.04,0.27];组织情绪能力通过组织学习影响流程创新绩效的间接效应为0.24,标准误差为0.08,其置信区间为[0.10,0.40],当员工组织承诺水平较高时,组织情绪能力通过组织学习影响产品创新绩效的间接效应为0.20,标准误差为0.08,其置信区间为[0.05,0.35];组织情绪能力通过组织学习影响流程创新绩效的间接效应为0.32,标准误差为0.10,其置信区间为[0.14,0.52]。由于以上这些置信区间都不包含零点,即表明无论组织承诺这个调节变量取低值还是高值,组织情绪能力通过组织学习对产品创新绩效和流程创新绩效两个因变量的间接效应都是显著的。在这种情况下,仅仅依靠条件间接效应的分析不足以判定是否存在有调节的中介效应②。因此,本研究在表4-5的右半部分报告了根据 SPSS Process 运算得到的相关判定指标数值 INDEX。由表4-5可得,组织承诺对组织情绪能力通过组织学习影响产品创新绩效的间接关系存在调节作用的判定指标为0.04,标准误差为0.02,置信区间为[0.01,0.09];组织承诺对组织情绪能力通过组织学习影响流程创新绩效的间接关系存在调节作用的判定指标为0.07,标准误差为0.03,置信区间为[0.03,0.13]。由于以上这些置信区间都不包含零点,即表明以上组织情绪能力对产品创新绩效和流程创新绩效作用的有调节的中介效应都是显著的。这一结果完全支持了假设3a和假设3b,即

---

①② 陈笃升,王重鸣.组织变革背景下员工角色超载的影响作用:一个有调节的中介模型[J].浙江大学学报(人文社会科学版),2015(3):143-157.

组织承诺会调节组织情绪能力与产品创新间以组织学习为中介的间接关系；组织承诺会调节组织情绪能力与流程创新间以组织学习为中介的间接关系。

4.5 研究结论与讨论

组织创新和组织学习活动是在一定组织脉络背景（context）下发生的，因此，某些组织要素或能力因素将推动或阻碍工作场所中创新的产生。以往的研究指出，组织氛围和群体情绪要素作为组织内个体或人际关系性质的表征将会影响个体和团队创新绩效[1][2][3][4][5][6][7]，但探讨企业层面的组织情绪能力对创新绩效的实证研究还非常匮乏。另外，国内现有情绪能力研究侧重于对团队和个体层面的分析，国际一部分学者正在开展组织情绪能力作用影响的研究，但国内组织情绪能力的实证研究尚未见报道。

基于以上分析，本章的主要理论贡献在于，通过对新一代电子技术、软件研发、电子通信、新材料、生物医药产业等352家高新技术企业的多源问卷调查研究，一是发现在高新技术企业背景下，组织情绪能力会对组织学习、组织创新绩效产生正向影响，组织学习在企业组织情绪能力对产品创新绩效、流程创新绩效作用中扮演中介角色作用；二是发现组织承诺会调节企业组织情绪能力对产品创新绩效、流程创新绩效以组织学习为中介的间接作用效果，形成一个有调节的中介效应模型。具体地，当员工组织承诺水平较高时，企业组织情绪能力通过组织学习影响产品创新绩效、流程创新绩效的作用效果更强，而当员工组织承诺水平较低时，企业组织情绪能力通过组织学习影响产品创新绩效、流程创新绩效的效果相对较弱。以上研究是第一次

---

[1] Yuan F. and R. W. Woodman. Innovative behavior in the workplace: The role of performance and image outcome expectations [J]. Academy of Management Journal, 2010, 53: 323 – 34.

[2] 孙锐. 战略人力资源管理与组织创新氛围研究——基于企业研发人员的调查 [M]. 北京：人民出版社，2013.

[3] 周京，克里斯蒂娜·E. 莎莉著，魏昕等译. 组织创造力全书 [M]. 北京：北京大学出版社，2010.

[4] 刘小禹，刘军. 团队情绪氛围对团队创新绩效的影响机制 [J]. 心理学报，2012（04）：546 – 557.

[5] Amabile T., Barsade S, Mueller J., Staw B. Affect and creativity at work [J]. Administrative Science Quarterly, 2005, 50 (3): 367 – 403.

[6] Huy Q. H. Emotional capability, emotional intelligence, and radical change [J]. Academy of Management Review, 1999, 24 (2): 325 – 345.

[7] Huy Q. H. Emotional balancing of organizational continuity and radical change: The contribution of middle managers [J]. Administrative Science Quarterly, 2002, 47 (1): 31 – 69.

在中国企业情景下开展的组织情绪相关研究。首先，关于组织情绪能力对组织学习影响的研究结论是对阿肯等（2007）针对土耳其相关研究的进一步验证和补充。阿肯等的前期研究表明，土耳其企业的组织情绪能力部分内容会影响管理承诺、系统观点、知识转移等组织学习相关层面。本章研究表明，在中国高新技术企业背景下，组织情绪能力会影响企业以实验、冒险、外部互动、内部对话、参与决策为核心内容的组织学习活动。其次，企业组织情绪能力对企业创新绩效，包括产品创新绩效、流程创新绩效产生正向影响的研究结论，是对国际组织情绪研究和组织创新研究的新推进，给"动态环境下，组织情绪能力与组织变革、组织创新密切相关"的观点提供了新的研究支撑。此外，本章研究发现了组织情绪能力作用的边界条件，即组织承诺会在组织情绪能力以组织学习为中介对创新绩效作用的间接关系中产生调节效果。它表明了组织情绪能力对创新绩效发挥作用受何种因素的影响，是对组织情绪能力影响机制研究的新贡献。此外，本章研究在方法上也具有一定创新。当前，国内对有调节的中介效应在验证方式上还有一定缺陷①。本章应用最新的系数乘积法，通过 SPSS Process 宏程序 bootstrapping 检验方式，通过考察有调节的中介效应判定指标 INDEX 来进行相关假设检验，进一步保障了实证方法上的可靠性。

  同时，本章研究也具有一定实践意义。在我国大力实施创新驱动发展的战略背景下，从组织创新驱动力角度出发，探究组织情绪能力的作用机理并提出管理策略，将为丰富中国企业自主创新管理实践提供有益借鉴。本章研究告诉我们，提升组织情绪能力有助于取得更好的企业产品创新绩效和流程创新绩效，而要增强这种效果就要进一步增强员工组织承诺。为此，企业组织要对核心员工，尤其是研发员工的情绪、情感表达给予适当的回应，创造渠道和便利条件使员工情绪得到适当沟通和传递，而创新型企业也要提升一种给员工灌输希望的能力，鼓励员工充分释放自己的热情，推动员工之间彼此沟通情感、相互关怀，这不仅是一项保障组织健康、和谐发展的基础工作，也是完善创新管理的一项重要命题。

  当然，本章研究也存在一些研究局限和不足。研究数据是在同一时间收集的，这种横截面数据分析难于严格表明变量之间的因果关系，未来研究可以考虑选取纵向研究方法进一步进行假设检验。另外，研究采用便利抽样法，通过

---

① 方杰，张敏强，顾红磊等. 基于不对称区间估计的有调节的中介模型检验 [J]. 心理科学进展，2014（10）：1660 – 1680.

领导和员工自陈报告来搜集数据，可能会带来研究结论扩展方面的局限。此外，除了组织学习和组织承诺外，还可能存在其他因素影响组织情绪能力对企业创新的作用影响，未来可考虑企业外部环境变量在上述关系路径中的调节效应。

第 5 章

研发导向战略人力资源管理构件及其创新推动作用：外部平衡式环境的影响

5.1 问题的提出

科技创新是推动人类社会文明进步的重要因素之一。创新经济时代的到来，使得各类科技企业日益感受到不进则退的压力。尤其是对那些致力于提供新产品、新技术和新服务的研发导向企业而言，如何提升其创新水平、创新效率成为其生存和发展的关键。"创新驱动实质是人才驱动。"在创新驱动发展战略背景下，科技企业作为自主创新的主体，采用何种战略人力资源管理举措来推动和支持研发员工创新，以获得更好的企业创新绩效是值得深入探讨的重要话题①。

有效的战略人力资源管理体系是企业获取竞争优势的源泉②。战略导向的企业人力资源管理政策、实践和组织程序表达着企业对重大战略活动的价值取向和期望信息，组织群体及个体对其的感知将推动组织创新③，它为组织从事创造创新活动提供了重要的战略背景与战略工具。传统的人力资源管理重视程序操作，而战略人力资源管理更加注重对组织战略目标，如创新目标的匹配和贡献。随着全球经济形势变化和企业外部环境复杂性的增强，管理学者们比以

---

①③ 孙锐. 战略人力资源管理与组织创新氛围研究——基于企业研发人员的调查 [M]. 北京：人民出版社，2013.
② Barney J. B., Wright P. M. On becoming a strategic partner: The role of human resources in gaining competitive advantage [J]. Human Resource Management, 1998, 37 (1): 31–46.

往更加强调战略人力资源管理构件举措的情景性、适配性及其对组织发展的影响[1]。目前,推动研发、推进创新成为越来越多企业的战略选择,但是关于研发导向企业战略人力资源管理涉及什么关键构件,这些举措是否在任何情境下均对创新具有一致性影响,尚欠缺足够的实证支撑,在理论界也未形成一致性的认知。

在复杂外部竞争条件下,研发型企业具有先天的创新属性,它们承担着推动产品技术发展、供给侧结构改革的重要使命。企业的创新表现和战略资源配置密切相关[2],在推动实施创新驱动、动能转换的大背景下,基于中国研发型企业的本土研究,探讨研发企业战略人力资源管理构件包括哪些核心内容,并探讨其对企业产品创新的影响作用边界,不仅有利于完善本土化创新企业战略人力资源系统的理论框架,更有益于明晰推动组织创新的战略管理因素,为企业创新管理实践提供研究支持。基于此,本章采用多源问卷调查和平衡效应分析方法,针对我国研发型企业战略人力资源管理构件进行结构分析,并尝试从企业外部环境平衡视角,探讨战略人力资源管理举措对产品创新影响的作用路径和边界条件。

5.2 研发导向战略人力资源管理构件的结构内容

5.2.1 研发导向战略人力资源管理的内涵

战略人力资源管理是企业为达成战略目标而实施的一系列对员工行为、态度、绩效等人力资源管理配置要素和维度的活动集合[3][4],其配置过程体现战

---

[1] Liang X., Cui Z. Strategic human resource management in China: east meets west [J]. Academy of Management Perspectives, 2012, 26 (2): 55 – 70.
[2] 孙锐,赵晨. 战略人力资源管理、组织情绪能力与组织创新——高新技术企业部门心理安全的作用 [J]. 科学学研究, 2016, 34 (12): 1905 – 1915.
[3] Lim S., Wang T. K., Lee S. Y. Shedding new light on strategic human resource management: The impact of human resource management practices and human resources on the perception of Federal Agency mission accomplishment [J]. Public Personnel Management, 2017, 46 (2): 91 – 117.
[4] Sherafati M. The impact of strategic human resource management on organizational performance [J]. Economia Seria Management, 2014, 17 (2): 373 – 383.

略过程性、活动关联性、交易控制性和合作承诺性[1]。它与人力资源管理实践不同,前者强调人力资源管理活动在组织业务中的战略价值服务、战略支持与战略导向,如注重绩效、注重能力、相对于外部晋升更加注重内部晋升等,即人力资源管理活动内在维度之间及其与企业战略间的匹配性(fit)和适应性(flexibility)[2],而后者强调人力资源管理是一种员工管理活动(Wright et al.,1998)。基于资源基础观(resource-based view),德莱里和隆比(Delery & Roumpi)[3]强调,人力资源职能不仅要体现于公司业务层面,更要体现于企业的战略核心部分和竞争优势管理体系之中。人力资源职能的纵向与横向适配性才能使企业更能灵活地应对企业外部环境的变化。

近年来,企业人力资源管理的重心从员工管理转变为战略价值服务,并成为企业的重要战略资产[4][5]。胡塞利德等(Huselid et al.)[6]提出企业人力资源管理可分为战略型和技术型内容构架,并认为战略型较技术型构架更具组织影响力。基于资源基础观,战略人力资源管理(Strategic Human Resource Management,SHRM)是各种人力资源要素间的有机组合,这种组合不是机械的、简单相加式的,它是组织各层面资源集成及转化的重要工具支撑[7]。亚瑟(Arthur)[8]将 SHRM 分为承诺型和控制型构架,前者关注以信任为基础的合作关系,具有注重员工职业发展、提供内部发展机会等特征;后者关注以雇佣为基础的交易关系,体现基于产出有效报偿、注重绩效评估等特征。

进一步地,对研发型企业而言,它们一般具有强烈的智力资源依赖性,其创造创新活动要求创新参与者以高水平知识技能、承诺投入、职业展望激发其

---

[1] Arthur J. B. Effects of human resource systems on manufacturing performance and turnover [J]. Academy of Management Journal, 1994, 37 (3): 670 – 687.

[2] Wright P. M., Snell S. A. Toward a unifying framework for exploring fit and flexibility in strategic human resource management [J]. Academy of Management Review, 1998, 23 (4): 756 – 772.

[3] Delery J. E., Roumpi D. Strategic human resource management, human capital and competitive advantage: Is the field going in circles? [J]. Human Resource Management Journal, 2017, 27 (1): 1 – 21.

[4] Lengnick – Hall M. L., Lengnick – Hall C. A., Andrade L. S., et al. Strategic human resource management: The evolution of the field [J]. Human Resource Management Review, 2009, 19 (2): 64 – 85.

[5] Becker B. E., Huselid M. A. Strategic human resource management: Where do we go from here? [J]. Journal of Management, 2006, 32 (6): 898 – 925.

[6] Huselid M. A., Jackson S. E., Schuler R. S. Technical and strategic human resource management effectiveness as determinants of firm performance [J]. Academy of Management Journal, 1997, 40 (1): 171 – 188.

[7] Colbert B. A. The complex resourced view: Implications for theory and practice in strategic human resource management [J]. Academy of Management Review, 2004, 29 (3): 341 – 358.

[8] Arthur J. B. Link between business strategy and industrial relations systems in American steel minimills [J]. Industrial and Labor Relations Review, 1992, 45 (3): 488 – 506.

创新潜能，并为研发活动提供专业的定制化问题解决方案。前期笔者针对研发导向企业人力资源管理实践的案例调研表明，注重绩效评估、职业发展、内部晋升等为主要特征的 SHRM 构架相比传统人力资源管理实践更加匹配组织研发创新战略导向，其中强调了"人"在选择、开发、整合与处置组织资源中扮演的自主、中心角色，体现了对典型"知识工作者"的尊重和双边承诺[①]。这种 SHRM 构架根植于组织创新活动和创新战略背景中，最终为组织研发目标服务。

5.2.2 研发导向战略人力资源管理的内容

（1）成熟量表的文献资料借鉴。

为对中国研发导向战略人力资源管理构思进行有效测量，为实证研究奠定坚实的测量基础，在明晰其概念内涵、基本维度构成基础上，查阅国际高质量期刊相关文献，并从其实证研究中搜集测量题项。鉴于战略人力资源管理是一个多维度构思，测量题项较为庞杂，不同研究中测量的文化背景、方式方法存在较大差异。为此，本章选取了国际期刊上被引用较多、获得同行认可的研究：勒帕克和斯内尔（Lepak & Snell）[②]、斯内尔和迪安（Snell & Dean）[③]、乌尔里希和雷克（Ulrich & Lake）[④]、德莱尼和胡塞利德（Delaney & Huselid）[⑤]、乔和刘（Jaw & Liu）[⑥]、托马斯和泰蒙（Thomas & Tymon）[⑦]、黄家齐[⑧]等研究使用的问卷作为参考。对国际英文期刊中的测量题项，邀请外语

[①] 孙锐. 战略人力资源管理与组织创新氛围研究——基于企业研发人员的调查 [M]. 北京：人民出版社，2013.

[②] Lepak D. P., Snell S. A. Examining the human resource architecture: The relationships among human capital, employment, and human resource configurations [J]. Journal of Management, 2002, 28 (4): 517 - 543.

[③] Snell S. A., Dean J. W., Jr. Integrated manufacturing and human resources management: A human capital perspective [J]. Academy of Management Journal, 1992, 35 (3): 467 - 504.

[④] Ulrich D., Lake D. Organizational capability: creating competitive advantage [J]. Executive, 1991, 5 (1): 77 - 92.

[⑤] Delaney T. J., Huselid M. A. The impact of human resource practices on perceptions organizational performance [J]. Academy of Management Journal, 1996, 39 (4): 949 - 969.

[⑥] Jaw B. S., Liu W. Promoting organizational learning and self-renewal in Taiwanese companies: The role of HRM [J]. Human Resource Management, 2003, 42 (3): 223 - 241.

[⑦] Thomas K. W., Tymon W. G. Empowerment inventory [M]. Tuxedo, NY: Xicom, 1993.

[⑧] 黄家齐. 人力资源管理系统与组织绩效——智能资本观点 [J]. 管理学报（台），2002 (3): 415 - 450.

教师和国外相关专业留学博士进行双向互译（back translation），并反复修改翻译后的中文题项以符合中国语境、文化和沟通方式。

（2）管理实践归纳。

为获取我国研发导向企业战略人力资源管理的一手资料，结合以上文献研究的维度构思、测量题项等在企业实践中的适用性和普遍性，笔者到广州新科电子、中星微电子、北京仁创科技等多家研发企业开展了深入访谈与现象学研究。调研内容包含公司研发导向的绩效评估、薪酬奖励、招聘程序、工作权利等系列内容。笔者对现象学访谈材料进行了整理、归纳，并将其分类到研发导向战略人力资源管理的对应构件维度中。为确保材料整理与分类的有效性与一致性，采用两轮交叉审核确定内容归属类目。

（3）测量题项与问卷形成。

研究者基于以上筛选的研究量表与专家访谈（3位高科技主管）、开放式问卷调查等补充形成了新调查问卷。问卷编制考虑到我国本土文化背景和交流方式，基于易懂性和可读性要求，最终形成了包含严格甄选、申诉解决、推动职业发展、内部晋升、注重绩效评估、有效报偿、合理授权、员工关系、工作轮换9个维度、29个题项问卷。并邀请企业管理、人力资源管理专业领域的3名教授、副教授及3名博士研究生对问卷效度、可读性、可理解性、文化性等因素进行检验。最终删除员工关系、工作轮换2个维度、6个题项，分别合并严格甄选、内部晋升2个题项，共保留21个题项。问卷采用5点李克特量表计分法（1＝完全同意；5＝完全不同意）予以计量。

5.2.3 预测试与项目调整

为检验问卷的初步测试结果，在以上问卷题项基础上，笔者补充了研究目的、指导语、特征变量等内容，形成预测试问卷。在北京、上海、内蒙古、山东等区域高新技术园区通过现场和邮件两种方式发放问卷，最终回收有效问卷456份。其中，男性60.088%，女性39.912%；高中学历6.579%，大专17.763%，本科50%，硕士20.614%，博士5.044%；工作年限1～2年22.588%，3～5年34.868%，6～10年25.658%，10年以上16.886%；年龄小于25岁17.982%，25～35岁57.237%，36～45岁11.842%，46～60岁12.939%；职务处于高层3.070%，中层39.035%，基层57.895%。研究对数据进行主成分分析、信度与效度分析等，最终将申诉解决（2个题项）维度予以删除，形成一个包含18个题项的问卷。其中包括严格甄选、推动职业发展、注重绩效评估、有效报偿、内部晋升和合理授权6个维度。严格甄选有3个题项，典型题项为"我们公司对人员甄选和招聘程序相当重视"；职业发展有3个题项，典型题项为"我们公司在员工工作转换上有很清楚的规划设计"，注重绩效评估有4个题项，典型题项为"我们公司对员工的绩效评估是以工作成果为基础的"；有效报偿有4个题项，典型题项为"公司给予员工的报酬、福利有多种形式和方式"；内部晋升有2个题项，典型题项为"除基层职务外，我们公司绝大部分职位是以内部晋升的方式填补"；合理授权有2个题项，典型题项为"我对如何完成我的工作具有较多的自主权"。

5.3 研发型企业战略人力资源管理的问卷测量

5.3.1 正式问卷数据收集

本章研究的调研对象为25人以上的新一代电子技术、软件研发、电子通信、新材料、机械制造、生物医药等产业领域的研发型企业。研发导向战略人力资源管理数据采集自企业研发（R&D）部门管理者。样本企业主要来自包头稀土高新区、北京中关村、济南高新区、宁波国家高新区以及济南市、北京市、宁波市、深圳市、青岛市的相关研发型企业。所有问卷调查企业及人员秉承自愿原则，问卷通过纸质快递和电子邮件两种方式发放和回收。在剔除掉漏答过多以及回答明显不认真的不合格问卷之后，最终回收有效问卷455份，问卷发放回收有效率65.6%。样本特征如表5-1所示。

表5-1　　　　　　　　　　样本特征分布

样本特征	特征分布	比例（%）	样本特征	特征分布	比例（%）
组织年限	1~2年	18.681	发展时期	初创期	14.945
	3~5年	16.044		发展期	43.956
	6~10年	24.835		成熟期	38.681
	10年以上	40.440		衰退期	2.418

续表

样本特征	特征分布	比例（%）	样本特征	特征分布	比例（%）
组织规模	25~50 人	6.593	所属行业	电子通信	16.264
	51~200 人	25.055		机械制造	33.407
	201~500 人	21.538		生物医药	21.319
	501~1000 人	14.505		化工食品	13.846
	1000 人以上	32.309		软件服务	11.648
组织性质	国有	41.099		其他	3.516
	民营	29.670	市场份额	远远小于	4.615
	三资	29.231		小于	35.824
工作地区	东部	38.462		差不多	33.407
	中部	3.736		大于	21.099
	西部	57.802		远远大于	5.055

5.3.2 问卷结构探索性分析

将被试样本企业随机分为两组（227 份和 228 份），分别对战略人力资源管理进行探索性和验证性因子分析，其 KMO 为 0.776，Barlett 球形检验在 0.00 水平显著，χ^2 为 6495.096，df 为 153，表明适合做因子分析。如表 5-2 所示，以最大方差法正交旋转抽取主成分因子，获得 6 个特征值大于 1 的因子，且各因子载荷均大于 0.7，跨因子载荷均小于 0.3，表示各维度具有良好的区分效度和收敛效度。研究将 6 因子分别命名为严格甄选、职业发展、内部晋升、注重绩效评估、有效报偿和合理授权，其累计方差贡献率分别为 17.409%、33.317%、49159%、64.669%、75.224%、85.511%。表 5-3 列示了各维度描述性统计及相关系数。各维度间相关系数均未超过 0.5，低程度相关，这进一步表明了维度间的区分统一关系。

表 5-2　　战略人力资源管理的探索性因子分析（N=227）

测量项目	探索性因子分析及其命名					
	严格甄选	职业发展	内部晋升	注重绩效评估	有效报偿	合理授权
HZ1	0.927	0.199	-0.032	0.184	0.007	-0.020
HZ2	0.927	0.168	-0.023	0.193	0.037	0.034

第5章 研发导向战略人力资源管理构件及其创新推动作用：外部平衡式环境的影响

续表

测量项目	探索性因子分析及其命名					
	严格甄选	职业发展	内部晋升	注重绩效评估	有效报偿	合理授权
HZ3	0.908	0.163	-0.064	0.260	0.025	0.043
HG1	0.202	0.913	-0.019	0.085	0.005	0.117
HG2	0.200	0.917	0.040	0.151	0.085	0.058
HG3	0.105	0.960	0.001	-0.022	0.029	0.089
HN1	-0.027	0.037	0.949	0.007	0.105	0.025
HN2	-0.067	-0.018	0.949	0.024	0.100	0.039
HJ1	0.275	-0.104	0.000	0.774	0.266	-0.145
HJ2	0.107	0.005	0.042	0.873	0.127	0.033
HJ3	0.162	0.072	-0.028	0.863	0.042	0.013
HJ4	0.162	0.276	0.032	0.703	0.151	0.018
HB1	0.071	0.117	0.088	0.155	0.857	0.053
HB2	-0.037	-0.005	0.000	0.116	0.908	-0.055
HB3	0.021	0.146	0.032	0.061	0.901	-0.078
HB4	0.029	-0.142	0.161	0.188	0.788	0.181
HS1	0.059	0.101	0.061	-0.066	0.036	0.947
HS2	-0.017	0.121	0.003	0.027	0.017	0.951
特征根	5.064	3.177	2.505	1.701	1.589	1.356
方差贡献率	17.409%	33.317%	49.159%	64.669%	75.224%	85.511%

注：HZ——严格甄选；HG——职业发展；HN——内部晋升；HJ——注重绩效评估；HB——有效报偿；HS——合理授权；下同。

表5-3 战略人力资源管理各维度的描述性统计、相关系数（N=227）

变量	均值	标准差	1	2	3	4	5	6
1. HZ	3.728	0.996	1					
2. HG	3.619	0.668	0.057	1				
3. HN	3.251	0.848	0.365***	0.206***	1			
4. HJ	3.209	0.807	-0.079	0.073	0.016	1		
5. HB	3.476	0.560	0.429***	-0.022	0.190***	0.038	1	
6. HS	3.473	0.693	0.084	0.057	0.093	0.185***	0.321**	1

注：** 表示 $p<0.05$；*** 表示 $p<0.01$。

表 5-4 列示了战略人力资源管理内容的信度分析结果。各因子的 Cronbach α 均大于 0.7。CITC 结果显示,删除各维度中的任何一个题项均不会带来 Cronbach α 的提高,表示各维度题项构成达到最优。修正项总相关系数均大于 0.6,表示各题项对其相应维度具有良好的解释力。

表 5-4　　　　　　战略人力资源管理信度分析（N=227）

维度及题项	项总相关系数	Cronbach α	维度及题项	项总相关系数	Cronbach α
严格甄选		0.961	职业发展		0.952
HZ1	0.920	0.941	HG1	0.887	0.939
HZ2	0.917	0.943	HG2	0.898	0.931
HZ3	0.914	0.945	HG3	0.913	0.920
注重绩效评估		0.863	有效报偿		0.900
HJ1	0.718	0.812	HB1	0.786	0.868
HJ2	0.756	0.795	HB2	0.817	0.855
HJ3	0.743	0.802	HB3	0.814	0.859
HJ4	0.601	0.858	HB4	0.698	0.898
内部晋升		0.908	合理授权		0.913
HN1	0.833	—	HS1	0.844	—
HN2	0.833	—	HS2	0.844	—

5.3.3　问卷结构验证性分析

研究结构验证性分析结果显示（见表 5-5），组合信度介于 0.899~0.972，高于临界值 0.8；平均萃取方差介于 0.691~0.921，高于临界值 0.5，这表明各构件间存在良好效度，可对其作用关系做进一步分析。表 5-6 列示了 SHRM 的验证性因子分析,六因子模型与其他五个备择模型相比,各拟合指标更好,且基本达到经验值。可见问卷测量结构的验证性因子分析良好。

表 5-5　　　　　研发企业 SHRM 问卷效度分析（N=228）

潜变量	测量题项	CR 值	AVE	AVE 平方根
HZ	我们公司对人员甄选和招聘程序相当重视	0.972	0.921	0.960
	我们公司在甄选时,相当重视应征者的技术能力与专业知识			
	我们公司在甄选时,相当重视应征者的问题解决能力			

续表

潜变量	测量题项	CR 值	AVE	AVE 平方根
HG	我们公司在员工工作转换上有很清楚的规划设计 我们公司有计划地协助员工提升知识和技能 我们公司为员工设定了清楚的生涯发展步骤和路径	0.947	0.857	0.926
HN	除基层职务外，我们公司绝大部分职位是以内部晋升的方式填补 我们公司通常不会以对外招聘的方式填补管理层空缺	0.921	0.854	0.924
HJ	我们公司对员工的绩效评估是以工作成果为基础的 客观的绩效指标是公司评估员工绩效的主要依据 我们公司的员工参与了工作目标设定和绩效评估的过程 公司绩效评估结果能区分出表现好与坏的员工，以作为调薪或人员淘汰的参考依据	0.899	0.691	0.831
HB	公司给予员工的报酬、福利有多种形式和方式 我的薪酬与我的绩效水平有很大的关联 公司员工的绩效表现是决定其薪酬的重要依据 公司的报酬、奖励制度能够激励员工奋发有为	0.919	0.740	0.860
HS	我对如何完成我的工作具有较多的自主权 我能够决定采用什么手段或方法完成我的工作	0.910	0.835	0.914

表 5-6　　研发企业 SHRM 问卷验证性分析（N = 228）

模型	χ^2	df	$\Delta\chi^2/df$	RMR	RMSEA	CFI	NFI
六因子模型	628.08	113	—	0.094	0.090	0.93	0.91
五因子模型	767.48	118	0.946	0.096	0.106	0.90	0.88
四因子模型	914.75	122	1.940	0.100	0.119	0.86	0.84
三因子模型	1438.80	125	5.952	0.130	0.165	0.74	0.72
两因子模型	1735.09	127	8.104	0.150	0.186	0.69	0.67
单因子模型	1809.33	127	8.689	0.140	0.192	0.67	0.66

注：六因子模型：HZ、HG、HJ、HB、HN、HS；五因子模型：HZ、HG、HJ、HB、HN + HS；四因子模型：HZ、HG、HJ、HB + HN + HS；三因子模型：HZ + HG、HJ + HB、HN + HS；两因子模型：HZ + HG + HJ、HB + HN + HS；单因子模型：MG + MZ + MY + MT + MH + MS。

5.4 研发导向战略人力资源管理对产品创新的影响

5.4.1 理论背景与研究假设

基于资源基础理论、资源守恒理论，创新活动的本质是其他资源形式对创新智力资源的集成、应用和转化的过程。SHRM 是一种以战略为价值导向的人力资源管理实践，其内含着对战略资源和战略资产的配置功能。有学者提出，SHRM 为组织系统不同层面的资源配置和应用提供着战略导向和工具，其是通过影响员工的情绪、态度、行为等多重路径达成目的，进而为企业创造价值[1]，对产品创新活动中的资源设计、识别、整合和集成尤为如此。孙锐等[2]将创新智力资源作为产品创新的典型资源表征，认为 SHRM 的创新转化机理在于组织通过情绪资源的干预、螺旋、集成等实现战略资源在创造创新活动中的"使能化"过程。尤恩特等[3]进一步强调，组织在该资源转化过程中，更注重员工职业发展、甄选程序、绩效评估、有效报偿等人力资源与组织战略的适配性、一致性，进而强化战略人力资源管理在创造创新活动中的价值性和驱动性。

更进一步，研发企业的创新活动具有创新情境变动性、解决路径模糊性、技能需求专用性及问题解决时限性等特征[4]，而战略价值导向和人力资源管理实践构件间的协同是有效应对创新情景动态性的重要因素[5]。孙锐[6]等针对中国 500 余家研发企业的调研表明，组织以内部晋升、合理授权等重要战略活动推动人力资源重新配置、应用和转化为创新智力资源是软性资源治理问题的重要途

---

[1] Wei L. Q., Liu J., Herndon N. C. 2011. SHRM and product innovation: Testing the moderating effects of organizational culture and structure in Chinese firms [J]. The International Journal of Human Resource Management, 22 (1): 19–33.

[2][6] 孙锐, 赵晨. 战略人力资源管理、组织情绪能力与组织创新——高新技术企业部门心理安全的作用 [J]. 科学学研究, 2016, 34 (12): 1905–1915.

[3] Youndt M. A., Snell S. A., Dean J. W., et al. Human resource management, manufacturing strategy, and firm performance [J]. Academy of Management Journal, 1996, 39 (4): 836–866.

[4] 孙锐, 李树文. 组织情绪能力对产品创新影响的边界与路径 [J]. 科学学研究, 2018b, 36 (7): 185–195.

[5] 孙锐, 李树文, 顾琴轩. 双元环境下战略人力资源管理影响组织创新的中介机制：企业生命周期视角 [J]. 南开管理评论, 2018a, 27 (5): 176–187.

径。李、刘和尼尔（Li，Liu & Neil）[1] 认为以上创新转化过程可能在不同维度战略价值活动中表现出差异化的驱动效应，如有效报偿、注重绩效评估等益于产品渐进式创新，而工作自主性等益于产品突破式创新。其他实证均支持 SHRM 整体或部分维度对产品创新具有显著影响作用[2][3]。基于以上分析，提出如下假设：

假设 1：研发导向战略人力资源管理对产品创新绩效产生显著正向影响。

资源依赖理论认为企业是一个开放系统，需要依赖于外部环境的权变因素[4]。组织资源在转化过程中要受到环境特性因素的影响[5]，具体表现为环境动态性与环境竞争性。其中，环境动态性指组织外部环境的不确定程度和环境变化的速度；环境竞争性指组织外部环境中竞争领域与竞争对手数量的同质性程度[6]。作为组织环境的两面，动态与竞争并不能在组织内自然地趋于平衡，而不平衡则是一种常态。部分学者将具有张力的两面性构件按照高低程度匹配划分为两种状态，即不平衡状态（高—低和低—高）与平衡状态（高—高和低—低），而平衡状态中"高—高"称之为"高能平衡"，"低—低"称之为"低能平衡"[7]。而当环境的两面趋于"一高一低"状态时，高能方会为组织资源转化进程带来资源威胁性，促使组织调用周边一切资源推动组织知识、技术、市场、产品等多元技能探索[8]以增加战略确定性[9]和计划精确性[10]；而低能方会以不易察觉的资源消耗因素（如情绪耗竭、人力资源固化等）持续消耗组织资源以维持其稳定性。

更进一步，适度的环境平衡益于组织资源等值分流，既不会由于竞争环境的激烈动荡而过度注重人才招聘，也不会由于动态环境的不稳而过度注重内部

---

[1] Li Q. W., Liu J., Neil C. H. SHRM and product innovation: Testing the moderating effects of organizational culture and structure in Chinese firms [J]. International Journal of Human Resource Management, 2011, 22 (1): 19–33.

[2] 孙锐. 战略人力资源管理、组织创新氛围与研发人员创新 [J]. 科研管理, 2014, 35 (8): 34–43.

[3] Petruzzelli A. M., Ardito L. Breadth of external knowledge sourcing and product innovation: The moderating role of strategic human resource practices [J]. European Management Journal, 2017, 35 (2): 261–272.

[4] Liu D., Chen X. P., Yao X. From autonomy to creativity: A multilevel investigation of the mediating role of harmonious passion [J]. Journal of Applied Psychology, 2011, 96 (2): 294–309.

[5] 李垣, 王龙伟, 谢恩. 动态环境下组织资源对战略变化的影响研究 [J]. 管理学报, 2004, 1 (1): 58–61.

[6] 陈建勋. 组织学习的前因后果研究：基于二元视角 [J]. 科研管理, 2011, 32 (6): 140–149.

[7] 李占祥, 杨杜, 解培才. 矛盾管理学 [M]. 北京：经济管理出版社, 2000.

[8] Teece D. J., Pisano G. Shuen A. Dynamic capability and strategic management [J]. Strategic Management Journal, 1997, 18 (7): 509–33.

[9] 林亚清, 赵曙明. 构建高层管理团队社会网络的人力资源实践、战略柔性与企业绩效——环境不确定性的调节作用 [J]. 南开管理评论, 2013, 16 (2): 4–15.

[10] Venkatraman N. The concept of fit in strategy research: Toward verbal and statistical correspondence [J]. Academy of Management Review, 1989, 14 (3): 340–352.

晋升。具体而言，当组织处于一种高能环境平衡状态时，环境因素会刺激组织以注重员工职业发展、绩效评估、合理授权等人力资源管理实践，推动战略资源动能化和产品创新智力资源使能化进程，应对外部环境的双重变动性[①]。当组织处于一种低能环境平衡状态时，资源转化环境较为稳定，但也致使组织不会寻求多元化的转化路径，以内部晋升、绩效评估等为主要形式的战略资源在组织资源转化进程中的参与度下降，这减少了产品创新资源的可得路径。黄和基姆等[②]学者认为，人力资源管理维度通过工作要求、员工行为、贡献影响组织创新，但以上关系必须考虑与组织环境的适配性。而林亚清等[③]学者调研发现，环境不确定性更益于组织构建人力资源管理实践网络以塑造组织战略柔性，以应对动态环境下的资源冲击。张军伟和龙立荣[④]、魏和刘（Wei & Lau）[⑤]均指出组织内部工作环境、外部环境不确定性在人力资源管理实践维度与组织创新间具有重要调谐作用。基于以上分析，提出如下假设：

假设2：企业平衡式外部环境在战略人力资源管理对产品创新绩效的作用中起到调节作用。

综上所述，本章的理论模型如图5-1所示。

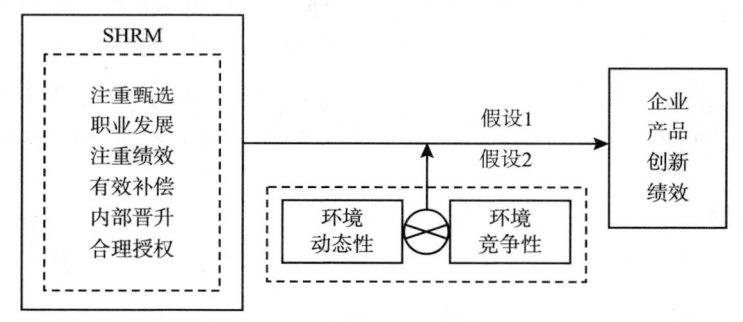

图5-1 研究理论模型

[①] 孙锐，李树文，顾琴轩. 双元环境下战略人力资源管理影响组织创新的中介机制：企业生命周期视角 [J]. 南开管理评论，2018a, 27 (5)：176-187.

[②] Huang J., Kim H. J. Conceptualizing structural ambidexterity into the innovation of human resource management architecture: The case of LG Electronics [J]. International Journal of Human Resource Management, 2013, 24 (5): 922-943.

[③] 林亚清，赵曙明. 构建高层管理团队社会网络的人力资源实践、战略柔性与企业绩效——环境不确定性的调节作用 [J]. 南开管理评论，2013, 16 (2)：4-15.

[④] 张军伟，龙立荣. 高绩效工作系统一定能提高绩效吗？——一个跨层次多特征的调节模型 [J]. 经济管理，2016, 38 (10)：87-99.

[⑤] Wei L. Q., Lau C. M. High performance work systems and performance: The role of adaptive capability [J]. Human Relations, 2010, 63 (10): 1487-1511.

5.4.2 研究方法

本章研究的调研对象为电子技术、软件研发、电子通信、新材料、机械制造、生物医药等产业领域内的新一代研发型企业。对每个样本企业,均采用取平均值的数据处理方法。其中战略人力资源管理、产品创新绩效、环境特性数据均采集自企业研发部门经理或分管高层管理者。战略人力资源管理(SHRM)采用以上通过问卷验证程序形成的量表,共 18 个题项,主要包括严格甄选、推动职业发展、注重绩效评估、有效报偿、内部晋升和合理授权 6 个维度。环境特性采用由詹森等(Jansen et al.)[1] 开发的环境特性量表,共 6 个题项,主要包括环境动态性(ED)和环境竞争性(EC)2 个维度,其中,环境动态性与环境竞争性各 3 个题项,环境动态性示例题项有"客户不断对产品和服务提出新的要求",环境竞争性示例题项有"公司所在的市场,价格竞争非常突出"。产品创新绩效(IP)采用桑斯瓦莱(Sanz – Valle)[2] 修订的产品创新绩效量表,共 3 个题项,示例题项有"在业内推出新产品/新服务所处的领先位置"等。其中"1 = 远低于竞争对手,5 = 远高于竞争对手"。此外,本章借鉴孙锐和李树文[3]、阿肯等[4]的研究,将所属行业、发展时期、市场份额比较、工作地区、所有权、规模、成立年限设置为控制变量。其中,市场份额比较题目为"我们公司所占的市场份额与公司最大竞争对手所占的市场份额相比而言,1 = 远远小于 ~ 5 = 远远大于"。

5.4.3 数据分析和研究结果

描述性统计分析。各变量的描述性统计结果如表 5 – 7 所示,SHRM 维度与 IP 显著正相关,ED、EC 与 SHRM 维度、IP 不相关或相关性不强,这符合

---

[1] Jansen et al. . Exploratory innovation, exploitative innovation, and performance: Effects of organizational antecedents and environmental moderators [J]. Erim Report, 2006, 52 (11): 1661 – 1674.

[2] Sanz – Valle J. J. R. Could HRM support organizational innovation? [J]. International Journal of Human Resource Management, 2008, 19 (19): 1208 – 1221.

[3] 孙锐,李树文. 动态环境下科技企业领导成员交换、组织情绪能力与组织绩效关系研究:一个有调节的中介模型 [J]. 科学学与科学技术管理, 2017b (8): 169 – 182.

[4] Akgün A. E., Halit Keskin, John Byrne. Organizational emotional capability, product and process innovation, and firm performance: An empirical analysis [J]. Journal of Engineering and Technology Management, 2009, 26 (3): 103 – 130.

我们的理论预期。SHRM 维度、ED、EC 与 IP 的 Cronbach α 系数均大于 0.7，表明各变量具有良好的信度。

表 5-7　　　　　　　　　研究变量的描述性统计结果（N=455）

变量	均值	标准差	1	2	3	4	5	6	7	8	9
HZ	3.661	1.031	(0.957)								
HG	3.593	0.666	0.416***	(0.934)							
HN	3.215	0.839	-0.108**	0.079	(0.871)						
HJ	3.208	0.778	0.413***	0.367***	0.069	(0.852)					
HB	3.492	0.563	0.125***	0.198***	0.112**	0.413***	(0.900)				
HS	3.476	0.698	0.115**	0.231***	0.129***	0.078	0.107**	(0.854)			
ED	3.376	0.683	0.349***	-0.023	0.081	0.082	-0.277***	-0.072	(0.825)		
EC	3.413	0.646	-0.103**	0.000	0.279***	0.245***	-0.064	-0.116**	0.398**	(0.838)	
IP	3.234	0.537	0.255***	0.428***	0.051	0.445***	0.463***	0.263***	0.028**	-0.048***	(0.762)

注：控制变量并未在此表中列出；** 表示 P<0.05；*** 表示 P<0.01；括号中表示 Cronbach α 系数。

对研发型企业样本数据进行效度检验的结果显示（见表 5-8），各题项的因子载荷介于 0.708~0.936，大于临界值 0.55；组合信度介于 0.820~0.942，大于标准值 0.8；平均萃取方差介于 0.603~0.868，高于临界值 0.5，这在一定程度上表明研究各构件间存在良好效度。

表 5-8　　　　　　　　　　　　变量效度检验

变量	测量指标	因子载荷	CR 值	AVE	AVE 平方根	变量	测量指标	因子载荷	CR 值	AVE	AVE 平方根
HZ	HZ1	0.929	0.942	0.843	0.918	HG	HG1	0.886	0.924	0.801	0.895
	HZ2	0.928					HG2	0.862			
	HZ3	0.897					HG3	0.936			
HJ	HJ1	0.708	0.864	0.615	0.784	HB	HB1	0.839	0.910	0.718	0.847
	HJ2	0.858					HB2	0.913			
	HJ3	0.820					HB3	0.908			
	HJ4	0.742					HB4	0.715			

续表

变量	测量指标	因子载荷	CR 值	AVE	AVE平方根	变量	测量指标	因子载荷	CR 值	AVE	AVE平方根
HN	HN1	0.932	0.929	0.868	0.932	HS	HS1	0.932	0.920	0.851	0.922
	HN2	0.931					HS2	0.912			
ED	D1	0.869	0.897	0.745	0.863	EC	E1	0.866	0.904	0.758	0.871
	D2	0.809					E2	0.845			
	D3	0.909					E3	0.900			
IP	IP1	0.734	0.820	0.603	0.777						
	IP2	0.828									
	IP3	0.764									

主效应检验。研究假设1提出，研发SHRM维度对产品创新绩效具有显著影响。表5-9回归结果显示，SHRM及其各维度对产品创新绩效具有显著正向影响，F值均达到显著水平。

表 5-9　　　　研发 SHRM 对产品创新绩效的回归模型分析

变量	IP							
	M1	M2	M3	M4	M5	M6	M7	M8
Control	—	—	—	—	—	—	—	—
SHRM		0.523***						
HZ			0.227***					
HG				0.395***				
HN					0.077*			
HJ						0.482***		
HB							0.480***	
HS								0.213***
R^2	0.079***	0.331***	0.126***	0.222***	0.085***	0.289***	0.286***	0.121***
R^2adj	0.065***	0.319***	0.110***	0.208***	0.069***	0.276***	0.273***	0.105***
F	5.500***	27.527***	8.019***	15.899***	5.176***	22.620***	22.283***	7.659***
VIF	1.413	1.090	1.112	1.096	1.050	1.109	1.118	1.090

注：* 表示 $p<0.1$，*** 表示 $p<0.01$；表中为标准化系数。

环境平衡效应分析。为了验证假设 2，研究采用王凤彬（2012）等学者提出的平衡测量方法，以 X 表示 ED，Y 表示 EC，并通过 1 - |X - Y|/(X + Y) 测算平衡式环境。bootstrapping 检验结果如表 5-10 所示。依据海斯（2013）提出的验证标准，BE 在 SHRM 及其 HZ、HG、HJ、HB 维度与 IP 关系间起正向调节作用，即 CI 均不包含 0；而高能平衡式环境在 HN 与 IP 关系间起正向调节作用，低能平衡式环境在 HN 与 IP 间起负向调节作用；在 HS 与 IP 间不起显著调节效应。假设 2 得到部分验证。

表 5-10　　平衡式环境调节效应 bootstrapping 检验

结果变量	自变量	调节变量	效应	标准误	95% 置信区间 下限	95% 置信区间 上限
IP	SHRM	高 BE	0.792	0.068	0.659	0.925
		低 BE	0.453	0.086	0.285	0.622
	HZ	高 BE	0.174	0.042	0.092	0.256
		低 BE	0.122	0.031	0.061	0.183
	HG	高 BE	0.339	0.041	0.260	0.419
		低 BE	0.187	0.038	0.112	0.263
	HN	高 BE	0.226	0.042	0.144	0.309
		低 BE	-0.166	0.048	-0.260	-0.071
	HJ	高 BE	0.514	0.059	0.399	0.630
		低 BE	0.418	0.059	0.399	0.630
	HB	高 BE	0.424	0.041	0.344	0.504
		低 BE	0.421	0.066	0.291	0.551
	HS	高 BE	0.241	0.047	0.149	0.334
		低 BE	0.049	0.070	-0.089	0.187

5.5　研究结论与讨论

本章通过多源问卷调查、bootstrapping 和平衡效应计算等方法对 400 余家研发型企业的多源问卷调研，发现并验证了研发导向 SHRM 构件结构，及其对产品创新的影响边界。主要结论如下：

第一，基于中国本土研发型企业的调查表明，研发导向的 SHRM 维度模型包含严格甄选、推动职业发展、注重绩效评估、有效报偿、内部晋升和合理授权六方面的构件举措。一方面，这为研发企业战略人力资源管理的要素构成提供了参考借鉴，响应了既有研究①与会议的号召，将管理学研究限定在特定行业，避免由于行业差异而致使研究结论不稳定；另一方面，这厘清了当前战略人力资源管理与人力资源管理实践的概念混淆与测量误区，梳理了研发企业战略人力资源管理的要素，着重体现了战略人力资源管理的战略价值服务特性，如注重绩效评估、严格甄选、职业发展等，更加匹配组织战略管理实践的技术价值和产品价值创造导向。

第二，研究表明，研发导向 SHRM 维度举措都对产品创新绩效产生正向影响作用，这进一步检验了研发导向战略人力资源管理模型的预测效度。SHRM 是一种重要的组织战略资源，而产品创新绩效的典型资源形式是创新智力资源。巴里克等（Barrick et al.）②学者认为不同资源形式间可以通过员工参与、组织实践等方式实现资源转化。本章研究结论与贝格迪克（Beugelsdijk）③针对荷兰企业的调研结论具有一致性，即：合理授权、注重绩效可以推进组织创新，同时也表明严格甄选、推进职业发展和内部晋升也对于企业产品创新产生正向影响，进一步增强了研发型企业战略人力资源管理模型的完整性。

第三，研究发现，企业外部平衡式环境在 SHRM 模型的严格甄选、职业发展、注重绩效评估、有效报偿等维度与产品创新绩效关系间起正向调节作用，而高能平衡式环境在内部晋升与产品创新绩效关系间起正向调节作用，低能平衡式环境在内部晋升与产品创新绩效间起负向调节作用，在合理授权与产品创新绩效间不起显著调节作用。一方面，该结论对既有研究结论提出了挑战，即以往研究将战略人力资源管理作为一个综合性概念，证实其对创新的显著影响④。但本章研究显示，战略人力资源管理是由不同战略管理实践活动组成的

---

① 孙锐，李树文. 科技企业组织情绪能力影响研发员工创新的中介机制研究 [J]. 中国人力资源开发，2017a，31（6）：14－22.

② Barrick M. R., Thurgood G. R., Smith T. A. et al. Collective organizational engagement: Linking motivational antecedents, strategic implementation, and firm performance [J]. Academy of Management Journal, 2014, 58（1）：111－135.

③ Beugelsdijk S. Strategic human resource practices and product innovation [J]. Organization Studies, 2008, 29（6）：821－848.

④ 林亚清，赵曙明. 构建高层管理团队社会网络的人力资源实践、战略柔性与企业绩效——环境不确定性的调节作用 [J]. 南开管理评论，2013，16（2）：4－15.

多元化概念，不同维度对创新的影响具有差异化，笼统地探讨其整体对创新的影响，很可能因为维度差异而得出错误的结论。这也与组织管理实践相呼应，如研究团队在对 HOB、华为等研发企业调研过程中发现，企业均是按照各种人力资源管理活动进行战略部署，而并非"一刀切"或"一锅烩"的方式。另一方面，该结论弥补与深化了孙锐等[1]学者的研究结果，即环境动态性与竞争性间平衡可以增进战略人力资源管理的后效作用发挥，但并非越平衡越好，二者间的低能平衡反而会抑制内部晋升的积极作用。这揭示了战略人力资源管理要素的差异化作用及情境适用性，为后续相关研究提供了可借鉴视角。

研究结论对管理实践具有一定启示。一是研发型企业要注重人力等软性资源对组织创新的影响，尤其产品创新，在产品优化和供给端结构性改革背景下，形成完善严格甄选、绩效评估、职业发展等内部人力资源构件职能有益于企业改进产品结构、提升产品质量。二是环境平衡或类平衡状态下，增加环境平衡度，即由不平衡向平衡发展、由低能平衡向高能平衡发展益于提升甄选、职业发展、绩效评估、有效报偿、高度内部晋升的效益转化，而内部晋升的企业与低能环境平衡更具适配性，且在该条件下任何合理授权行为均不会增加授权效益。

本章研究存在两方面局限，一是行业限制性，研究可以选择部分突破性创新需求强烈的研发型企业开展调研，而本章研究考察对象涉及较少。二是研究仅涉及组织环境的平衡状态分析，并未涉及协同状态分析，后续研究可以深入讨论内外部环境的协同效应。

---

[1] 孙锐，李树文，顾琴轩. 双元环境下战略人力资源管理影响组织创新的中介机制：企业生命周期视角 [J]. 南开管理评论，2018a，27（5）：176－187.

第 6 章

战略人力资源管理、组织情绪能力与科技企业创新：组织承诺的角色

6.1 问题的提出

激烈的竞争、全球化的市场以及快速的技术变革都使"创新"成为当前企业生存和进一步发展的关键。推动技术创新、产品创新和管理创新正成为更多企业的重要目标或关注点[1]。如何推动企业创新，如何激发工作场所中员工的创新活力也成为国际理论界讨论的热点话题[2]。当前，我国提出大力实施创新驱动发展战略，但是从企业的实际情况看，许多科技型企业对如何调动、激发科技人员的创新潜力，发挥其作用方面尚有许多不足。有调研显示[3][4]，在许多企业中，创新活动不是被推动的，而是被阻碍的，其中既有硬件资源的配置问题，更有软性环境氛围的压制问题。

企业创新是一个个体、群体与组织因素的交互过程[5]。由于创新、创造活动无法脱离于组织脉络、社会情境而独立存在[6]，所以，除去技术、设备、资

---

[1] Anderson, Neil, Potocnik, Kristina, Jing Zhou. Innovation and creativity in organizations: A state-of-the-science review, prospective commentary, and guiding framework [J]. Journal of Management, 2014 (5): 1297–1334.

[2] Yuan F. and R. W. Woodman. Innovative behavior in the workplace: The role of performance and image outcome expectations [J]. Academy of Management Journal, 2010, 53: 323–34.

[3] 周京，克里斯蒂娜·E. 莎莉著，魏昕等译. 组织创造力全书 [M]. 北京：北京大学出版社，2010.

[4] 孙锐. 战略人力资源管理与组织创新氛围研究——基于企业研发人员的调查 [M]. 北京：人民出版社，2013.

[5] Amabile T. M., Conti R., Coon H., Lazenby J. and Herron M. Assessing the work environment for creativity [J]. Academy of Management Journal, 1996, 39: 1154–1184.

[6] Vitavin Ittipanuvat, Katsuhide Fujita, Ichiro Sakata, Yuya Kajikawa. Finding linkage between technology and social issue: A Literature Based Discovery approach [J]. Journal of Engineering and Technology Management, 2014, 32: 160–184.

金、场所等硬件要素之外,"情绪""氛围"等软性要素也会促进或阻碍工作场所中创新的产生。组织情绪作为群体能量的一项重要来源,其对组织行为和结果产生的影响正受到越来越多的重视[1][2][3]。而基于情绪的组织情绪能力为从群体情绪和内部能力层面理解群体行为、组织结果提供一个新的视角。当前,对组织情绪能力的探讨正在扩展至创新管理领域,但现有的研究还缺乏更多的实证支持和框架完善[4]。目前,国际上将组织情绪能力作为一种"实体"开展的实证研究尚处于起步阶段,关于其内涵、结构、形成机制和作用影响还缺乏深入的认识,而国内方面更鲜见实证报道。

基于此,本章研究以我国高新技术企业为调查对象,基于组织情绪能力和组织创新理论,通过多源问卷调查,探讨战略人力资源管理、组织情绪能力与企业创新的作用关系,并尝试发现其中作用的边界条件。研究表明,高新技术的企业战略人力资源管理会影响组织情绪能力,同时,战略人力资源管理以组织情绪能力为中介对企业产品、流程和管理创新产生影响。其中,员工组织承诺水平会调节战略人力资源管理与企业产品/流程/管理创新以组织情绪能力为中介的间接关系,从而形成一个战略人力资源管理、组织情绪能力与企业创新之间有调节的中介作用模型。期望本研究有利于深化对我国高新技术企业创新规律的认识,并为企业创新管理实践提供有益借鉴。

6.2 理论背景与研究假设

6.2.1 战略人力资源管理对组织情绪能力的影响

赖特和麦克马汉(Wright & McMahan)将战略人力资源管理定义为:为实现企业组织目标,而在人力资源管理方面的规划设计和管理模式(pat-

---

[1] Amabile T., Barsade S., Mueller J., Staw B. Affect and creativity at work [J]. Administrative Science Quarterly, 2005, 50 (3): 367 – 403.

[2] Shlomo Hareli, Anat Rafaeli. Emotion cycles: On the social influence of emotion in organizations [J]. Research in Organizational Behavior, 2008, 28: 35 – 59.

[3] Huy Q. H. Emotional balancing of organizational continuity and radical change: The contribution of middle managers [J]. Administrative Science Quarterly, 2002, 47 (1): 31 – 69.

[4] Akgün A. E., Keskin H., Byrne J. C., Gunsel A. Antecedents and results of emotional capability in software development project teams [J]. Journal of Product Innovation Management, 2011, 28 (6): 957 – 973.

第6章 战略人力资源管理、组织情绪能力与科技企业创新：组织承诺的角色

tern）安排[1]。作为人力资源管理研究的一个分支，战略人力资源管理分析致力于探讨相关人力资源管理职能在支持企业战略中发挥作用方法和体现价值的途径。德莱尼和胡塞利德（Delaney & Huselid）提出，战略人力资源不仅要重视业务层次的产出，更要成为组织核心能力或支持核心能力建设的重要部分，进而形成保持、提升企业竞争优势的支撑体系[2]。因此，战略人力资源管理对组织战略活动、核心资源调动都会产生直接而重要的影响。

当前在组织研究领域，"情绪"因素的重要性日益凸显。理论界提出了组织情绪能力（emotional capability）的构思，将其定义为组织感知、了解、监测、调整和利用组织情绪资源，及在组织制度、惯例和规则中引导、表达和体现其情绪的能力[3][4]。组织情绪能力由内隐性的组织情绪能量构成，是一种描述组织情绪经历、体验的能力类别，可以被塑造和提升[5]。其中，包含若干"情绪动态性"维度，如鼓舞、表达、游戏、体验、和谐及认同动态性等。这些维度内容描述了员工们在组织互动中如何感知、评价、理解和表达其情绪的相关模式。休伊（Huy）的研究证明，在外部动态环境下，组织情绪能力将有助于推动组织变革，提升组织适应性，并改善企业绩效等[6]。

基于组织资源观点（Resource – Based View，RBV），战略人力资源管理在选择、开发、整合与处置组织资源的相关运作方面扮演重要角色[7]。在现代企业组织中，不论是有形还是无形资本，都是建立在人力资源基础上的。战略人力资源理论认为，人力资源管理实践为组织能力发展提供了一个基本工具，人力资源管理系统往往是通过发展关键的组织内部能力来提升企业绩效的[8]。而

---

[1] Wright P. M., McMahan G. C. Theoretical perspectives for strategic human resource management [J]. Journal of Management, 1992, 18 (2): 295 – 320.

[2] Delaney J. M., M. A. Huselid. The impact of human resource management practices on perceptions of organizational performance [J]. Academy of Management Journal, 1996 (4): 949 – 969.

[3] Huy Q. H. Emotional balancing of organizational continuity and radical change: The contribution of middle managers [J]. Administrative Science Quarterly, 2002, 47 (1): 31 – 69.

[4] Akgün A. E., Keskin H., Byrne J. Organizational emotional capability, product and process innovation, and firm performance: An empirical analysis [J]. Journal of Engineering and Technology Management, 2009, 26 (3): 103 – 130.

[5] Akgün A. E., Keskin H., Byrne J. and Selim Aren. Emotional and learning capability and their impact on product innovativeness and firm performance [J]. Technovation, 2007, 27 (9): 501 – 513.

[6] Huy Q. H. An emotion-based view of strategic renewal [J]. Advances in Strategic Management, 2005, 22: 3 – 37.

[7] Wright P. M., Dunford B. B., Snell S. A. Human resources and the resource based view of the firm [J]. Journal of Management, 2001, 27: 701 – 721.

[8] Colbert, Barry A. The complex resourced view: Implications for theory and practice in strategic human resource management [J]. Academy of Management Review, 2004 (3): 115 – 116.

组织情绪能力作为一种内部能力，其形成离不开战略人力资源管理系统的作用。有研究发现，我国高新技术企业人力资源实践与承诺型 HRM 系统实践相一致①，而所谓"承诺型"就是通过强化组织内的情感联系来达到员工行为与组织目标的一致性的（Gomez – Mejia, 1992）。

另外，基于"有界情绪"理论，个体和群体情绪并不仅取决于其内在心理特征，也决定于组织结构、程序和惯例等②③。这些组织程序和惯例等会唤起、调动特定的群体情绪状态，其中的"情绪动力学"特征构成了组织情绪能力的构造主线。因此，组织情绪能力的形成体现着企业组织惯例和管理模式（尤其是人力资源管理系统）属性，也正是由于这些属性使组织情绪能力更加具体化，显现独特性。战略人力资源管理涉及组织对培训开发、职业发展、绩效管理和奖励激励的价值和模式选择④⑤⑥。笔者对高新技术企业的调研发现，企业人力资源管理模式与组织情绪动态性显著相关，其中强化培训、合理授权、职业发展、内部晋升、绩效评估、有效报偿、申诉解决方案等管理实践在组织情绪治理中起到重要的干预作用。而组织情绪能力建设也需要搭配以上人力资源管理措施施行，才能建立和形成企业竞争优势。因此，本章提出以下研究假设：

假设1：战略人力资源管理会正向影响企业组织情绪能力。

6.2.2　战略人力资源管理以组织情绪能力为中介对企业创新的影响

已有研究表明，战略人力资源管理会影响企业生产力、财务绩效、市场价值，以及员工忠诚度、离职率等⑦。创新是当今时代的主题，如何通过人力资

---

① 刘善仕，刘婷婷，刘向阳. 人力资源管理系统，创新能力与组织绩效关系——以高新技术企业为例. 科学学研究，2007（4）：764 – 770.

② Akgün A. E., Keskin H., Byrne J. Organizational emotional capability, product and process innovation, and firm performance: An empirical analysis [J]. Journal of Engineering and Technology Management, 2009, 26 (3): 103 – 130.

③ Fineman. In: S. Fineman, Editor, Emotion in organizations [M]. Sage Publications, London. 1993.

④ 孙锐. 战略人力资源管理与组织创新氛围研究——基于企业研发人员的调查 [M]. 北京：人民出版社，2013.

⑤ Wright P. M., McMahan G. C. Theoretical perspectives for strategic human resource management [J]. Journal of Management, 1992, 18 (2): 295 – 320.

⑥ Delaney J. M., M. A. Huselid. The impact of human resource management practices on perceptions of organizational performance [J]. Academy of Management Journal, 1996 (4): 949 – 969.

⑦ Lepak D. P., Snell S. A. Examining the human resource architecture: The relationships among human capital, employment, and human resource configurations [J]. Journal of Management, 2002, 28 (4): 5178 – 543.

源管理策略和实践推动组织创新是各界关心的话题。然而目前,国际上有针对性的研究不多[1][2],但少量的研究也给我们提供了有益借鉴。如李群等(Li-Qun et al.)[3]的研究表明,战略人力资源管理对企业产品创新会产生正向影响,且企业文化和组织结构在其间起调节作用,但其对战略人力资源管理的测量较为简化,仅使用了8个题项。此外,舒尔德(Sjoerd)[4]研究了战略人力资源管理与企业产品创新能力的关系,发现任务自主性、人员培训和基于绩效的薪酬制度有助于推进企业渐进性创新,而任务自主性、灵活工作时间有助于推动企业变革性创新。道森等(Dawson et al.)[5]的另一项对英国企业的纵向研究表明,培训实践、员工引导、团队协作、评估活动和探索性学习是企业产品创新的重要预测变量,并且结论表明,适当的报酬与探索性学习聚焦会对技术系统创新产生显著正向影响。韦斯特(West et al.)[6]的研究则指出,对创新性组织而言,它应当采用促进外向学习聚焦的人力资源管理策略以推动创新。与此类似,国内相关的研究也强调了培训、承诺、激励、发展等人力资源策略对推动企业创新的重要作用[7][8][9][10]。培训开发可以保证员工具有足够的素质对创新活动做出独特的贡献。合理授权有助于在组织与员工间形成心理契约,并增强员工潜在创新动机,推动其发现问题、分享创意和挑战现实。内部

---

[1] Anderson, Neil, Potocnik, Kristina, Jing Zhou. Innovation and creativity in organizations: A state-of-the-science review, prospective commentary, and guiding framework [J]. Journal of Management, 2014 (5): 1297–1334.

[2] 孙锐. 战略人力资源管理与组织创新氛围研究——基于企业研发人员的调查 [M]. 北京:人民出版社, 2013.

[3] Li-Qun Wei, Jun Liu and Neil C. Herndon: SHRM and product innovation: Testing the moderating effects of organizational culture and structure in Chinese firms [J]. The International Journal of Human Resource Management, 2011, 22 (1): 19–33.

[4] Sjoerd Beuge Lsdijk. Strategic human resource practices and product innovation [J]. Organization Studies, 2008, 29 (6): 821–847.

[5] Dawson A. J., Birdi K. and Patterson M. HRM as a predictor of innovation [J]. Human Resource Management Journal, 2005, 16: 3–27.

[6] West M. A., Giles H., Richter A. and Shipton H. Twelve steps to heaven: Successfully managing change through developing innovative teams, European [J]. Joural of Work and Organizational Psychology, 2004, 13 (2): 269–299.

[7] 阎海峰, 陈灵燕. 承诺型人力资源管理实践、知识分享和组织创新的关系研究 [J]. 南开管理评论, 2010 (5): 92–98.

[8] 丁宁宁, 孙锐. 人力资源实践构型和创新绩效的关系研究:基于业务单元层的双重中介作用 [J]. 山东大学学报, 2015 (1): 81–90.

[9] 赵文红, 周密. 团队人力资源管理实践对企业创新绩效的影响与研究 [J]. 研究与发展管理, 2012 (8): 61–69.

[10] 孙锐. 战略人力资源管理、组织创新氛围与研发人员创新 [J]. 科研管理, 2014 (8): 34–43.

晋升、绩效评估和报酬系统则在传递组织创新期望信号、奖赏创造性努力和创新成果中扮演着正面引导角色。同时，组织申诉机制也有助于畅通企业内部问题沟通、解决渠道，及时扫除影响创新的问题障碍[1]。战略人力资源管理可以帮助员工获取多样化经验，推动探索性学习，开发沟通、协作技能，提供职业通道以激励和推动创新。

另外，关于个体、群体的积极情绪、消极情绪、情绪强度、情绪激活、团队情绪等会对个体或组织创新产生影响得到越来越多的证实。阿肯等[2][3]和休伊[4]的研究表明，在动态环境下，基于情绪能量的组织情绪能力会对组织变革、组织学习、产品创新进而对企业绩效产生影响。当前对企业创新的分析，一般涉及企业产品、流程和管理创新等[5]。根据创造力社会心理学和情绪社会建构理论[6][7]，组织情绪能力作为一种可增强组织情绪社会性、共享性的集体行动能力，可通过修正群体情绪行为模式，增强群体情绪共享支持、聚焦群体创新注意力，为创新提供情绪导向和相关氛围来作用于产品、流程和管理创新等[8]。基于组织资源（RBV）理论和上节分析，战略人力资源管理在组织感知、传导、调整、整合和使能化组织情绪能量，形成组织情绪能力方面扮演不可或缺的角色。因而，战略人力资源管理可以通过强化培训、合理授权、职业发展、内部晋升、绩效评估、有效报偿报酬、申诉解决等策略作用于组织情绪能力，进而推动企业的产品、流程和管理创新活动。因此，本章提出以下研究假设：

假设2：战略人力资源管理以组织情绪能力为中介对企业创新产生影响；

假设2a：战略人力资源管理以组织情绪能力为中介对企业产品创新产生影响；

假设2b：战略人力资源管理以组织情绪能力为中介对企业流程创新产生

---

[1] 黄家齐. 人力资源管理系统与组织绩效——智能资本观点[J]. 管理学报（台），2002（3）：415–450.

[2][6] Akgün A. E., Keskin H., Byrne J. Organizational emotional capability, product and process innovation, and firm performance: An empirical analysis [J]. Journal of Engineering and Technology Management, 2009, 26 (3): 103–130.

[3] Akgün A. E., Keskin H., Byrne J. and Selim Aren. Emotional and learning capability and their impact on product innovativeness and firm performance [J]. Technovation, 2007, 27 (9): 501–513.

[4] Huy Q. H. An emotion-based view of strategic renewal [J]. Advances in Strategic Management, 2005, 22: 3–37.

[5] Daniel Jiménez a, Raquel Sanz-Valle. Could HRM support organizational innovation? [J]. The International Journal of Human Resource Management, 2008, 19 (7): 1208–1221.

[7] Fineman. In: S. Fineman, editor, emotion in organizations [M]. Sage Publications, London, 1993.

[8] 孙锐，张文勤. 企业创新中的组织情绪能力问题研究[J]. 科学学与科学技术管理，2015 (12): 70–78.

影响；

假设2c：战略人力资源管理以组织情绪能力为中介对企业管理创新产生影响。

6.2.3 员工组织承诺在战略人力资源管理、组织情绪能力和企业创新关系中的作用

组织承诺常被用来描述员工与组织间的心理关系状态。莫德等（Mowday et al.）将组织承诺（organizational commitment）定义为：员工对组织的认同以及对组织工作投入的程度[1]。迈耶、艾伦和史密斯（Meyer，Allen & Smith）指出，组织承诺包括情感承诺、持续承诺和规范承诺三方面的内涵[2]，即：员工对组织情感上的依附程度，员工保持持续雇佣关系的程度和理性离职成本，以及员工对组织抱有一种义务感的程度。对组织承诺的研究表明，当员工的组织承诺较高时，员工一般对组织的归属感、满意度越高，并会在工作中有更大的投入，更愿意留在组织中，进而会带来更高的组织绩效等[3][4][5]。

基于战略人力资源管理的组织脉络观点，组织情景要素会影响战略人力资源管理的实施效果，人力资源管理实践与其他组织层面的适配性对其管理效果会产生影响[6]。胡塞利德和贝克尔（Huselid & Becker）[7]也提出，战略人力资源管理会与企业组织系统内的其他层面发生交互作用，从而会影响战略人力资源管理与组织结果变量之间的连接关系。在推动企业创新的背景下，李群等[8]的研究表明，战略人力资源管理对组织产品创新的作用关系会受到企业文化和组织结构的调节影响。同样，员工组织承诺程度，作为一种重要的背景变量，

---

[1][3] Mowday, Richard T, Porter, Lyman W, Steers, Richard M. Employee-organization linkages: The psychology of commitment, absenteeism, and turnover [M]. New York: Academic Press, 1982.

[2][4] Meyer J. P., Allen N. J. and Smith C. A., Commitment to organizations and occupations: Extension and test of a three component conceptualization [J]. Journal of Applied Psychology, 1991, 78 (4): 538–551.

[5] Porter L. M, Steers R. M, Mowday R. T. and Boulian P. V. Organizational commitment, job satisfaction and turnover among psychiatric technicians [J]. Journal of Applied psychology, 1974, 59 (3): 603–609.

[6] Bowen D. E. and Ostroff C. Understanding HRM – Firm performance linkages: The role of the 'strength' of the HRM system [J]. Academy of Management Review, 2004, 29 (2): 203–221.

[7] Huselid M. A. and Becker B. E.. Bridging micro and macro domains: Workforce differentiation and strategic human resource management [J]. Journal of Management, 2011, 37 (2): 421–428.

[8] Li – Qun Wei, Jun Liu and Neil C. Herndon: SHRM and product innovation: Testing the moderating effects of organizational culture and structure in Chinese firms [J]. The International Journal of Human Resource Management, 2011, 22 (1): 19–33.

会影响战略人力资源管理对组织情绪能力和企业创新的作用效果。有研究提出，在组织创新的背景下，员工组织承诺会影响到组织管理措施的有效性。较高的组织承诺代表着组织、员工关系的高密切性，这将增强员工群体的移情效应，使员工更易接受组织安排，承担风险成本，从而使组织管理措施更易落实并取得成效。因此，当企业员工整体组织承诺程度较高时，其对组织的归属感、配合度和组织参与度会相应更高，在这种条件下，战略人力资源管理对促进组织研发群体的情绪协调、吸收、内化和使能化功能更强，从而对企业产品、流程和管理创新的作用效果更强。当企业员工整体组织承诺程度较低时，他们对组织的归属感、配合度和组织参与度会相应下降，那么战略人力资源管理对企业组织情绪能力的提升水平就会下降，进一步对企业创新结果变量的影响也将随之减弱。因此，本章提出以下研究假设：

假设3：员工整体组织承诺水平会调节战略人力资源管理与企业创新间以组织情绪能力为中介的间接关系。具体地，当员工整体组织承诺程度较高时，这一间接关系相对较强，而当员工组织承诺程度较低时，这一间接关系相对较弱。

假设3a：员工整体组织承诺水平会调节战略人力资源管理与企业产品创新间以组织情绪能力为中介的间接关系。具体地，当员工整体组织承诺程度较高时，这一间接关系相对较强，而当员工组织承诺程度较低时，这一间接关系相对较弱。

假设3b：员工整体组织承诺会调节战略人力资源管理与企业流程创新间以组织情绪能力为中介的间接关系。具体地，当员工整体组织承诺程度较高时，这一间接关系相对较强，而当员工组织承诺程度较低时，这一间接关系相对较弱。

假设3c：组织员工整体承诺水平会调节战略人力资源管理与企业管理创新间以组织情绪能力为中介的间接关系。具体地，当员工整体承诺程度较高时，这一间接关系相对较强，而当员工组织承诺程度较低时，这一间接关系相对较弱。

本研究的假设模型如图6-1所示。

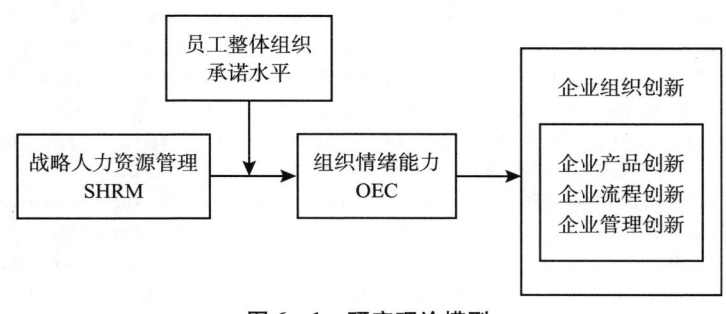

图6-1　研究理论模型

6.3 研究设计与方法

6.3.1 研究样本与数据收集

本研究以从事科技创新的高新技术产业企业为调查对象。被调查企业包括软件开发、电子通信、新材料、先进制造、生物医药等产业企业。本研究选择人员规模在 25 人以上的企业进行调研,由于此种规模以上的企业一般才具备企业人力资源管理体系[①]。研究采用多源问卷调查方法,调查数据取自企业一线研发(R&D)员工和企业经理。其中,战略人力资源管理实践、员工组织承诺和组织情绪能力数据采集自企业研发(R&D)员工;企业组织创新,包括产品创新、流程创新和管理创新数据采集自企业研发经理或分管高层经理。本研究调查样本为北京、上海、深圳、宁波、广州、长春、济南、青岛、鄂尔多斯等地包括中关村、广东南沙新区、包头稀土高新区、上海嘉定汽车产业园、济南高新区、长春高新区、宁波高新区、石家庄高新技术开发区内的高新技术企业。研究调查秉承自愿原则参与,并将部分调研结果反馈给有兴趣的被调研企业。调查问卷通过纸质版或电子版方式发放、回收。在剔除掉漏答过多以及回答明显不认真的不合格问卷之后,最终回收有效问卷 352 份,问卷发放回收有效率 62.7%。

被调查企业处于电子通信业的占 13.1%,软件服务业的占 11.6%,机械制造业的占 27.3%,生物医药业的占 28.7%,化工食品业的占 15.3%,其他产业的占 4.0%。被调查企业成立 1~2 年的占 14.2%,成立 3~5 年的占 47.7%,成立 6~10 年的占 35.3%,成立 10 年以上占 2.8%。被调查企业人员规模在 50 人及以下的占 4.8%,51~200 人的占 28.1%,201~500 人的占 25.0%,501~1000 人人的占 13.4%,1000 人以上的占 28.7%。被调查企业样本中国有企业占 33.8%,三资企业(含港澳台企业)占 31.5%,民营企业占 33.5%,其他类型企业占 1.2%。被调查企业与行业领域内最大竞争对手相比,市场占有份额远小于对手的占 4.3%,小于对手的占 39.5%,与对手差不多的占 29.8%,大于对手的占 21.0%,远大于对手的占 5.4%。在本调查中,

---

① 孙锐. 战略人力资源管理、组织创新氛围与研发人员创新[J]. 科研管理,2014(8):34-43.

处于我国东部地区的企业样本占 48.6%，中部及西部地区企业样本的占总量的 51.4%。

6.3.2 变量选取与测量工具

本研究调查变量为战略人力资源管理、组织情绪能力、员工组织承诺、企业创新变量包括产品创新、流程创新和管理创新，调查问卷内容还包括被调查企业及个人的背景资料等。本调查问卷采用 5 点李克特量表来衡量，在对企业产品创新、流程创新和管理创新的测量中，1 代表远低于竞争对手，5 代表远高于竞争对手。除企业创新外，在其他变量的测量中，1 代表完全符合，5 代表完全不符合。具体测量工具如下：

对企业战略人力资源管理的测量是在勒帕克和斯纳尔[1]针对企业技术员工、知识工作者设计的调查问卷基础上，结合乔和刘[2]、德莱尼和胡塞利德[3]、黄家齐[4]的相关量表补充形成。研究问卷包括强化培训、合理授权、职业发展、内部晋升、绩效评估、有效报偿报酬、申诉解决七个方面。问卷内容框架涵盖了创新型企业 HRM 系统应包括培训开发、报酬奖励和员工保障三个层面的管理内涵[5]。此研究量表经 3 位企业人力资源经理及 4 位管理学教授进行专家效度检验和问卷修正后，通过北京中关村 3 家高科技企业小范围预测试，经项目分析、信度效度检验修订后，形成具有较好信度、效度的测量工具在正式调查中使用。此战略人力资源管理量表具有 26 个测量题项，典型题项有"公司对员工工作调换有清楚的规划设计""公司有计划地帮助员工提升知识和技能""公司对员工的绩效评估是以工作成果为基础的""公司的报酬、奖励制度能够激励员工奋发有为"等。

---

[1] Lepak D. P., Snell S. A.. Examining the human resource architecture: The Relationships among human capital, employment, and human resource configurations [J]. Journal of Management, 2002, 28 (4): 5178 – 543.

[2] Bih Shiaw Jaw and Weining Liu. Promoting organizational learning and self-renewal in Taiwanese companies: the role of HRM [J]. Human Resource Management, 2003, 42 (3): 223 – 241.

[3] Delaney J. M., M. A. Huselid. The impact of human resource management practices on perceptions of organizational performance [J]. Academy of Management Journal, 1996 (4): 949 – 969.

[4] 黄家齐. 人力资源管理系统与组织绩效——智能资本观点 [J]. 管理学报（台），2002 (3): 415 – 450.

[5] 孙锐. 战略人力资源管理与组织创新氛围研究——基于企业研发人员的调查 [M]. 北京：人民出版社，2013.

对组织情绪能力的测量采用阿肯等[①]的测量量表,包括 20 个测量题项。代表性题项有"在公司里,员工们会对他人的情绪、情感表达出适当的情绪回应""组织成员都有感受、了解他人情绪的能力""在公司里,不同的群体情绪之间有相互沟通的渠道、桥梁""在公司里,员工们彼此能够相互了解和体会彼此的心境"等。

对员工组织承诺的测量采用波特等(Porter et al.)[②]的 OCQ 量表,配合本研究设计经精订简修后形成 3 个测量题项。测量题项有"员工们愿意付出比一般期望更多的努力来协助公司获得成功""为了留在公司服务,员工们愿意接受公司指派的任何工作""员工们会很骄傲地告诉别人,我们是公司的一分子"等。

对企业产品创新、流程创新和管理创新的测量采用丹尼尔等[③]的研究量表。产品创新、流程创新和管理创新各有 3 个测量题项。测量采取与竞争对手相比较的方式,从"远低于竞争对手"到"远高于竞争对手"从 5 点李克特量表中选答。其中,产品创新代表性题项有"新产品/新服务推出的数量""在业内推出新产品/新服务所处的领先位置"等;流程创新代表性题项有"在组织流程中引入革新的数量""在业内组织流程创新方面的所处领先位置"等;管理创新代表性题项有"公司组织管理系统的新颖程度""公司在组织管理系统优化方面所作的努力程度"等。基于以往相关研究[④⑤⑥⑦],企业成立时间、人员规模、发展阶段、市场规模等均可能对结果变量产生影响,本研究将以上变量设置为控制变量。同时控制企业所处行业、所有制类型、所在地区等。

[①⑤] Akgün A. E., Keskin H., Byrne J. and Selim Aren. Emotional and learning capability and their impact on product innovativeness and firm performance [J]. Technovation, 2007, 27 (9): 501 – 513.

[②] Porter L. M, Steers R. M, Mowday R. T. and Boulian P. V. Organizational commitment, job satisfaction and turnover among psychiatric technicians [J]. Journal of Applied Psychology, 1974, 59 (3): 603 – 609.

[③] Daniel Jiménez a, Raquel Sanz – Valle. Could HRM support organizational innovation? [J]. The International Journal of Human Resource Management, 2008, 19 (7): 1208 – 1221.

[④] Akgün A. E., Keskin H., Byrne J. Organizational emotional capability, product and process innovation, and firm performance: An empirical analysis [J]. Journal of Engineering and Technology Management, 2009, 26 (3): 103 – 130.

[⑥] Li – Qun Wei, Jun Liu and Neil C. Herndon: SHRM and product innovation: Testing the moderating effects of organizational culture and structure in Chinese firms [J]. The International Journal of Human Resource Management, 2011, 22 (1): 19 – 33.

[⑦] Sjoerd Beuge lsdijk. Strategic human resource practices and product innovation [J]. Organization Studies, 2008, 29 (6): 821 – 847.

6.3.3 统计方法

研究使用 SPSS 12.0 和 LISREL 8.7 作为数据处理检验工具,进行变量描述性统计分析和探索性(EFA)、验证性因子(CFA)分析。研究中采用 SPSS 和 SPSS Process 宏程序检验有调节的中介效应模型研究假设。基于有调节的中介效应模型建模研究及有调节的中介效应判定指标 INDEX(Index of moderated mediation)和 bootstrapping 检验分析工具[①②],利用对应 Process 宏程序可得到假设模型在调节变量不同取值情况下的条件间接效应指标值(conditional indirect effect),如果在不同取值条件下,间接效应一个显著,一个不显著,则说明存在有调节的中介效应[③]。相关方法研究表明,以上方法能够分析各种中介模型、调节模型以及它们之间的组合模型,因此在组织管理研究领域内被广泛认可和使用[④]。根据以上方法,本研究按照 bootstrapping 分析程序,通过 5000 次重复取样,构造 95% 偏差校正的置信区间(bias-corrected confidence intervals),如果置信区间 CI 的下限和上限之间不包括零,那么就表明相应效应是显著的[⑤⑥]。在本研究中,我们将同时以通过 SPSS Process 得到的判定指标 INDEX 值和传统回归分析方法检验以上有调节的中介效应模型。

6.4 数据分析和研究结果

6.4.1 测量工具的信度和效度

首先,本研究使用 Cronbach α 系数检验各测量工具的信度。研究涉及的战略人力资源管理量表 α 信度系数为 0.89,组织情绪能力量表 α 信度系数为 0.88,员工组织承诺量表的 α 信度系数为 0.71,企业产品创新、流程创新和

---

① 温忠麟,叶宝娟. 有调节的中介模型检验方法:竞争还是替补?[J]. 心理学报,2014(5):714-726.

② Hayes A. F. Introduction to mediation, moderation, and conditional process analysis: A regression-based approach [M]. New York, NY: Guilford Press, 2013.

③⑤ 陈笃升,王重鸣. 组织变革背景下员工角色超载的影响作用:一个有调节的中介模型 [J]. 浙江大学学报(人文社会科学版),2015(3):143-157.

④⑥ 方杰,张敏强,顾红磊等. 基于不对称区间估计的有调节的中介模型检验 [J]. 心理科学进展,2014(10):1660-1680.

管理创新量表的 α 系数分别为 0.71、0.75 和 0.73。各研究变量测量量表 α 系数均高于 0.7，表明以上研究量表信度较高，测量工具具有良好的内在一致性。其次，根据研究框架，表 6-1 列出了本研究所涉及变量：战略人力资源管理、组织情绪能力、员工组织承诺、企业产品创新、流程创新和管理创新 6 个研究构思的验证性因子分析（CFA）结果。

表 6-1　　　　　　　　本研究测量变量的区分效度检验

模型	χ^2	df	χ^2/df	$\Delta\chi^2$	RMSEA	SRMR	CFI	TLI
假设六因子模型	1051.969	260	4.05	—	0.09	0.07	0.81	0.79
备择五因子模型	1110.198	265	4.19	58.23***	0.10	0.07	0.80	0.78
备择四因子模型	1237.715	269	4.60	127.52***	0.10	0.07	0.77	0.75
备择三因子模型	1293.277	272	4.75	55.56***	0.10	0.07	0.76	0.74
备择二因子模型	1330.792	274	4.86	37.51***	0.11	0.07	0.75	0.73
备择单因子模型	1344.459	275	4.89	13.67***	0.11	0.07	0.75	0.73

注：六因子模型：战略 HRM 实践、组织情绪能力、组织承诺、企业产品创新、流程创新、管理创新；五因子模型：战略 HRM 实践+组织情绪能力、组织承诺、企业产品创新、流程创新、管理创新；四因子模型：战略 HRM 实践、组织情绪能力、组织承诺、企业产品创新+流程创新+管理创新；三因子模型：战略 HRM 实践、组织情绪能力+组织承诺、企业产品创新+流程创新+管理创新；二因子模型：战略 HRM 实践+组织情绪能力+组织承诺、企业产品创新+流程创新+管理创新；单因子模型：战略 HRM 实践、组织情绪能力+组织承诺+产品创新+流程创新+管理创新绩效；并战略 HRM 实践和组织情绪能力按照内部各维度进行了打包处理；$\Delta\chi^2$ 的检验是相邻两模型之间的检验；N = 352；*** 表示 p < 0.01。

考察对应六因子模型验证性因子（CFA）分析主要拟合指数：χ^2 = 1051.969，p < 0.01；χ^2/df = 4.05；CFI = 0.81；RMSEA = 0.09；SRMR = 0.07；TLI = 0.79，每个测量题项对应潜变量的平均因子载荷都达到 0.7 以上，且在 0.01 水平上显著，表明六因子模型具有良好的结构效度。同时，各研究构思的 AVE 值介于 0.5~0.7，均高于 0.5 的临界值，且各因子之间的相关系数均小于对角线上的 AVE 值，即 AVE 都高于因子相关系数的平方值，显示研究工具具有良好的收敛和区分效度。本研究构建了竞争性模型和基本假设因子模型进行对比分析，如表 6-1 所示。其中，备择五因子模型将战略 HRM 实践和组织情绪能力两因子合并；备择四因子模型将企业产品创新、流程创新和管理创新三因子合并；备择三因子模型在四因子模型基础上，将组织情绪能力和员工组织承诺合并；备择二因子模型在四因子模型基础上，将战略 HRM 实践、员工组织情绪能力和组织承诺合并；备择一因子模型将所测量的六个研究构思合并形成一个整体因子。由拟合结果见，基本假设因子模型在各主要拟合

指标上均优于其他各竞争模型，且假设模型和备择模型之间的 $\Delta\chi^2$ 显著增加，差异显著。以上表明，本研究中所涉及的六个测量构思具有良好的区分效度。

6.4.2 研究变量的描述性分析

本研究涉及的主要变量：战略 HRM 实践、组织情绪能力、员工组织承诺、企业产品创新、流程创新、管理创新的描述性分析如表 6-2 所示。由表 6-2 可知，本研究的主要变量，战略 HRM 实践、组织情绪能力、员工组织承诺、企业产品创新、流程创新、管理创新之间存在显著正相关（$p<0.01$），表明预测变量与效标变量之间具有较高的相关性，为验证本研究变量之间的关系假设奠定了基础。

6.4.3 战略人力资源管理、组织情绪能力对企业创新作用及中介效应

为进一步厘清各变量之间的关系，本章使用多元回归方法进行验证分析。首先，检验战略人力资源管理对企业创新的作用影响。由表 6-3 模型 1、模型 2 和模型 3 可知，在控制了企业成立时间、发展阶段、企业所处行业、所有制类型、人员规模、市场规模以及所在地区等变量后，战略人力资源管理分别对企业产品创新、流程创新、管理创新产生显著正向影响（$\beta=0.84$，$p<0.01$；$\beta=0.84$，$p<0.01$；$\beta=0.97$，$p<0.01$），控制变量和自变量分别解释了因变量 51%、45%、60% 的变异量。其次，检验战略人力资源管理对组织情绪能力的作用影响，如表 6-3 模型 5 所示。由回归结果可知，战略人力资源管理对组织情绪能力的直接效应是显著的正向关系（$\beta=0.78$，$p<0.01$），控制变量和自变量共同解释了因变量 76% 的变异量，因此，研究假设 1 得到支持。最后，由表 6-3 模型 6、模型 7 和模型 8 可知，在加入中介变量组织情绪能力后，组织情绪能力对企业产品创新、流程创新、管理创新均产生显著正向影响（$\beta=0.45$，$p<0.01$；$\beta=0.50$，$p<0.01$；$\beta=0.36$，$p<0.01$）；同时，虽然战略人力资源管理对企业产品创新、流程创新、管理创新的作用影响仍然显著，但是回归系数分别降低到 $\beta=0.48$（$p<0.01$）、$\beta=0.45$（$p<0.01$）、$\beta=0.69$（$p<0.01$），其中，控制变量和自变量分别解释了因变量 53%、48%、62% 的变异量。这表明组织情绪能力在战略人力资源管理与企业产品创新、流程创新、管理创新的关系间起到中介作用。

第6章 战略人力资源管理、组织情绪能力与科技企业创新：组织承诺的角色

表6-2 研究变量的均值、标准差及相关系数

变量	1	2	3	4	5	6	7	8	9	10	11	12	13
1. 成立时间													
2. 发展阶段	0.53***												
3. 所处行业	0.12**	0.01											
4. 所有制形式	0.23***	0.28***	0.12**										
5. 人员规模	0.60***	0.45***	-0.06	0.14***									
6. 市场规模	0.27***	0.45***	-0.07	0.22***	0.40***								
7. 所在地区	0.15***	0.27***	-0.10	-0.30***	0.21***	0.23***							
8. 战略HRM实践	-0.03	-0.14***	0.09	0.00	0.10	0.02	-0.04	(0.89)					
9. 组织情绪能力	-0.12**	-0.24***	0.07	-0.10	-0.01	-0.03	-0.13**	0.84***	(0.88)				
10. 员工组织承诺	-0.09	-0.08	-0.03	-0.04	0.13**	0.15**	0.05	0.82***	0.81***	(0.70)			
11. 企业产品创新	-0.10	-0.15***	0.06	-0.09	0.04	0.02	-0.05	0.68***	0.70***	0.73***	(0.71)		
12. 企业流程创新	-0.13***	-0.17***	0.08	-0.01	0.02	-0.01	0.00	0.64***	0.63***	0.61***	0.41***	(0.75)	
13. 企业管理创新	-0.13**	-0.11**	-0.01	-0.09	0.10	0.06	0.02	0.76***	0.71***	0.73***	0.69***	0.75***	(0.73)
均值	2.84	2.27	2.97	2.02	3.33	2.84	1.98	3.37	3.37	3.27	3.17	3.17	3.20
标准差	1.01	0.73	1.33	0.85	1.29	0.98	0.98	0.48	0.46	0.60	0.59	0.65	0.62

注：N = 352；** 表示 $p < 0.05$；*** 表示 $p < 0.01$；括号中表示 Cronbach α 系数。

表 6-3　　研究变量相关回归模型分析

模型变量	模型1 企业产品创新	模型2 企业流程创新	模型3 企业管理创新	模型4 组织情绪能力	模型5 组织情绪能力	模型6 企业产品创新	模型7 企业流程创新	模型8 企业管理创新
控制变量								
成立时间	-0.02	-0.07	-0.09***	0.01	0.00	-0.02	-0.07	-0.09***
发展阶段	-0.07	-0.02	0.03	-0.02	-0.03	-0.05	-0.00	0.04
行业=电子通信	-0.29**	-0.25	-0.01	-0.06	-0.10	-0.25**	-0.20	0.02
行业=机械制造	-0.19	-0.09	0.09	-0.11	-0.14**	-0.13	-0.02	0.14
行业=生物医药	-0.10	-0.30**	-0.07	-0.05	-0.07	-0.07	-0.26	-0.04
行业=化工食品	-0.04	-0.14	0.06	-0.03	-0.05	-0.02	-0.12	0.08
行业=软件服务	-0.44***	-0.07	-0.06	-0.02	-0.17**	-0.37***	0.02	-0.00
所有制=国有	-0.00	0.39	0.19	0.38***	0.38***	-0.18	0.19	0.05
所有制=民营	-0.01	0.22	0.09	0.25**	0.26**	-0.13	0.09	-0.01
所有制=三资	-0.13	0.58**	0.14	0.25**	0.24**	-0.24	0.45	0.05
人员规模	0.00	-0.02	0.03	-0.04***	-0.03**	-0.01	-0.01	0.04
市场规模	0.02	0.01	0.03	0.01	0.03	0.01	-0.00	0.02
地区=东部	0.08	-0.14**	-0.00	0.10***	0.10***	0.04	-0.19***	-0.04
地区=中部	0.17	0.08	0.18	0.19***	0.24***	0.06	-0.04	0.09
自变量								
战略 HRM 实践	0.84***	0.84***	0.97***	0.47***	0.78***	0.48***	0.45***	0.69***
组织情绪能力						0.45***	0.50***	0.36***
员工组织承诺				0.31***				
交叉乘积项								
HRM 实践×组织承诺				0.09**				
截距	0.69**	0.45	-0.24	0.57***	0.57***	0.43	0.17	-0.45
R^2	0.53	0.47	0.62	0.81	0.77	0.56	0.50	0.64
调整 R^2	0.51	0.45	0.60	0.80	0.76	0.53	0.48	0.62
F	25.00***	19.94***	36.49***	84.81***	73.99***	26.23***	20.94***	36.62***
VIF	6.83	6.83	6.83	6.54	6.83	6.96	6.96	6.96

注：N=352；** 表示 $p<0.05$；*** 表示 $p<0.01$；表中交叉乘积项在乘积之前做了中心化处理。

表6-4采用bootstraping方法进一步验证组织情绪能力在战略人力资源管理与企业创新关系间的中介效应。其中,显示了战略人力资源管理自变量对三个因变量:企业产品创新、流程创新、管理创新作用的完整效应及排除了中介影响的直接效应。此部分验证采用SPSS Process置信区间宏程序进行,主要是通过bootstrappin方法分析自变量到中介变量的回归系数和中介变量到因变量的回归系数乘积项是否显著不为零[①]。由表6-4可知,战略人力资源管理通过组织情绪能力影响企业产品创新的中介效应为0.35,标准误差为0.08,置信区间为[0.20,0.51],战略人力资源管理影响企业产品创新的直接效应为0.48,标准误差为0.09,其置信区间为[0.31,0.66],由于以上效应的置信区间都不包含零点,因此,组织情绪能力在战略人力资源管理与企业产品创新中起中介效应是显著的。同理,战略人力资源管理通过组织情绪能力影响企业流程创新的中介效应为0.39,标准误差为0.09,置信区间为[0.22,0.57],战略人力资源管理影响企业流程创新的直接效应为0.45,标准误差为0.11,其置信区间为[0.24,0.65],由于以上效应置信区间都不包含零点,因此,组织情绪能力在战略人力资源管理与企业产品创新中起中介效应也是显著的。同样由表6-4可证,组织情绪能力在战略人力资源管理对企业管理创新的作用中的中介效应也是显著的。因此,研究假设2a、2b和2c得到完全支持。

表6-4　　　　　组织情绪能力中介效应的bootstraping检验

因变量	效应类别	效应大小	标准误	95%置信区间	
				下限	上限
企业产品创新	间接效应	0.35	0.08	0.20	0.51
	直接效应	0.48	0.09	0.31	0.66
	完整效应	0.83	0.05	0.74	0.93
企业流程创新	间接效应	0.39	0.09	0.22	0.57
	直接效应	0.45	0.11	0.24	0.65
	完整效应	0.84	0.06	0.73	0.95
企业管理创新	间接效应	0.28	0.07	0.14	0.42
	直接效应	0.69	0.09	0.52	0.86
	完整效应	0.97	0.05	0.88	1.06

---

① 方杰,张敏强,顾红磊等.基于不对称区间估计的有调节的中介模型检验[J].心理科学进展,2014(10):1660-1680.

为进一步检验员工组织承诺在战略人力资源管理、组织情绪能力对企业创新作用路径中的调节效果，以及整体研究模型有调节的中介效应，本研究使用多元回归分析和 SPSS Process 置信区间宏程序进行相关分析。首先，由表 6-3 的回归模型 4 所示，员工组织承诺会对组织情绪能力产生正向影响（$\beta = 0.31$，$p < 0.01$），同时，战略人力资源管理和组织承诺的交互项也对组织情绪能力产生正向影响（$\beta = 0.09$，$p < 0.1$），通过相关数据作图（见图 6-2）。由图 6-2 可见，组织承诺在战略人力资源管理对组织情绪能力的作用中起到调节作用。在较高的组织承诺水平下，企业战略人力资源管理实践对组织情绪能力的正向影响更强，且导致的组织情绪能力水平更高。这为验证有调节的中介效应奠定了基础。

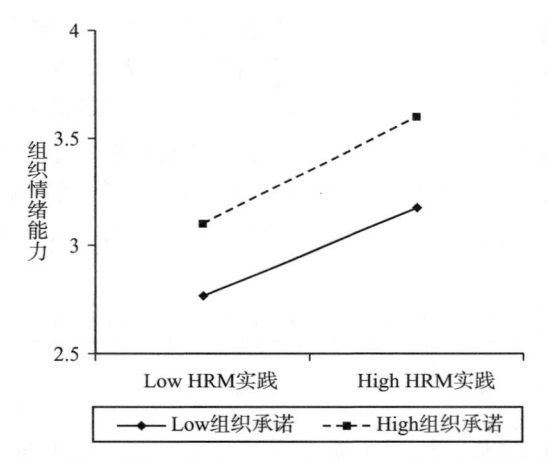

图 6-2　组织承诺在战略人力资源管理对情绪能力作用中的调节角色

然后，本研究通过 Process 运算检验在不同调节变量取值下的条件间接效应。Process 操作程序在调节变量的均值基础上分别减少一个标准差和增加一个标准差，构成低值和高值①，如表 6-5 所示。由表 6-5 左边条件间接效应的分析结果可知，当员工整体组织承诺处于较低水平时，战略人力资源管理通过组织情绪能力影响企业产品创新的间接效应为 0.19，标准误差为 0.04，其置信区间为 [0.11, 0.28]；战略人力资源管理通过组织情绪能力影响企业流程创新的间接效应为 0.21，标准误差为 0.05，其置信区间为 [0.12, 0.32]；

---

① 陈笃升，王重鸣. 组织变革背景下员工角色超载的影响作用：一个有调节的中介模型 [J]. 浙江大学学报（人文社会科学版），2015（3）：143-157.

战略人力资源管理通过组织情绪能力影响企业管理创新的间接效应为 0.15，标准误差为 0.04，其置信区间为 [0.08，0.24]。同理，当员工整体组织承诺处于较高水平时，战略人力资源管理通过组织情绪能力影响企业产品创新的间接效应为 0.23，标准误差为 0.05，其置信区间为 [0.14，0.34]；战略人力资源管理通过组织情绪能力影响企业流程创新的间接效应为 0.26，标准误差为 0.06，其置信区间为 [0.16，0.39]；战略人力资源管理通过组织情绪能力影响企业管理创新的间接效应为 0.19，标准误差为 0.05，其置信区间为 [0.10，0.28]。由于以上置信区间都不包含零点，即表明无论调节变量员工组织承诺处于低值或是高值，战略人力资源管理通过组织情绪能力影响企业产品创新、流程创新和管理创新因变量的间接效应都是显著的。在这种情况下，仅依靠条件间接效应的分析不足以判定是否存在有调节的中介效应[①]。因此，在表 6-5 的右半部分，本研究分析了根据 SPSS Process 运算得到的相关判定指标数值 INDEX。

表 6-5　　　　被调节的中介效应 bootstraping 验证分析

因变量	调节变量	条件间接效应分析				被调节的中介效应分析			
		效应	标准误	95%置信区间		INDEX	标准误	95%置信区间	
				下限	上限			下限	上限
企业产品创新	低值	0.19	0.04	0.11	0.28	0.04	0.02	0.01	0.08
	高值	0.23	0.05	0.14	0.34				
企业流程创新	低值	0.21	0.05	0.12	0.32	0.04	0.02	0.02	0.09
	高值	0.26	0.06	0.16	0.39				
企业管理创新	低值	0.15	0.04	0.08	0.24	0.03	0.01	0.01	0.06
	高值	0.19	0.05	0.10	0.28				

由表 6-5 可知，员工组织承诺对战略人力资源管理通过组织情绪能力影响企业产品创新的间接关系存在调节作用的判定指标为 0.04，标准误差为 0.02，置信区间为 [0.01，0.08]；员工组织承诺对战略人力资源管理通过组织情绪能力影响企业流程创新的间接关系存在调节作用的判定指标为 0.04，标准误差为 0.02，置信区间为 [0.02，0.09]；员工组织承诺对战略人力资源

---

① 陈笃升，王重鸣. 组织变革背景下员工角色超载的影响作用：一个有调节的中介模型 [J]. 浙江大学学报（人文社会科学版），2015（3）：143-157.

管理通过组织情绪能力影响企业管理创新的间接关系存在调节作用的判定指标为 0.03，标准误差为 0.01，置信区间为 [0.01, 0.06]。由于以上置信区间都不包含零点，即表明员工组织承诺和组织情绪能力在战略人力资源管理对企业产品创新、流程创新和管理创新作用中的有调节的中介效应是显著的，研究假设 3 与假设 3a、假设 3b、假设 3c 得到验证。即表明员工组织承诺会调节战略人力资源管理与企业产品创新、流程创新和管理创新间以组织情绪能力为中介的间接关系。

6.5 研究结论与讨论

本研究通过对新一代电子技术、软件研发、电子通信、新材料、生物医药产业等 352 家高新技术企业问卷调查表明，企业战略人力资源管理以组织情绪能力为中介对企业产品、流程和管理创新产生正向影响。其中，员工整体组织承诺水平会调节战略人力资源管理与企业产品/流程/管理创新以组织情绪能力为中介的间接关系，从而形成了一个有调节的中介作用模型。本研究在理论层面具有如下创新：一是表明了战略人力资源管理会对组织情绪能力产生影响。阿肯等曾研究了软件开发团队组织情绪能力的前因变量，发现团队自主性、成员协作、外部整合、团队经验和领导控制会影响团队层次上的组织情绪能力[1]。此外，对组织情绪能力前因变量的探讨鲜见报道。本研究的发现为了解组织情绪能力的形成机制给出了战略人力资源管理层面的注脚。二是研究验证了战略人力资源管理以组织情绪能力为中介对企业创新（包括产品/流程/管理创新）产生正向影响，此结论深化了我们对组织创新驱动机制以及组织情绪能力作用机制的理解，对创新管理和组织情绪能力理论具有补充意义。三是研究发现了组织情绪能力作用的边界条件，即员工整体组织承诺会在战略人力资源管理和组织情绪能力对企业创新作用的间接关系中发挥调节作用，这使我们对本研究主效应变量的作用机制了解得更清晰。

本研究也具有重要的实践意义。当前，在实施创新驱动发展战略的背景下，从战略人力资源管理和组织情绪资源挖掘的视角出发，不断探索推动企业，特别是高新技术企业创新发展的推动力，提升企业创新管理水平是一个重

---

[1] Akgün A. E., Keskin H., Byrne J. C., Gunsel A. Antecedents and results of emotional capability in software development project teams [J]. Journal of Product Innovation Management, 2011, 28 (6): 957–973.

要课题。本研究表明,对高新技术企业而言,提升组织情绪能力可以推动企业创新(包括产品/流程/管理创新),而通过战略人力资源管理强化培训、合理授权、职业发展、内部晋升、绩效评估、有效报偿报酬等措施有助于组织情绪能力的形成。其中,管理和调控创新研发人员的群体情绪,提升其组织承诺水平非常关键。企业要对研发员工的情绪、情感表达给予适当的回应,创造渠道和便利条件使员工情绪得到适当沟通和传递,而创新型企业也要提升一种给员工灌输希望的能力,鼓励员工充分释放自己的热情,推动员工之间彼此沟通情感、相互关怀,这不仅是一项保障组织健康、和谐发展的基础工作,也是完善创新管理的一项重要命题。

当然,本研究也存在一些研究局限和不足。本研究数据是在同一时间收集的,这种横截面数据分析难于严格表明因果关系,未来研究可以考虑选取纵向研究方法进一步进行假设检验。本研究针对高新技术企业领导和员工开展调查搜集数据,不能代表中国所有类型的企业,可能研究结论扩展方面具有一定局限。此外,除了战略人力资源管理,还可能存在其他重要因素影响组织情绪能力和企业创新,未来可探索其他重要影响变量扮演的角色。

第 7 章

科技企业领导成员交换、组织情绪能力与组织绩效:一个有调节的中介模型

7.1 问题的提出

当前我国处于经济转型期和高速发展期,商业市场竞争程度愈演愈烈,企业面临着越来越不确定的经营环境。为了适应外部环境的动态变化,企业必须强化组织能力的研究,增强组织资源循环交换,以便在竞争性与动态性环境中获得生存与发展。但是目前企业主要聚焦于技术[1]、市场[2]、研发[3]、文化[4]、整合[5]等知识与常规层面组织能力的研究,鲜有关注情绪层面的组织能力[6]。休伊提出组织情绪也是一种重要的组织能力[7],与个体情绪及其他组织能力不同,它是一种描述组织情绪使能、体验和经历的能力类别,是一种组织情绪心

---

[1] Afuah A. Mapping technological capabilities into product markets and competitive advantage: The case of cholesterol drugs [J]. Strategic Management Journal, 2002, 23 (2): 171 – 179.

[2] Day G. S. The capabilities of market-driven organizations [J]. Journal of Marketing, 1994, 58: 37 – 43.

[3] Deeds D. L. The role of R&D intensity, technical development and absorptive capacity in creating entrepreneurial wealth in high technology start-ups [J]. Journal of Engineering & Technology Management, 2001, 18 (1): 29 – 47.

[4] Bogner W. C., Thomas H. Core competence and competitive advantage: A model and illustrative evidence from the pharmaceutical industry [J]. Clinical Medicine, 1992, 126 (3): 400 – 8.

[5] Wang Y., Lo H. P., Yang Y. The constituents of core competencies and firm performance: Evidence from high-technology firms in china [J]. Journal of Engineering & Technology Management, 2004, 21 (4): 249 – 280.

[6][7] Huy Q. H. Emotional capability, emotional intelligence, and radical change [J]. Academy of Management Review, 1999, 24 (2): 325 – 345.

智模式的具体体现①。在当前动态环境下研究组织情绪能力对企业结果变量的影响是非常必要的。

情绪研究一直是心理学与社会学研究的热点课题，但当前的情绪研究主要侧重于情绪的状态性分析，而非特征性分析②。实际上，情绪虽是一种心理体验，但具有心理学和社会学双重特质，它可以像作用于员工一样作用于组织③。随着情绪研究的深入，人们逐渐认识到情绪是组织的重要资源，是可以为组织活动提供动力的能量源泉。但是关于情绪研究存在两方面局限：一是现有的情绪能力研究主要聚焦于个体层面，忽略了在动态性与竞争性环境下组织层面上的情绪能力问题研究；二是情绪能力研究并未形成完整、成熟的理论框架，缺乏将其作为一种"实体"进行实证化研究。

本章试图以一种更加全面的分析框架，对已有研究结论进行整合与拓展，并主要聚焦于两个问题：第一，组织情绪能力在领导—成员交换（leader-member exchange，LMX）对组织绩效作用过程中发挥什么作用？第二，在动态性与竞争性环境条件下，组织情绪能力、LMX 和组织绩效间的关系是否会发生变化？针对这两个研究问题，本章运用科技创新企业样本通过构建中介调节模型，对所提出的假设关系进行验证，以期推动组织层面情绪能力问题研究的发展。

7.2 文献回顾与研究假设

7.2.1 组织情绪能力、领导成员交换与组织绩效

关于组织情绪能力研究主要以情绪事件理论、资源基础理论、资源保存（守恒）理论为理论基础。情绪事件理论认为，组织情绪是由特定事件引发的，它会进一步影响员工的态度和行为④。孙锐等学者在对组织情绪的理论基

---

① 孙锐，张文勤. 企业创新中的组织情绪能力问题研究 [J]. 科学学与科学技术管理，2015，36 (12)：70-78.

② Huy Q. H. Emotional capability, emotional intelligence, and radical change [J]. Academy of Management Review, 1999, 24 (2): 325-345.

③ Shlomo H., Anat R. Emotion cycles: On the social influence of emotion in organizations [J]. Research in Organizational Behavior, 2008 (28): 35-59.

④ Weiss H. M., Cropanzano R. Affective events theory: A theoretical discussion of the structure, causes and consequences of affective experiences at work [J]. Research in Organizational Behavior, 1996, 18 (3): 1-74.

础和基本内涵剖析后发现,组织情绪内部存在动态交互作用,只有情绪主体形成良性互动时才能调动组织情绪潜能,产生更大的组织效益。资源基础理论将组织情绪能力作为一种稀缺资源,认为组织情绪能力是组织特有的、难以模仿与替代的资源[1][2],组织发展的实质是一系列独特资源的生成、整合与发生作用的过程,而企业竞争力差异的原因是企业内部资源的异质性[3],并在此基础上形成了组织情绪理论。组织情绪能力是一种组织感知、理解、监测、调整和利用组织情绪及在组织结构、惯例和流程中引导、体现其情绪的能力[4]。与个体情绪及其他组织能力不同,组织情绪能力被视为一种描述组织情绪经历、体验、使能的能力类别,是一种组织情绪心智模式的具体体现。它主要包括认同动态性、和谐动态性、体验动态性、游戏动态性、表达动态性、鼓舞动态性六个维度[5]。其中,认同动态性是指组织成员表达深切依附于组织核心价值、组织信仰、组织领导者及其他对特定个体或团队行为具有深远意义的集体行为的能力;和谐动态性是指沟通具有不同价值观念和情绪反应的员工的过程;体验动态性是指组织努力识别、接收和体会不同组织情绪,并在深层理解基础上采取相应行动的能力;游戏动态性是指组织在活动期间创造实验鼓励和容错环境的能力;表达动态性是指促进和支持员工表达各种真实情绪的能力;鼓舞动态性是指组织为员工注入希望、激发热情的能力[6]。

领导—成员交换是指以角色承担和社会交换为基础的领导与下属间的双重交换[7],这种双重交换的质量有高低之分,低程度的交换是以雇佣为基础,而

---

[1] Fineman S. Emotion in organizations [M]. London: Sage Publications, 1993.

[2] Ali E. Akgün, Halit Keskin, John Byrne. Organizational emotional capability, product and process innovation, and firm performance: An empirical analysis [J]. Journal of Engineering and Technology Management, Volume 26, Issue 3, September 2009, Pages 103 – 130.

[3] Tyler B. B. The complementarity of cooperative and technological competencies: A resource-based perspective [J]. Journal of Engineering & Technology Management, 2001, 18 (1): 1 – 27.

[4] 孙锐,张文勤. 企业创新中的组织情绪能力问题研究 [J]. 科学学与科学技术管理,2015,36 (12):70 – 78.

[5] Akgün A. E., Akgün J. C., Byrne H. K. Organizational intelligence: A structuration view [J]. Journal of Organizational Change Management, 2007, 20 (3): 272 – 289.

[6] Akgün A. E., Keskin H., Byrne J. The moderating role of environmental dynamism between firm emotional capability and performance [J]. Journal of Organizational Change Management, 2013, 21 (21): 230 – 252.

[7] Graen G. B., Uhl – Blen M. Development of leader-member exchange (LMX) theory of leadership over 25 years: Applying a multi-level multi-domain perspective [J]. Leadership Quarterly, 1995, 6 (2): 219 – 247.

高程度的交换是以信任为基础①。LMX 理论认为限于资源与精力,领导更倾向于对不同的下属以不同的管理方式建立不同的交换关系②,进而表现出不同类型的差异化(经济交换和社会交换)和不同程度的差异化(交换水平的高和低)③。实际上,在中国情境下,这种领导—成员交换的差序格局更符合组织管理实践④。

根据资源保存(守恒)理论,领导—成员交换实质上是领导与下属间的情绪资源交换,不同程度的情绪资源交换会为组织带来不同程度的情绪动态性。具体而言,高质量的领导—成员交换会形成组织情绪资源的增值螺旋,可以循环补给下属员工的工作情绪资源,激发工作激情,促进员工工作投入⑤⑥;低质量的领导—成员交换会形成组织情绪资源的丧失螺旋,使员工越来越少表达真实情绪,且需要组织情绪资源的持续补给以维持工作稳定,进而减少组织用于创造实验和容错环境的资源供给。黄等(Huang et al.)、托马斯和兰考(Thomas & Lankau)均发现领导—成员交换可以负向预测情绪耗竭⑦⑧,增加情绪资源交换,提升组织情绪反应能力。工作需求—资源模型显示,高质量的领导—成员交换能够促使组织内部员工获得更多的工作资源以应对工作要求,增加组织内部情绪资源交换,减少情绪能力耗竭⑨⑩。因此,提出假设:

假设 1:领导成员交换对组织情绪能力产生正向影响。

组织情绪作为组织能量的一种重要来源,将会对组织行为和结果产生重要

---

① 于静静,赵曙明,蒋守芬. 不当督导对员工组织承诺、职场偏差行为的作用机制研究——领导—成员交换关系的中介作用 [J]. 经济与管理研究,2014 (3):120 – 128.

② Dansereau F., Graen G., Haga W. J. A vertical dyad linkage approach to leadership within formal organizations: A longitudinal investigation of the role making process [J]. Organizational Behavior & Human Performance,1975,13 (1):46 – 78.

③ 王震,仲理峰. 领导—成员交换关系差异化研究评述与展望 [J]. 心理科学进展,2011,19 (7):1037 – 1046.

④ 王震,孙健敏. 领导—成员交换关系质量和差异化对团队的影响 [J]. 管理学报,2013,10 (2):219 – 224.

⑤ 李宗波,李巧灵,田艳辉. 工作投入对情绪耗竭的影响机制——基于工作需求—资源模型的研究 [J]. 软科学,2013,27 (6):103 – 107.

⑥ 陆欣欣,孙嘉卿. 领导—成员交换与情绪枯竭:互惠信念和权力距离导向的作用 [J]. 心理学报,2016,48 (5).

⑦⑨ Huang X., Chan S. C. H., Nan W. L. X. The joint effect of leader-member exchange and emotional intelligence on burnout and work performance in call centers in China [J]. International Journal of Human Resource Management,2010,21 (7):1124 – 1144.

⑧⑩ Thomas C. H., Lankau M. J. Preventing burnout: The effects of LMX and mentoring on socialization, role stress, and burnout [J]. Human Resource Management,2009,48 (3):417 – 432.

影响[1][2][3][4]。根据"情绪—概念—行为"理论框架,情绪会与组织对一般事物及组织经历、体验、使能的判断密切关联,进而影响组织行为的形成机制。陈捷在比较任务冲突与情绪冲突基础上,提出情绪冲突是组织内部的情绪化行为,可以通过决策质量、决策理解、决策承诺等中介影响组织绩效[5][6]。凯文·汤姆森强调组织情绪资本是实现产品增值的重要生产性资源,是增强员工工作动机,推动企业持续发展的基础[7]。休伊认为组织情绪能力作为组织创新和组织能力的重要驱动力,对组织绩效具有重要影响[8]。实际上,组织情绪能力为员工提供了彼此沟通与交流的能力氛围,在这种氛围中,员工可以自由分享彼此的工作情感、胜任技巧,进而可以促进和维持开发新产品、服务、工序的非正式网络,提升组织绩效水平。资源保存理论认为,情绪资源是组织尽力维持、保存与获取的资源,员工情绪关系的建立和维持代表了组织内部资源的交换程度[9]。组织情绪资源的增加会转化为组织效益,形成资源的增值螺旋,而组织情绪资源的耗竭需要组织其他能力资源进行补给,形成资源的丧失螺旋,阻碍组织发展。孙锐等学者构建的企业组织内部情绪动态螺旋模型显示,组织情绪内部存在动态交互作用,只有情绪主体形成良性互动时才能调动组织情绪潜能,产生更大的组织效益,反之将会使员工积极性下降,绩效下滑[10]。因此,提出假设:

假设2:组织情绪能力对组织绩效产生正向影响。

以往关于个体层次情绪问题研究发现,情绪动态性更适合于作为组织行为研究的中介变量,而组织情绪能力作为组织层面的情绪动态性,很可能在组织层面行为结果研究中同样发挥中介作用。资源保存理论认为,个体或组织总是努力维持自身所具备的有价值的资源,这些资源可以有效地激励组织应对发展

---

[1] Shlomo H., Anat R. Emotion cycles: On the social influence of emotion in organizations [J]. Research in Organizational Behavior, 2008 (28): 35 – 59.

[2] Amabile T., Barsade S., Mueller J. et al. Affect and creativity at work [J]. Administrative Science Quarterly, 2005, 50 (3): 367 – 403.

[3][7] 凯文·汤姆森著,崔姜薇,石小亮译. 情绪资本 [M]. 北京: 当代中国出版社, 2004.

[4] 领导人喜怒无常,中层惊弓之鸟——他们杀死了真相 [DB/OL]. [2006 – 2 – 22]. http://mp.weixin.qq.com/s?_biz=MzAwODYwNDQxMg==&mid=402045430&idx=1&sn=41af77328124424fdd7d7f5f0d4d07f3#rd.

[5][6] 陈捷. 认知冲突和情绪冲突对组织绩效的影响 [J]. 外国经济与管理, 1998 (5): 3 – 7.

[8] Huy Q. N. An emotion-based view of strategic renewal [J]. Advances in Strategic Management, 2005, 22 (1): 3 – 37.

[9] Staber U., Sydow J. Organizational adaptive capacity a structuration perspective [J]. Journal of Management Inquiry, 2002, 11 (4): 408 – 424.

[10] 孙锐,张文勤. 企业创新中的组织情绪能力问题研究 [J]. 科学学与科学技术管理, 2015, 36 (12): 70 – 78.

中的问题①，且这些资源是守恒的，可以不断地进行转化，菲内曼发现情绪能力就是这样的资源②。高质量领导—成员交换可以使组织内部员工获得高绩效期望与愿景激励，组织内部会形成一种积极的团队情绪氛围③，员工间的情绪反应与价值观更趋于一致，同事间互相支持与鼓励，员工获得领导与同事的双重资源补给，进而提高工作效率④。低质量领导—成员交换会促使组织内部形成"关系圈"，"圈内员工"可以获得高效的情绪资源交换，逐渐与组织核心价值观趋于一致，目标更加明确，"圈外员工"与领导和组织的情绪资源交换效率很低，不能在工作方面获得情绪资源补给和有效地表达真实情绪，工作精神状态愈加低迷，缺乏工作激情⑤。基于以上分析，研究认为领导—成员个体单元间的情绪资源交换很可能通过人际交互进程等方式转化为组织行动体系内的集体情绪资源，进而转化为组织行为结果⑥。因此，提出假设：

假设3：组织情绪能力在领导成员交换对组织绩效的作用中扮演中介角色。

7.2.2 环境特性的调节作用

资源依赖理论认为企业是一个开放系统，需要依赖于外部环境的权变因素⑦⑧。组织资源在转化过程中要受到环境特性因素的影响⑨⑩⑪。具体而言，

---

① Hobfoll S. E. Conservation of resources. A new attempt at conceptualizing stress [J]. American Psychologist, 1989, 44 (3): 513 – 24.
② Fineman S. Emotion in Organizations [M]. London: Sage Publications, 1993.
③ 刘小禹, 孙健敏, 周禹. 变革/交易型领导对团队创新绩效的权变影响机制——团队情绪氛围的调节作用 [J]. 管理学报, 2011, 8 (6): 857 – 864.
④ 谭小宏. 个人与组织价值观匹配对员工工作投入、组织支持感的影响 [J]. 心理科学, 2012 (4).
⑤ 王震, 孙健敏. 领导—成员交换关系质量和差异化对团队的影响 [J]. 管理学报, 2013, 10 (2): 219 – 224.
⑥ 孙锐, 张文勤. 企业创新中的组织情绪能力问题研究 [J]. 科学学与科学技术管理, 2015, 36 (12): 70 – 78.
⑦ Pfeffer J., Salancik G. R. The external control of organizations: A resource dependence perspective [M]. New York: Harper and Row, 1978.
⑧ Liu D., Chen X. P. & Yao X. From autonomy to creativity: A multilevel investigation of the mediating role of harmonious passion [J]. Journal of Applied Psychology, 2011, 96 (2): 294 – 309.
⑨ 李垣, 王龙伟, 谢恩. 动态环境下组织资源对战略变化的影响研究 [J]. 管理学报, 2004, 1 (1): 58 – 61.
⑩ Dess G. G., Beard D. W. Dimensions of organizational task environment [J]. Administrative Science Quarterly, 1984, 29 (1): 52 – 73.
⑪ Mcarthur A. W., Nystrom P. C. Environmental dynamism, complexity, and munificence as moderators of strategy-performance relationships [J]. Journal of Business Research, 1991, 23 (4): 349 – 361.

资源的转化要受环境竞争性与环境动态性双重影响。环境竞争性一直被认为是影响组织管理行为的重要前置变量[1]，主要指外部环境中竞争领域与竞争对手数量的同质性程度[2]。宋华和王岚基于资源依赖理论研究发现，高水平的环境竞争性益于组织由开发型关系转变为利用型关系，以低风险高效率的方式应对外部环境变化，减少成本资源消耗，利用冗余资源提升工作效率[3]。环境动态性是指环境的不确定程度和环境变化的速度[4]，主要表现在原料供应、产品需求、顾客需求、技术变化等方面[5]。国内外大部分学者研究发现动态性环境益于组织绩效提升[6][7][8][9][10][11]。但是少数学者认为环境动态性会通过创造不适配于企业的环境氛围进而对组织绩效具有负向作用[12]。

组织资源对组织绩效的影响取决于环境状况[13][14]。当组织处在高度不确定

---

[1] 巩见刚，董小英. 技术优势、环境竞争性与信息技术吸收——基于高层支持的中介作用检验[J]. 科学学与科学技术管理，2012，33（11）：12 - 18.

[2] Hill C. W. L., Matusik S. F. The utilization of contingent work, knowledge creation, and competitive advantage [J]. Academy of Management Review, 1998, 23 (4): 680 - 697.

[3] 宋华，王岚. 企业间关系行为对创新柔性的影响研究[J]. 科研管理，2012，33（3）：1 - 10.

[4] Liang X., Picken J. C. Top management team communication networks, environmental uncertainty, and organizational performance: A contingency view [J]. Journal of Managerial Issues, 2010, 22 (4): 436 - 455.

[5] Jansen J. J. P., Van Den Bosch F. A. J., Volberda H. W. Exploratory innovation, exploitative innovation, and performance: Effects of organizational antecedents and environmental moderators [J]. Management Science, 2006, 52 (11): 1661 - 1674.

[6] Huy Q. N. An emotion-based view of strategic renewal [J]. Advances in Strategic Management, 2005, 22 (1): 3 - 37.

[7] Akgün A. E., Keskin H., Byrne J. The moderating role of environmental dynamism between firm emotional capability and performance [J]. Journal of Organizational Change Management, 2013, 21 (21): 230 - 252.

[8] 文东华，潘飞，陈世敏. 环境不确定性、二元管理控制系统与企业业绩实证研究——基于权变理论的视角 [J]. 管理世界，2009（10）：102 - 114.

[9] 许德惠，李刚，孙林岩等. 环境不确定性、供应链整合与企业绩效关系的实证研究[J]. 科研管理，2012，33（12）：40 - 49.

[10] 林亚清，赵曙明. 构建高层管理团队社会网络的人力资源实践、战略柔性与企业绩效——环境不确定性的调节作用[J]. 南开管理评论，2013，16（2）：4 - 15.

[11] 王凤彬，陈建勋. 动态环境下变革型领导行为对探索式技术创新和组织绩效的影响[J]. 南开管理评论，2011，14（1）：4 - 16.

[12] Walters B. A., Bhuian S. N. Complexity absorption and performance: A structural analysis of acute-care hospitals [J]. Journal of Management, 2004, 30 (1): 97 - 121.

[13] Dess G. G., Beard D. W. Dimensions of organizational task environment [J]. Administrative Science Quarterly, 1984, 29 (1): 52 - 73.

[14] Mcarthur A. W., Nystrom P. C. Environmental dynamism, complexity, and munificence as moderators of strategy-performance relationships [J]. Journal of Business Research, 1991, 23 (4): 349 - 361.

性和竞争性环境中时,组织可能会面临着更大的威胁[1],促使组织尽力调用现有资源不断学习与探索新市场和新技术[2]以增加战略确定性和计划精确性[3]。为了应对动态环境带来的变化与挑战,组织成员会在短时间内强化交流频次与深度,更加自由表达员工自己的想法,增加彼此情绪资源交换[4]。菲内曼指出支持性的情绪氛围更有益于在动态性环境中组织内部的资源循环,获得高绩效[5]。束义明和郝振省认为高动态环境下,自由开放的沟通可以提升领导—成员对环境的认知度及关键性资源的获取能力,激发领导—成员对环境不确定性风险的承担意愿[6]。当组织在低水平的动态性与竞争性环境中,组织内部更倾向于自身情绪资源维护,只愿意"安于现状",进而阻碍组织资源的转化进程,影响组织绩效提升。因此,提出假设:

假设4:在动态性和竞争性水平较高的外部环境中,LMX对组织情绪能力的影响会增强;

假设5:在动态性和竞争性水平较高的外部环境中,组织情绪能力对组织绩效的影响会增强。

基于以上分析,本章提出LMX、组织情绪能力、环境特性(环境动态性、环境竞争性)与组织绩效的概念模型(见图7-1)。

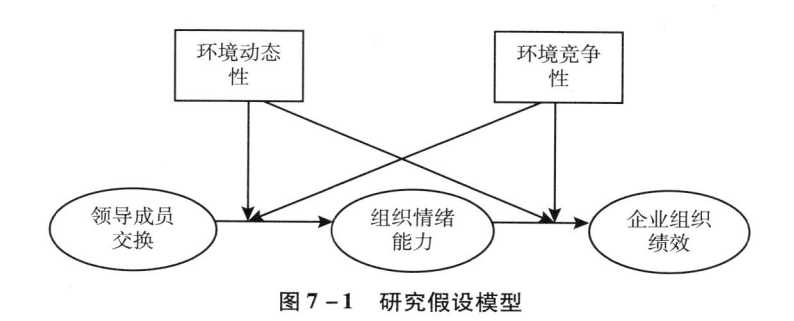

图7-1 研究假设模型

---

[1] 王凤彬,陈建勋. 动态环境下变革型领导行为对探索式技术创新和组织绩效的影响 [J]. 南开管理评论,2011,14 (1):4-16.

[2] Teece D. J. , Pisano G. and Shuen A. Dynamic capability and strategic management [J]. Strategic Management Journal,1997,18 (7):509-33.

[3] Venkatraman N. The concept of fit in strategy research:Toward verbal and statistical correspondence [J]. Academy of Management Review,1989,14 (3):340-352.

[4] Ashforth B. E. , Humphrey R. H. Emotion in the workplace:A reappraisal [J]. Human Relations,1995,48 (2):97-125.

[5] Fineman S. Emotion in Organizations [M]. London:Sage Publications,1993.

[6] 束义明,郝振省. 高管团队沟通对决策绩效的影响:环境动态性的调节作用 [J]. 科学学与科学技术管理,2015,36 (4):170-180.

7.3 研究方法

7.3.1 样本调查

本研究使用以企业为对象的多源问卷调查方法。研究调查对象为在新一代电子技术、软件研发、电子通信、新材料、机械制造、生物医药等产业领域内的科技型企业。对每个样本企业，领导—成员交换、组织情绪能力数据采集自企业中实际从事技术研发工作（R&D）的创新员工，环境动态性及竞争性、企业组织绩效数据采集自企业研发部门经理或分管高层管理者。样本企业主要来自包头稀土高新区、北京中关村、济南高新区、宁波国家高新区等。所有问卷调查企业及人员秉承自愿原则，问卷通过纸质快递和电子邮件两种方式发放和回收。在剔除掉漏答过多以及回答明显不认真的不合格问卷之后，最终回收有效问卷455份，问卷发放回收有效率65.6%。

样本的描述性统计结果表明，被试企业成立年限1~2年占18.7%，3~5年占16%，6~10年占24.8%，10年以上占40.5%；公司发展阶段为初创期的企业占14.9%，发展期占44%，成熟期占38.7%，衰退期占2.4%；电子通信行业企业占16.3%，机械制造占33.4%，生物医药占21.3%，化工食品占13.8%，软件服务占11.6%，其他占3.6%；企业规模50人及以下占6.6%，51~200人占25.1%，201~500人占21.5%，501~1000人占14.5%，1000人以上占32.3%；企业所有制性质为国有企业占41.1%，民营企业占29.7%，三资企业占29.2%；企业所在地区为东部的占38.5%，中部占3.7%，西部占57.8%；样本企业市场份额远远小于最大竞争对手占4.6%，小于最大竞争对手占35.8%，与最大竞争对手相当占33.4%，大于最大竞争对手占21.1%，远远大于最大竞争对手占5.1%。

7.3.2 变量测量

研究主要采用问卷调查的形式，问卷采用李克特5点量表，且均为国外现有的成熟量表，具体测量如下所述：

(1) 领导—成员交换。

采用格里安和乌尔-比（Grean & Uhl - Bien）[1]开发的7题项量表，因子载荷均在0.722~0.868，Cronbach α系数为0.904，有较高信度。

(2) 环境特性。

采用由詹森等（Jansen et al.）[2]开发的环境特性量表，共8个条目，主要包括环境动态性和环境竞争性2个维度，其中，环境动态性与环境竞争性各4个条目，环境动态性示例条目有"公司所面临的市场环境经常剧烈变化"等，因子载荷均在0.809~0.909，Cronbach α系数为0.825，信度较好；环境竞争性示例条目有"公司所在的市场竞争非常激烈"，因子载荷均在0.559~0.872，Cronbach α系数为0.794，信度较好。

(3) 组织情绪能力。

采用阿肯等[3]修订的组织情绪能力量表，共20个条目，主要包括鼓励动态性、自由表达动态性、游戏动态性、体验动态性、和解动态性和身份识别动态性6个维度，示例条目有"我们组织有一种能够给其员工灌输希望的能力"等。因子载荷均在0.722~0.868，Cronbach α系数为0.901，有较高信度。

(4) 组织绩效。

采用丹尼尔等[4]修订的组织绩效量表，共4个题项，主要测试市场占有率、获利能力、生产率和客户满意度。因子载荷均在0.734~0.768，Cronbach α为0.743，有较高信度。

(5) 控制变量。

本章借鉴阿肯等[5]的研究，选用了7个控制变量以控制其对本章的潜在影响，分别是组织年限、组织规模、组织性质、工作地区、市场份额比较、组织

---

[1] Graen G. B., Uhl - Bien M. Relationship-based approach to leadership: Development of leader-member exchange (LMX) theory of leadership over 25 years: Applying a multi-level multi-domain perspective [J]. Leadership Quarterly, 1995, 6 (2): 219 - 247.

[2] Jansen J. J. P., Bosch F. A. J. V. D., Volberda H. W. Exploratory innovation, exploitative innovation, and performance: Effects of organizational antecedents and environmental moderators [J]. Erim Report, 2006, 52 (11): 1661 - 1674.

[3] Akgün A. E., Akgün J. C., Byrne H. K. Organizational intelligence: A structuration view [J]. Journal of Organizational Change Management, 2007, 20 (3): 272 - 289.

[4] Daniel Jiménez - Jiménez a, Raquel Sanz - Valle. Could HRM support organizational innovation? [J]. The International Journal of Human Resource Management, 2008, 19 (7): 1208 - 1221.

[5] Akgün A. E., Keskin H., Byrne J. The moderating role of environmental dynamism between firm emotional capability and performance [J]. Journal of Organizational Change Management, 2013, 21 (21): 230 - 252.

发展时期、组织所属行业。

7.4 数据分析和研究结果

7.4.1 验证性因子分析

由于本研究领导—成员交换与组织情绪能力数据、环境特性与组织绩效数据分别来源于同一个体，因此本研究采用哈曼（Harman）单因素法检验同源方差。运用 SPSS 17.0 对全部数据进行主成分分析，解释总变异量的 74.82%，大于 60%，且第一个因子解释总变异量的 30.46%，低于 50%，表明数据的同源方差在可接受的范围内。总体 KMO 值为 0.875，Barlett's 检验的统计量在小于 0.001 的水平上显著，说明适合做因子分析。在此基础上，进一步运用 LIS-REL 8.7 结构方程对本研究涉及的量表进行了构件间的区分效度检验，分别对五因子模型、四因子模型、三因子模型、二因子模型以及一因子模型进行检验，结果如表 7-1 所示。通过对表 7-1 中五个模型的拟合指数进行比较可知，在五个模型中，五因子模型的拟合度最好，即表明本研究的变量之间具有良好的区分效度。此外，运用 LISREL 8.7 结构方程对组织情绪能力各维度进行验证性因子分析，如表 7-2 所示，在所有模型中，六因子模型拟合优度最好，即表明组织情绪能力各维度具有良好的区分效度。

表 7-1　　　　　　　　研究构思的区分效度检验

模型	χ^2	df	χ^2/df	RMSEA	SRMR	CFI	GFI
五因子模型	1700.86	242	7.03	0.115	0.087	0.89	0.76
四因子模型	2048.80	246	9.79	0.127	0.097	0.86	0.73
三因子模型	3307.29	249	13.28	0.164	0.130	0.80	0.62
二因子模型	3532.38	251	14.07	0.170	0.140	0.78	0.61
单因子模型	3941.20	252	15.64	0.180	0.140	0.77	0.58

注：五因子模型：LMX、环境动态性、环境竞争性、组织情绪能力、组织绩效；四因子模型：LMX、环境动态性＋环境竞争性、组织情绪能力、组织绩效；三因子模型：LMX＋环境动态性＋环境竞争性、组织情绪能力、组织绩效；二因子模型：LMX＋环境动态性＋环境竞争性＋组织情绪能力、组织绩效；单因子模型：LMX＋环境动态性＋环境竞争性＋组织情绪能力＋组织绩效；N=455。

表7-2　　　　　　　组织情绪能力问卷验证性因子分析结果

模型	χ^2	df	χ^2/df	RMSEA	SRMR	CFI	GFI
六因子模型	969.41	155	6.25	0.108	0.071	0.93	0.82
五因子模型a	1941.43	160	12.13	0.157	0.110	0.82	0.70
五因子模型b	2122.15	160	13.26	0.164	0.150	0.84	0.68
五因子模型c	1785.62	160	11.16	0.150	0.063	0.87	0.72
五因子模型d	1641.85	160	10.26	0.143	0.095	0.86	0.73
五因子模型e	1603.82	160	10.02	0.141	0.067	0.87	0.74
四因子模型a	2714.88	164	16.55	0.185	0.140	0.75	0.63
四因子模型b	2210.63	164	13.48	0.166	0.120	0.81	0.67
三因子模型	3502.60	167	20.97	0.210	0.150	0.68	0.56
两因子模型	4115.14	169	24.35	0.227	0.170	0.63	0.52
单因子模型	4907.69	170	28.87	0.248	0.160	0.57	0.48

注：六因子模型：MG、MZ、MY、MT、MH、MS；五因子模型a：MG+MZ、MY、MT、MH、MS；五因子模型b：MG、MZ+MY、MT、MH、MS；五因子模型c：MG、MZ、MY+MT、MH、MS；五因子模型d：MG、MZ、MY、MT+MH、MS；五因子模型e：MG、MZ、MY、MT、MH+MS；四因子模型a：MG+MZ+MY、MT、MH、MS；四因子模型b：MG、MZ、MY、MT+MH+MS；三因子模型：MG+MZ+MY、MT+MH、MS；两因子模型：MG+MZ+MY、MT+MH+MS；单因子模型：MG+MZ+MY+MT+MH+MS；N=455。

7.4.2　描述性统计

表7-3说明了自变量、中介变量、调节变量及因变量的均值、标准差及相关系数。由表7-3可知，LMX、组织情绪能力、组织绩效之间呈现显著正相关，环境竞争性、环境动态性与组织绩效间不存在显著相关关系。这为进一步检验变量间中介与调节关系奠定了基础。

表7-3　　　　　　研究变量的描述性统计、相关系数及信度

变量	均值	标准差	1	2	3	4	5
LMX	3.302	0.675	(0.904)				
环境动态性	3.375	0.683	0.212***	(0.825)			

续表

变量	均值	标准差	1	2	3	4	5
环境竞争性	3.426	0.559	0.199***	0.375***	(0.794)		
组织情绪能力	3.347	0.506	0.875***	0.173***	0.128***	(0.901)	
组织绩效	3.306	0.546	0.539***	-0.018	-0.014	0.717***	(0.743)

注：N=455；控制变量省略；*** 表示 p<0.01；括号中表示 Cronbach α 系数。

7.4.3 假设检验

根据研究假设1、假设2，LMX 对组织情绪能力具有正向影响，组织情绪能力对组织绩效具有正向影响。表7-4 中模型 M1、表7-5 中模型 M4、M5 显示，当在控制组织年限、组织发展时期、组织所属行业、组织性质、组织规模、组织市场份额比较、组织地区这7个变量基础上，将 LMX 放入回归方程后，发现 LMX 与组织情绪能力显著相关（β=0.869，p<0.01），LMX 与组织绩效显著相关（β=0.549，p<0.01）；将组织情绪能力放入回归方程后，发现组织情绪能力与组织绩效显著相关（β=0.726，p<0.01）。假设1、假设2 得到验证。

表7-4　　　　　　　　　　调节效应检验

研究变量	组织情绪能力		
	M1	M2	M3
控制变量	—	—	—
LMX	0.869**	0.849**	0.900**
环境动态性		-0.095**	
环境竞争性			-0.053*
LMX×环境动态性		0.140**	
LMX×环境竞争性			0.149**
F	10.601**	179.832**	195.146**
R²adj	0.129	0.798	0.810
ΔR²adj		0.669	0.012

注：** 表示 p<0.05；*** 表示 p<0.01。

第7章 科技企业领导成员交换、组织情绪能力与组织绩效：一个有调节的中介模型

表7-5 中介调节效应检验

研究变量		组织绩效									
	M4	M5	M6	M7	M8	M9	M10	M11	M12	M13	M14
控制变量	—	—	—	—	—	—	—	—	—	—	—
LMX	0.549***		-0.332***	0.561***	0.563***	-0.298***	-0.233***	0.577***	0.592***	-0.296***	-0.277***
环境动态性				-0.120***	-0.096***	-0.085**	-0.107***			-0.045	-0.036
环境竞争性								-0.134***	-0.098**		
LMX×环境动态性					0.138***	0.087***	-0.185***			0.021	0.128
LMX×环境竞争性									0.168***		
组织情绪能力		0.726***	1.014***			0.988***	0.900***			0.987***	0.983***
情绪能力×环境动态性							0.316***				
情绪能力×环境竞争性											-0.111
F	31.605***		67.853***	29.426***	28.359***	58.661***	58.171***	29.562***	29.598***	55.710***	51.290***
R²adj	0.350		0.570	0.360	0.376	0.583	0.602	0.362	0.386	0.570	0.571
ΔR²adj			0.22	0.01	0.016	0.207	0.019	0.012	0.024	0.184	0.001

注：** 表示 $p<0.05$；*** 表示 $p<0.01$。

研究假设3提出，组织情绪能力中介了LMX与组织绩效之间的正向关系。借鉴巴伦和肯尼（Baron & Kenny）提出的中介效应检验三步法，第一步做因变量对自变量的回归，以检验自变量与因变量的相关关系是否显著，如果显著则进入下一步检验，如果不显著则停止检验。第二步做中介变量对自变量的回归，以检验自变量与中介变量的相关关系是否显著。第三步做因变量对自变量与中介变量的回归，将中介变量放入回归方程后检验自变量与因变量的相关关系是否显著。其中，主效应检验已经完成第一步与第二步。第三步中，表7-5中模型M6显示，当在控制组织年限等7个变量基础上，将LMX和组织情绪能力放入回归方程后，发现LMX仍然显著（$\beta = -0.332$，$p < 0.01$），且组织情绪能力与组织绩效显著相关（$\beta = 1.014$，$p < 0.01$），说明组织情绪能力在LMX与组织绩效作用关系过程中发挥中介作用。假设3得到验证。

结合温忠麟和叶宝娟（2014）提出的调节了中介过程前后路径模型的检验方法，将中介调节效应检验分为四步。第一步，检验环境动态性（ED）与环境竞争性（EC）是否调节LMX与组织绩效（OP）间关系。其回归方程为：

$$OP = c_0 + c_1 LMX + c_2 ED + c_3 LMX \times ED + e_1;$$
$$OP = c_4 + c_5 LMX + c_6 EC + c_7 LMX \times EC + e_2。$$

如表7-5模型M7、M8与M11、M12所示，在LMX、环境动态性（竞争性）与7个控制变量基础上，LMX与环境动态性标准化处理后的交互项对组织绩效具有显著正向影响作用（$\beta = 0.138$，$p < 0.01$），LMX与环境竞争性标准化处理后的交互项对组织绩效具有显著正向影响作用（$\beta = 0.168$，$p < 0.01$）。因此，环境动态性（竞争性）对LMX与组织绩效的关系具有显著调节作用。第二步，检验环境动态性（ED）与环境竞争性（EC）是否调节LMX与组织情绪能力（OEC）间关系。其回归方程为：

$$OEC = a_0 + a_1 LMX + a_2 ED + a_3 LMX \times ED + e_3;$$
$$OEC = a_4 + a_5 LMX + a_6 EC + a_7 LMX \times EC + e_4。$$

研究假设4提出，在动态性和竞争性程度较高的外部环境中，LMX对组织情绪能力的影响程度会增强。如表7-4模型M2与M3所示，鉴于自变量和调节变量均是连续变量，研究将两者进行标准化处理后形成交互项，在LMX、环境动态性（竞争性）与7个控制变量基础上，LMX与环境动态性的交互项对组织情绪能力具有显著正向影响作用（$\beta = 0.140$，$p < 0.01$），LMX与环境竞争性的交互项对组织情绪能力具有显著正向影响作用（$\beta = 0.149$，$p < 0.01$）。说明环境动态性与环境竞争性对LMX与组织情绪能力间关系具有调节效应。其中，$a_1 = 0.849$，$a_3 = 0.140$；$a_5 = 0.900$，$a_7 = 0.149$。假设4得到验证。第三

步，检验 LMX、环境动态性（ED）、环境竞争性（EC）、LMX 与环境动态性（竞争性）的交互项、组织情绪能力对组织绩效的影响。回归方程为：

$$OP = c_0' + c_1'LMX + c_2'ED + c_3'LMX \times ED + b_1OEC + e_5;$$
$$OP = c_4' + c_5'LMX + c_6'EC + c_7'LMX \times EC + b_2OEC + e_6$$

如表 7 – 5 模型 M9 与 M13 所示，在 7 个控制变量基础上，LMX 对组织绩效作用显著（$\beta = -0.298$，$p < 0.01$；$\beta = -0.296$，$p < 0.01$），组织情绪能力对组织绩效作用显著（$\beta = 0.988$，$p < 0.01$；$\beta = 0.987$，$p < 0.01$）。因此，环境动态性（竞争性）对组织情绪能力中介前半路径具有显著调节作用。其中，$c_1' = -0.298$，$b_1 = 0.988$；$c_5' = -0.296$，$b_2 = 0.987$。第四步，检验 LMX、环境动态性（ED）、环境竞争性（EC）、LMX 与环境动态性（竞争性）的交互项、组织情绪能力（OEC）、组织情绪能力与环境动态性（竞争性）的交互项对组织绩效的影响。回归方程为：

$$OP = c_0'' + c_1''LMX + c_2''ED + c_3''LMX \times ED + b_1'OEC + b_3OEC \times ED + e_7;$$
$$OP = c_4'' + c_5''LMX + c_6''EC + c_7''LMX \times EC + b_2'OEC + b_4OEC \times EC + e_8$$

研究假设 5 提出，在动态性和竞争性程度较高的外部环境中，组织情绪能力对组织绩效的影响程度会增强。如表 7 – 5 模型 M10 与 M14 所示，在成立年限、发展时期、所属行业等 7 个控制变量基础上，将组织情绪能力与环境动态性进行标准化处理后形成的交互项对组织绩效作用显著（$\beta = 0.316$，$p < 0.01$），而将组织情绪能力与环境竞争性进行标准化处理后形成的交互项对组织绩效作用并不显著（$\beta = -0.111$），说明环境动态性对组织情绪能力中介后半路径具有调节效应，而环境竞争性对组织情绪能力中介后半路径不具调节效应。其中，$c_1'' = -0.233$，$b_1' = 0.900$，$b_3 = 0.316$；$c_5'' = -0.277$，$b_2' = 0.983$，$b_4 = -0.111$。假设 5 部分得到验证。

根据温忠麟和叶宝娟提出的中介效应计算公式，可以分别计算出环境动态性和环境竞争性的中介调节系数。其中，环境动态性中介调节系数为：

$Me = (a_1 + a_3U)(b_1' + b_3U) = a_1b_1' + (a_1b_3 + a_3b_1')U + a_3b_3U^2 = 0.849 \times 0.900 + (0.869 \times 0.316 + 0.14 \times 0.900)U + 0.14 \times 0.316U^2 = 0.764 + 0.401U + 0.044U^2$；其中，Me 为中介效应，U 为前半路径调节效应，U^2 为后半路径调节效应，U、U^2 系数（0.401，0.044）为正，说明环境动态性的中介调节为正向调节。环境竞争性中介调节系数为：

$Me = (a_5 + a_7U)(b_2' + b_4U) = a_5b_2' + (a_5b_4 + a_7b_2')U + a_7b_4U^2$
$\quad = 0.869 \times 0.983 + (-0.869 \times 0.111 + 0.149 \times 0.983)U - 0.149 \times 0.111U^2$
$\quad = 0.854 + 0.050U - 0.017U^2$

其中 Me 为中介效应，U 为前半路径调节效应，U^2 为后半路径调节效应，U 系数 0.050 为正，说明环境竞争性的中介调节为正向调节，U^2 系数 -0.017 为负，说明环境竞争性的后半路径的中介调节为负向调节，但是根据回归结果显示其不显著。鉴于以上假设检验结果，对理论模型进行修正，如图 7-2 所示。

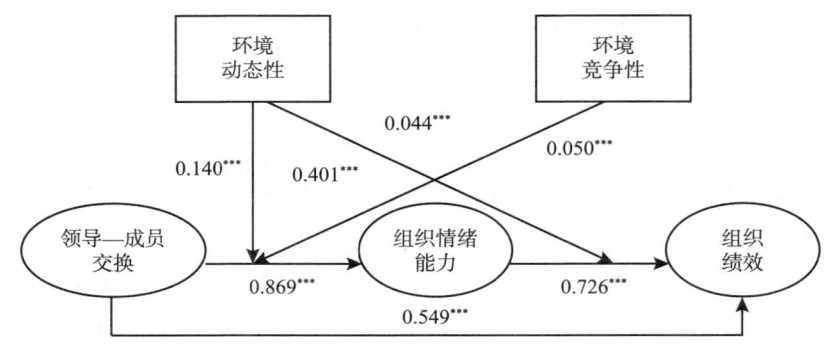

图 7-2 修正的研究模型

注：*** 表示 $p<0.01$。

7.5 研究结论与讨论

近年来，组织行为学与心理学领域在情绪能力研究方面取得了重要进展，但仍存在两方面局限性：一是传统的"情绪工作""情绪智力"研究聚焦于个体层面，没有进一步分析和回答复杂变化环境下组织层面上的"情绪能力"相关问题；二是尚未形成完整、成熟的理论框架，将其作为一种"实体"进行实证研究尚处于起步阶段，仅有的几项研究仅仅探讨了组织情绪能力的后效变量，而忽略了其前置影响因素的研究。鉴于此，本章基于资源保存理论主要解决两个问题：一是组织情绪能力在 LMX 与组织绩效关系间扮演什么角色？二是外部环境变化是否会对上述关系产生影响？针对以上两方面问题，本章通过理论推演与运用 455 家科技型企业样本数据实证检验了构建的组织情绪能力中介前后路径调节模型，得出以下五方面研究结论。

第一，在中国情境下，LMX 对组织情绪能力具有显著正向影响。这与国内外学者的研究结论一致。高质量领导—成员交换可以促进组织内部情绪资源循环，组织内部员工可以获得同事与领导双重情绪资源补给，且价值观、目标与组织趋于一致，进而形成情绪资源的增值螺旋；低质量领导—成员交换可以使组织内部形成"关系圈"，"圈内员工"更易于获得情绪资源补给，"圈外员工"一方面不能获得领导情绪资源补给；另一方面由于"关系圈"界限而难以获得同事的情绪资源补给，进而形成情绪资源的丧失螺旋。实际上，在中国"圈子文化"情境下，研究领导—成员交换与组织情绪能力间关系具有重要意义。

第二，组织情绪能力对组织绩效具有显著正向影响。这与阿肯等[1]研究结论一致。阿肯认为，情绪是组织的一种资源，在一定条件下可以像技术、文化等资源一样，转化为其他资源形式。且组织情绪内部存在动态交互作用，只有情绪主体形成良性互动时才能调动组织情绪潜能，产生更大的组织效益，反之将会使员工积极性下降，绩效下滑。这一结论既支持了目前国内外学者的研究结论，也丰富了情绪问题在组织层次的研究。

第三，组织情绪能力在 LMX 和组织绩效关系间发挥部分中介作用。研究结果显示，LMX 有一部分是直接作用于组织绩效，有一部分则通过组织情绪能力间接作用于组织绩效。以往关于 LMX 与绩效关系的研究，更多的是将 LMX 作为调节变量[2]，在仅有的几项将 LMX 作为自变量的研究中[3]，鲜有以情绪动态性构建中介传导机制的研究。因此，这一结论完善了领导—成员交换理论内容，将领导—成员交换理论拓展至心理学领域。

第四，环境竞争性与环境动态性在 LMX 与组织绩效间起着正向调节作用。现有文献在研究环境特性与组织绩效间关系时出现了不一致的论点：少数学者认为环境特性对组织绩效具有负向作用[4]，但多数学者认为环境特性对组织绩效具有正向作用[5][6]。本研究运用中国科技型企业大样本数据进行相关性分析后发现，环境特性与组织绩效间不存在显著相关关系，这与以往研究结论均有所不同，可能因为本章的研究采用科技型企业样本数据，其企业产品更新周期

---

[1][6] Akgün A. E., Keskin H., Byrne J. The moderating role of environmental dynamism between firm emotional capability and performance [J]. Journal of Organizational Change Management, 2013, 21 (21): 230 – 252.

[2] 韩翼, 杨百寅. 真实型领导、心理资本与员工创新行为：领导成员交换的调节作用 [J]. 管理世界, 2011 (12): 78 – 86.

[3] 杨晓, 师萍, 谭乐. 领导—成员交换社会比较、内部人身份认知与工作绩效：领导—成员交换关系差异的作用 [J]. 南开管理评论, 2015, 18 (4): 26 – 35.

[4] Walters B. A., Bhuian S. N. Complexity absorption and performance: A structural analysis of acute-care hospitals [J]. Journal of Management, 2004, 30 (1): 97 – 121.

[5] Huy Q. N. An emotion-based view of strategic renewal [J]. Advances in Strategic Management, 2005, 22 (1): 3 – 37.

短,竞争程度激烈,企业已经将竞争性与动态性环境作为企业的一种"常态",而以往研究更多的是采用综合企业样本数据,对环境不确定性更敏感。研究实证检验发现,在控制企业性质、规模、发展时期等因素后,环境特性在 LMX 与组织绩效间起调节作用,当外部环境不确定性和竞争性程度较高时,组织更倾向于调用其他资源应对这一威胁,进而提高工作效率。

第五,在控制了组织情绪能力对环境特性与 LMX 交互对组织绩效的中介效应后,环境动态性的调节作用仍然显著,但是环境竞争性的调节作用不再显著。阿肯研究发现环境动态性可以强化组织情绪能力对组织绩效的影响[1],但是关于环境竞争性的强化效应并没有得到国内外研究较有力的证明。研究发现,环境竞争性在 LMX—组织情绪能力—组织绩效间的"两阶段"关系中分别起调节作用,但是考虑了组织情绪能力对 LMX 与环境竞争性交互项的中介效应后,环境竞争性不再对组织情绪能力和组织绩效间产生显著的调节效应。这样的结论有益于解释相比在高度竞争性环境中,在高度不确定性环境中,为什么通过领导对下属的情绪激励更能够提升工作效率。

研究结论对相关理论发展和管理实践具有重要意义。首先就管理理论发展而言,一方面,国际上关于组织层面情绪问题实证研究尚处于初级阶段,本研究构建的组织情绪能力中介前后路径调节模型丰富了组织情绪理论的内容,为后续相关理论研究提供了更加全面的视角。情绪是一种资源,它不仅体现于组织内部个体情感方面,还体现于组织整体资源的利用与转化。如果情绪资源得到高效利用,那么组织情绪能力就会像技术、市场、整合等能力一样得到突显。因此,情绪理论研究不仅仅局限于同事间、领导—成员间,还必须拓展至组织层次的研究议题。另一方面,组织行为学与心理学相结合的研究已经取得了重大进展[2],但是以往研究更多的是聚焦于个体—个体、组织—个体间的跨学科结合,鲜有组织—组织形式的跨学科研究,本研究完善了跨学科研究理论发展。其次就企业管理实践而言,为了提高组织情绪能力和组织绩效,企业领导者要多与下属沟通交流,体恤下属,当下属情绪低迷时,要多进行安慰与鼓励,学会与下属"走心"交谈,情绪交换,这些措施均益于强化组织情绪能力。同时,当企业的情绪反应和价值观念不一致时,情绪氛围较低沉时,领导

---

[1] Akgün A. E., Keskin H., Byrne J. The moderating role of environmental dynamism between firm emotional capability and performance [J]. Journal of Organizational Change Management, 2013, 21 (21): 230 – 252.

[2] 隋杨, 王辉, 岳旖旎等. 变革型领导对员工绩效和满意度的影响:心理资本的中介作用及程序公平的调节作用 [J]. 心理学报, 2012, 44 (9): 1217 – 1230.

者可以增加外部环境变化信息的扩散，例如竞争对手的优势信息，为组织内部员工创造危机意识，促进组织情绪能力增强。

虽然本章对情绪问题研究具有一定的贡献，但是不可避免存在一些不足：首先，本章采用了科技创新企业为研究样本，主要考虑该行业的情绪和环境动态性程度较大，但是环境特征与组织绩效间不具相关性的结论也揭示出今后还需要在其他行业进行结论验证。其次，本章组织绩效数据采用主观绩效，一是因为企业的客观绩效数据难以获得，二是由于以往研究发现客观绩效数据与主观绩效数据间存在显著的相关性，但是仍然建议后续研究可以以上市公司的客观绩效为研究对象，以使研究结论更具有客观性。

第 8 章

双元环境下战略人力资源管理影响组织创新的中介机制：企业生命周期的视角

8.1 问题的提出

当前国内与国际环境均处于大变革、大调整时期，环境不确定性已成为组织发展常态背景，如何驾驭和应对不确定成为组织管理的核心挑战。为了适应不同压力的环境变化，组织需要面临两种具有相反张力和多元要素并存的悖论性环境，这就需要组织持续协调、整合组织资源和相关进程，以塑造动态适应柔性和动态能力构建。从组织管理实践来看，大多数企业很少只面临动态或竞争单一环境要素的威胁，而始终处于一种动态与竞争并存的双元环境（ambidextrous environment），尤其对具有强烈创新需求的科技研发企业表现更为明显。然而，从文献回顾来看，现有关于组织环境调谐效应的研究，大多聚焦于单一环境要素，忽视了不同压力环境下的组织资源差异化反应。同时也有部分学者指出，环境的双元结构能使组织创造创新活动处于一种"双元兼容"的状态，进而调谐整个组织的管理惯例和实践，以适应重大的组织目标活动。

既有研究指出，创新创造是组织应对环境不确定性的关键要素，也是实现组织存活和持续发展的唯一路径。如何保持组织持续创新、突破创新和有效创新成为推动组织发展的重要考量。近年来，关于复杂变革环境条件下，组织创新的制导因素研究成为国内外关注的焦点。创新管理学界广泛探讨了组织结构、知识分享、领导行为等对创新的作用，但在战略层面探讨人力资源管理策略对创新的影响却一直不够深入或较为弱化，已有研究始终聚焦于组织常规层面和单一化外部情景，鲜有关注创新导向的研发企业价值导向层面的创新制导效应。部分学者指出，战略人力资源管理是一种将人力资源融入企业战略层次以实现人与组织内部一致与外部契合的资源整合活动,与传统人力资源管理实践的人员管理导向相比,它更注重人力资源管理要素在战略层面的价值传导和各相关构件间的有机关联。当前,已有的研究主要从组织能力和资源基础两个视角揭示人力资源管理实践对组织创新的影响,前者关注资源的能力逻辑,后者强调资源的积累完善。但根据蒂斯等(Teece et al.)的动态能力理论,以环境适应和资源整合视角,探讨当前复杂变化环境下人力资源管理实践及有机组合对企业创新的影响将更具可解释性和发展性。尤其在当前不确定性愈加明显的环境下,组织采用单一、机械的人力资源配置方式已经难以应对动态与竞争并存的环境威胁,更需要人力资源政策和实践、组织战略及外部环境间的匹配。

组织动态能力根植于其双元组织学习能力,而组织创新任务的完成高度依赖于以知识资源整合、优化与升级为典型的内部学习和以探索、重构与吸收为典型的外部学习,通过注重内部晋升、绩效评估、外部招聘等人力资源管理实践构件在战略层面的有机集合,以建立学习整合机制、塑造动态适应柔性、更新内部知识结构和搜寻外部知识资源,进而为组织创造创新活动提供定制化方案和解决结构不良问题。胡等(Hu et al.)与凯斯勒(Kessler)等学者均指出,战略人力资源管理对组织学习的知识吸收、配置、解释及组织记忆具有积极影响,而组织内外部学习是企业产品迭代升级、流程改善与创新能力提升的重要驱动要素。

更进一步,科技研发企业是具有强烈创新需求的典型企业,由于其创造创新活动具有路径模糊、时限紧迫及情境变动等特征,进而对组织环境变动具有更强的敏感性。该特征直接影响着组织战略定力,尤其组织人力资源的战略定力,这决定了研发企业在组织创造创新活动中必须调用周边一切资源增加战略确定性、计划精确性和技能探索性,以应对内外部环境变动而带来的威胁。因此,聚焦于科技研发企业在复杂变革环境下的组织创新制导因素研究具有重要理论意义与实践启示。布莱克等(Black et al.)认为不考虑生命周期对无形价值的影响而研究资源转化问题,将会因不同阶段非财务特征的异质性而得出错误的分析结论。在组织管理实践中,不同生命周期的企业由于其资源可得轨迹、战略价值取向等存在差异,而致使其组织创新的提升路径不同。基于此,本章基于不同企业生命周期的阶段和过程,以400余家中国研发企业作为调研对象,构建了一个三维交互模型,并运用响应面分析方法探讨了组织外部学习和内部学习的匹配对组织创新绩效影响的权变关系,同时,运用双因素效应揭示了不同生命周期阶段组织创新绩效提升的差异性路径,以使我们进一步把握研发企业不同发展阶段推进创新、应对环境变化的管理规律。

8.2 理论背景与研究假设

8.2.1 战略人力资源管理、外部互动及决策参与

战略人力资源管理（Strategic Human Resource Management，SHRM）是企业为了实现战略目标而实施的一系列相关联的人力资源配置要素和构件间的有机集合。它重在强调人力资源管理实践在公司业务中的战略支持与战略价值取向，如注重绩效评估、注重内在能力、相对于外部晋升更加注重内部晋升等，即人力资源管理活动内在构件之间及其与企业战略间的匹配性（fit）和适应性（flexibility）。基于资源基础理论（resource-based theory），SHRM 是组织中具有战略价值服务的战略性资源，是各种人力资源要素间的组合，这种组合不是机械的、简单相加式的，而是有机的、相互影响式的资源配置，它为不同组织层面资源集成、转化和应用提供了重要战略背景和战略工具。赖特等提出的 SHRM 模型显示，战略导向的人力资源管理实践活动更加注重资源动态应用、知识内部整合与外部转移及智力资本的存储，进而推动组织提供独特的流程变革、产品迭代与管理更新，以强化组织核心竞争能力。

组织学习是影响员工行为、绩效的重要行为变量，组织本身并不具备学习能力，而是依赖于组织成员以彼此知识分享、与其他组织、客户、科研院所、供应商交流等形式进行学习，即组织学习资源的获得来自组织内部（internal learning）与外部（external learning）两条路径，内部学习注重效率性，外部学习注重创造性。福尔贝斯等（Forbes et al.）与奇皮卡等（Chipika et al.）学者曾提出，组织学习内部资源的获得主要依赖于员工在组织决策中的参与度，外部资源的获得主要源于与外部组织信息的收集、分析、共享。因此，本章选用决策参与变量作为组织内部学习的本质反映，以外部互动变量作为组织外部学习的核心特征。决策参与在组织学习中主要表现为意见重要性，即管理者在组织重大决策中愿意听取员工的意见且该意见能够影响组织决策制定、员工能够感觉到自身意见的重要性；外部互动在组织学习中主要表现为内容性、程序性和互动性，即收集外部信息是员工工作内容之一、组织有专门的组织程序收集、分析和共享外部信息、组织鼓励员工与外部组织进行

联系和互动。

战略人力资源管理的本质是实现人力资源管理的内部一致与外部契合。一方面，基于资源基础理论，组织发展的实质是一系列独特组织资源的整合、集成与发生作用的过程，而组织学习是实现组织资源整合（integrate）和重构（reconfigure）的战略惯例和组织定力。赖特等指出，SHRM 是一种组织层面的战略资源，其具有价值性、稀缺性、难以模仿性和不可替代性等特征，在组织战略情境中可以转化或应用至其他形式资源而获取核心能力。另一方面，基于动态能力理论（Dynamic Capability Theory），组织学习的本质就是推动战略不断进化和更新的过程，且组织资源包含两种配置方式，分别是资源整合与资源重构。其中资源整合注重强调旧知识的优化与升级，即内部学习；资源重构注重强调新知识的吸收与探索，即外部学习。组织内外部学习是动态能力构建的重要方式，可以通过利用和探索知识等资源而更新组织惯例、克服组织惰性。而战略人力资源管理不仅为组织资源动态能力构建提供了重要战略工具与价值取向，而且为知识资源利用与拓展提供了异质资源输入。更进一步，研发企业是具有强烈创新和变革需求的企业，是在寻求效率性提升与创造性激发、选择性保留与多样性增大、内部知识利用与外部知识探索等多元"张力"与"矛盾"逻辑中发展的。而部分学者指出，正是鉴于研发企业以上特征，推动其根据不同的技能学习需求选择不同的人力资源管理模式，例如在内部学习中注重绩效评估与内部晋升，外部学习中注重甄选与招聘等。基于此，本研究提出如下假设：

假设 1：研发企业战略人力资源管理对外部互动、决策参与具有显著正向影响。

8.2.2 外部互动、决策参与的配对情况

组织学习路径是多元的，其中既有内部知识的优化与升级，也有外部知识的探索与吸收。但在组织学习过程中，内部学习与外部学习是协同式、匹配式进行的，并非分割、独立的。因此，根据组织内部参与式学习与外部互动式学习的高低程度，形成如表 8-1 所示的 4 种配对情况：低互动—低参与；高互动—低参与；低互动—高参与；高互动—高参与。其中，低互动—低参与属于组织学习一致（Organizational Learning Congruence）"低能"状态，高互动—高参与属于组织学习一致"高能"状态，高互动—低参与、低互动—高参与属于组织学习不一致（Organizational Learning In-congruence）。动态能力理论显示，组织领导及员工在组织资源应用和分配过程中会适时调整和建构新想法，

尤以在组织纪律助推下的内部知识资源整合和在组织冗余支撑下的外部知识资源重构最为典型，进而在激发和实施创新构想间获得自由转化。组织内外部学习的4种配对情况反映了不同程度的组织学习协同和匹配能力，因而对组织创新产生不同程度的影响。

表 8-1　　　　　　　　　　　组织学习配对情况

决策参与（内部学习）		外部互动（外部学习）	
		低	高
	低	低互动—低参与组织学习一致	高互动—低参与组织学习不一致
	高	低互动—高参与组织学习不一致	高互动—高参与组织学习一致

8.2.3　外部互动、决策参与的中介作用

组织学习对组织创新绩效的影响严格根植于资源动态能力构建。一方面，动态能力理论强调，组织资源获得和配置分为资源整合和资源重构两个部分，前者关注内部知识的精炼、选择和利用，后者关注外部知识的选择、应用和实验。孙锐等提出，外部互动和决策参与作为组织学习的两个构面，可以在不同行业间起到推动知识资源转化的显著效果，且不同行业间的资源转化路径具有一定差异性。另一方面，资源基础理论认为，组织创造创新等活动的开展实质是组织资源的吸收、重新排列和集成，而这种资源基础的形成既涉及组织内部员工间的经验、技能等知识的交流与分享活动，也涉及组织通过跨边界搜寻，与界外成员（boundary-spanning individual）以模仿、互动方式带入、吸收和传播外部知识以更新组织资源的活动。具体而言，组织内部决策参与更益于员工意识到自身价值重要性，积极与组织内部成员开展知识分享活动，提出组织流程变革、产品更新和管理改进的新思路，营造良好的知识创造氛围，激活组织内部知识源构建，启示领导及员工的决策明智性和战略明锐性，以提升组织核心竞争力。组织外部互动更益于员工进行知识资源更新，打破组织知识资源边界，以承诺、协议或合同方式构建组织知识异质性来源，进而为组织资源转化进程注入"新血液"，提升组织创新弹性与绩效均势。

在"高互动—高参与"组织学习一致情况下，组织在知识学习中获得了"高能"平衡。根据资源基础及保存理论，组织资源可以通过组织实践、员工参与等方式实现资源转化，而知识资源较多的组织、员工，更易于增加资源投

入，推动资源转化进程，进而转化为创新智力资源。而在"低互动—低参与"组织学习一致情况下，虽然组织内外部学习也获得了平衡，但其处于"低能"状态，并不能满足资源转化进程的资源需求。作为一种获得知识资源的重要途径，低水平的组织学习更能促进员工保存自身资源，降低内部员工交流、沟通与信息分享，阻碍外部信息搜索、互动与分析，进而降低组织创新资源获得。由此分析可知，低水平的组织内外部知识资源汲取更不利于推进组织资源转化进程，降低知识资源在创造创新活动中的"使能化"进程。为此，提出如下假设：

假设2：相较于"低互动—低参与"组织学习一致，在"高互动—高参与"组织学习一致的情况下，组织创新绩效更高。

研发企业是典型的资源需求性组织，尤其体现于知识资源与创新资源，既需要内部知识的优化、整合与升级，又需要外部知识的汲取、消化与吸收。但在内外知识资源水平不一致情况下，组织的创新资源获得可能呈现出不同水平。在"高互动—低参与"组织学习不一致情况下，组织更依赖于以冒险、实验、创造、变异等为主要特征的外部探索性活动，如收集组织外部信息、攫取外部资源，该活动更益于组织的跨越式创新，如开发新产品、创造新流程等。正由于该知识活动益于开发新事业、新市场、新机会等"蓝海"区域，进而高度契合研发企业创造创新活动路径模糊、技能专用、时限紧迫等特征。相反，在"低互动—高参与"组织学习不一致情况下，组织更依赖于内部员工间的头脑风暴、知识整合及以复制、提炼、对话等为主要特征的内部利用性活动，如员工在组织决策中积极发言、敢于对话，该活动益于提升组织的知识复制效率、改善组织的知识提炼稳定性。但在中国当前研发企业技术拉动强于市场推动的创新情境下，这是一种资源的消极失衡，组织会沿着既定的旧有知识路径持续自我强化（self-reinforcing），进而失去对不确定环境的有效应对。综上所述，提出如下假设：

假设3：相较于"低互动—高参与"组织学习不一致，在"高互动—低参与"组织学习不一致的情况下，组织创新绩效更高；

假设4：外部互动、决策参与在战略人力资源管理与组织创新绩效间发挥中介作用。

8.2.4 双元环境的调节作用

在组织管理实践中，组织时常会面临两种具有相反张力或悖论特质的外部环境，陈建勋将其称为双元环境。具体体现为环境动态性和环境竞争性。其中环境动态性指组织环境的不确定程度和环境变化的速度；环境竞争性指组织外部环境中竞争领域与竞争对手数量的同质性程度。依据动态能力理论，双元性是为了应对环境变化而通过资源整合与资源重构实现组织资源的平衡与强化，并从矛盾中寻求组合新力量的能力。部分学者认为"双元环境"是一种组织在不同环境"矛盾""张力"间的协调，是"both-and"的统一辩证关系，而不是"either-or"的思维逻辑。为此，将双元环境分割研究并不符合组织管理范式。

在动态能力观点中，组织创新可被视为一个动态的战略更新过程，而双元环境则可能是这一更新过程的动态情景。作为组织环境的两面，双元环境在组织资源转化进程中并不能自然趋于平衡，而始终处于一种动态协同或调谐状态。借鉴王凤彬等学者有机平衡研究结果，当内部动态与外部竞争间由低水平协同趋于高水平协同过程中，会调谐组织结果向有利的方向发展，或者推动组织资源使能化进程。具体而言，当组织处于双元程度高的环境中时，组织会面临更大的资源威胁性，且在这样的情境中组织战略定力，尤其组织人力资源定力，趋于不稳定状态，推动或迫使组织必须强化资源建构能力，如资源动态整合与重构能力，增加战略确定性、计划精确性和多元知识技能探索，以实现组织战略环境稳定与平衡，应对外部环境带来的情景动态性，进而拓展组织创新智力资源提升路径。当组织处于双元程度低的环境中时，组织及其员工则会保存（conserve）自身资源，降低资源动态能力建构积极性，且在这样的情境中组织只需要满足单一的资源需求，对其资源转化进程的环境认知与刺激相对较低，易于形成组织惰性、路径依赖和陷入中等陷阱（stuck in the middle），进而应对环境变化的知识需求程序降低，不益于组织资源投入创新活动的使能化进程。更进一步，研发企业由于其行业和时代特性而面临激烈的不确定环境，具体表现为资源获得路径模糊、问题解决时限紧迫、创新情境变动和技能需求专用等特征，该特征决定了创新创造是驾驭不确定环境的唯一路径。因此，在组织管理实践中，组织创新提升路径研究需要将双元环境不确定性作为组织行为 3.0 时代的情景限定要素。基于以上分析，本研究提出如下假设：

假设 5：双元环境在战略人力资源管理与组织创新绩效间起正向调节作用。

综上所述，本章提出图 8-1 所示研究模型。

图 8-1 研究模型

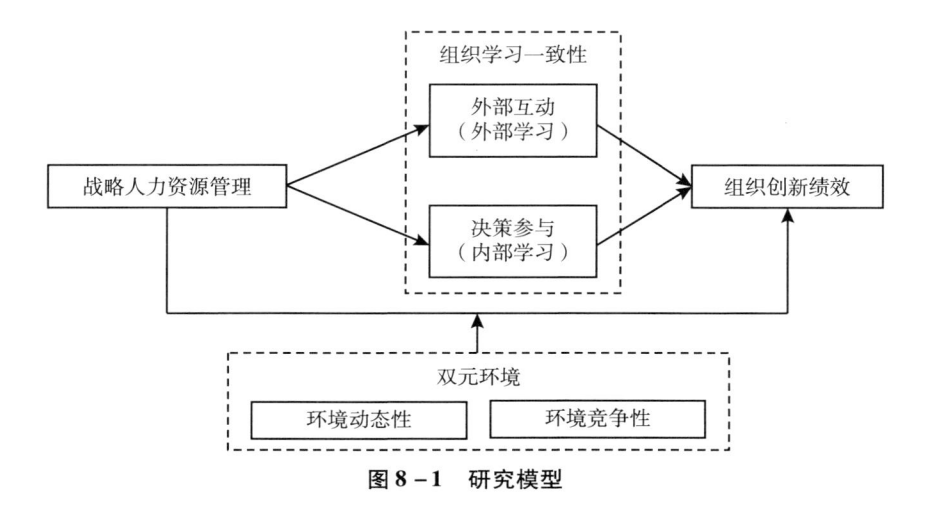

8.3 研究方法

8.3.1 样本调查

本研究选择 25 人以上的新一代电子技术、软件研发、电子通信、新材料、机械制造、生物医药等产业领域内的研发企业，这样的研发企业具有健全的人力资源管理体系，并剔除在该研究期间主营业务性质发生变化的企业，以规避企业生命周期变化对研究结果的影响。对每个样本企业，战略人力资源管理、外部互动、决策参与数据采集自企业中实际从事科技研发（R&D）工作的员工，组织创新绩效、双元环境数据采集自企业研发部门经理或分管高层管理者。样本企业主要来自包头稀土高新区、北京中关村、济南高新区、宁波国家高新区以及济南市、北京市、宁波市、深圳市、青岛市的相关研发企业。所有问卷调查企业及人员秉承自愿原则，问卷通过纸质快递和电子邮件两种方式发放和回收。在剔除掉漏答过多以及回答明显不认真的不合格问卷之后，最终回收有效问卷 456 份，问卷发放回收有效率 65.7%。具体样本特征如表 8-2 所示。

表 8-2 样本特征

样本特征	特征分布	比例（%）	样本特征	特征分布	比例（%）
组织年限	1~2 年	19.1	发展时期	初创期	16.7
	3~5 年	15.8		发展期	44.1
	6~10 年	27.4		成熟期	36.0
	10 年以上	37.7		衰退期	3.2
组织规模	25~50 人	15.6	所属行业	电子通信	17.8
	51~200 人	21.1		机械制造	22.1
	201~500 人	21.9		生物医药	15.6
	501~1000 人	10.5		化工食品	32
	1000 人以上	30.9		软件服务	7.7
组织性质	国有	38.2		其他	4.8
	民营	28.9	与竞争对手市场份额比较	远远小于	6.1
	三资	32.9		小于	35.7
组织地区	东部	45.0		相当	32.9
	中部	5.5		大于	18.9
	西部	49.5		远远大于	6.4

8.3.2 变量测量

研究问卷采用李克特 5 点量表（1 = 完全同意；5 = 完全不同意），且均为国外现有的成熟量表，具体测量如下所述：

（1）战略人力资源管理（SHRM）。

采用基于勒帕克等的调查问卷，结合乔等、德莱尼等的研究量表与专家访谈（3 位高科技主管）补充形成的调查问卷，共 14 个题项，主要包括注重员工招聘与甄选、注重职业发展、注重绩效评估、有效报偿 4 个维度，示例条目有"我们公司对人员甄选和招聘程序相当重视""我们公司在员工工作转换上有很清楚的规划设计""我们公司对员工的绩效评估是以工作成果为基础的""给员工的报酬着重于长期表现，对达成短期目标会给予及时激励"等。Cronbach α 系数为 0.900，有较高信度。

（2）外部互动（LE）和决策参与（LC）。

采用阿雷格里等（Alegre et al.）修订的组织学习能力量表中的外部互动

与决策参与维度，共 6 个条目，示例条目有"在组织的重要决策过程中，管理者经常听取员工意见""积极收集、整理、反馈和报告关于公司外部的相关业务信息是员工们的工作内容之一"等。Cronbach α 系数分别为 0.737、0.903，信度较好。

（3）双元环境。

采用由詹森等（Jansen et al.）开发的环境特性量表，结合陈建勋的修订量表，共 8 个条目，主要包括环境动态性（ED）和环境竞争性（EC）两个维度。根据测量条目表述判断和探索性因子分析后，剔除因子载荷小于 0.6 的"公司面临的市场环境不断改变"与"公司所在的市场，价格竞争非常突出" 2 个条目。环境动态性与环境竞争性各 3 个条目，环境动态性示例条目有"客户不断对产品和服务提出新的要求"等，Cronbach α 系数为 0.806，信度较好；环境竞争性示例条目有"公司所在的市场竞争非常激烈"，Cronbach α 系数为 0.825，信度较好。

（4）组织创新绩效（IP）。

采用希门尼斯等（Jimenez et al.）修订的组织创新绩效量表，共 9 个条目，主要包括产品创新绩效、流程创新绩效、管理创新绩效 3 个维度。其中"1 = 远低于竞争对手，5 = 远高于竞争对手"。示例条目有"在业内推出新产品/新服务所处的领先位置""我公司在组织流程中所引入的革新程度""我公司组织管理系统的新颖程度"等。Cronbach α 系数为 0.858，信度较好。

（5）控制变量。

本章借鉴既有研究，将组织年限、组织规模、组织性质、工作地区、市场份额比较、组织发展时期、组织所属行业设置为控制变量。

8.4 数据分析与假设检验

8.4.1 验证性因子分析

研究对研发企业样本数据进行效度检验，结果显示（见表 8-3），所有条目在其所属变量上的标准化载荷系数均大于 0.6，组合信度 CR 值均大于 0.8，平均萃取方差 AVE 均大于 0.5，表明模型收敛效度良好，平均萃取方差 AVE 的平方根均大于各构件间相关系数绝对值，表明模型区分效度良好。由此可见，本研究使用的量表具有较好的效度，关系模型和研究假设有一定合理性，可以对各变量的作用关系做进一步分析。此外，本研究采用哈曼单因素法检验同源方差，运用 SPSS 23.0 对全部数据进行主成分分析，解释总变异量的77.256%，大于60%，且第一个因子解释总变异量的28.069%，低于50%，表明数据的同源方差在可接受的范围内。总体 KMO 值为 0.813，Barlett's 检验的统计量在小于 0.001% 的水平上显著，说明适合做因子分析。

表 8-3　　　　　　　　　　　变量效度检验

变量	测量指标	因子载荷	CR 值	AVE	AVE 平方根	变量	测量指标	因子载荷	CR 值	AVE	AVE 平方根
SHRM	HZ	0.803	0.860	0.606	0.778	ED	D1	0.729	0.857	0.667	0.817
	HG	0.786					D2	0.840			
	HJ	0.795					D3	0.850			
	HB	0.726				EC	E1	0.779	0.849	0.653	0.808
							E2	0.788			
							E3	0.880			
IP	PIP	0.769	0.805	0.580	0.762	LC	LC1	0.869	0.893	0.737	0.858
	LIP	0.707					LC2	0.918			
							LC3	0.783			
	MIP	0.806				LE	LE1	0.607	0.800	0.575	0.758
							LE2	0.816			
							LE3	0.832			

8.4.2　描述性统计分析

表 8-4 给出了各变量均值、标准差及相关系数，战略人力资源与外部互动、决策参与显著正相关（$r = 0.346$，$p < 0.01$；$r = 0.420$，$p < 0.01$），与组织创新绩效显著正相关（$r = 0.635$，$p < 0.01$），外部互动、决策参与与组织创新绩效显著正相关（$r = 0.342$，$p < 0.01$；$r = 0.213$，$p < 0.01$），环境动态性、环境竞争性与战略人力资源管理（$r = 0.044$，$p > 0.1$；$r = -0.036$，$p > 0.1$）、外部互动、决策参与及组织创新绩效不具相关性或相关性不强，这为进一步假设检验奠定了基础。

表8-4　　研究变量的描述性统计、相关系数及信度（N=456）

变量	均值	标准差	1	2	3	4	5	6
SHRM	3.455	0.584	(0.900)					
ED	3.396	0.694	0.044	(0.806)				
EC	3.415	0.642	-0.036	0.428***	(0.825)			
LC	3.082	0.901	0.420***	0.158***	0.344***	(0.903)		
LE	3.620	0.582	0.346***	0.273***	0.142***	0.228***	(0.737)	
IP	3.273	0.474	0.635***	-0.067	-0.214***	0.213***	0.342***	(0.858)

注：控制变量并未在此表中列出；*** 表示 $p<0.01$；括号中表示 Cronbach α 系数。

8.4.3 假设检验

（1）主效应与中介效应。

本章运用 SPSS 23.0 及其 Process 宏程序进行假设验证。表8-5 列示了主效应、中介效应检验结果。由于本章回归模型中的解释变量之间不存在高度相关关系，且方差膨胀因子（The Variance Inflation Factor，VIF）系数均小于10，表明不存在共线性。M1 显示，SHRM 对 IP 具有显著正向影响作用（$\beta=0.619$，$p<0.01$）。M2、M3 显示，SHRM 对 LE、LC 具有显著正向影响（$\beta=0.325$，$p<0.01$；$\beta=0.451$，$p<0.01$）。假设1得到验证。M4、M5 显示，LE、LC 对 IP 具有显著正向影响（$\beta=0.297$，$p<0.01$；$\beta=0.282$，$p<0.01$）。M6 显示，LE×LC 对 IP 具有显著正向影响作用（$\beta=0.180$，$p<0.01$），说明当组织中伴随着 LE（LC）的增强，LC（LE）对 IP 的影响也在逐渐增强。M7 显示，在 M1 基础上引入 LE，SHRM 对 IP 影响系数降低，LE 具有显著正向影响（$\beta=0.104$，$p<0.01$），表明 LE 在 SHRM 对 IP 影响关系中起部分中介作用。而在 M7 基础上引入 LC，LC 不具有显著影响（$\beta=-0.004$，$p>0.1$），表明 LC 在 SHRM 对 IP 影响关系中不起中介作用。假设4得到部分验证。

表8-5　　　　　　　　主效应及中介效应回归分析

变量	IP	LE	LC	IP				
	M1	M2	M3	M4	M5	M6	M7	M8
Control	—	—	—					
SHRM	0.619***	0.325***	0.451***				0.585***	0.587***

续表

变量	IP	LE	LC	IP				
	M1	M2	M3	M4	M5	M6	M7	M8
LE				0.297***		0.188***	0.104***	0.104***
LC					0.282***	0.226***		-0.004
LE×LC						0.180***		
R^2	0.483***	0.213***	0.276***	0.218***	0.211***	0.286***	0.491***	0.491***
R^2 adj	0.474***	0.199***	0.263***	0.204***	0.197***	0.270***	0.481***	0.480***
F	52.172***	15.137***	21.308***	15.547***	14.985***	17.842***	47.877***	42.995***
VIF	1.116	1.116	1.116	1.134	1.104	1.298	1.271	1.395

注：*表示$p<0.1$；**表示$p<0.05$；***表示$p<0.01$；表中为标准化系数。

为了进一步明晰变量间的关系，表8-6列示了运用bootstrapping法（样本量设定为5000，置信区间置信度设定为95%）和Sobel检验法对LE、LC的中介作用稳健性检验结果。结果显示，LE的Sobel检验Z值为4.980，$p<0.01$，SHRM通过LE影响IP的直接效应为0.476，CI为[0.415, 0.536]，不包含0，间接效应为0.028，CI为[0.007, 0.056]，不包含0，表明LE在SHRM与IP间起部分中介作用。同理可得，LC在SHRM与IP间不起中介作用。

表8-6　　　　外部互动与决策参与中介作用的稳健性检验

因变量	中介变量	Sobel检验Z值	效应类别	效应大小	标准误	95%置信区间	
						下限	上限
组织创新绩效	外部互动	4.980***	间接效应	0.028	0.012	0.007	0.056
			直接效应	0.476	0.307	0.415	0.536
	决策参与	5.491	间接效应	0.003	0.013	-0.022	0.028
			直接效应	0.500	0.033	0.436	0.565

注：***表示$p<0.01$。

（2）匹配一致性影响。

本章为了更清晰地验证外部互动与决策参与匹配一致性对组织创新绩效的综合影响，避免差异分数对研究信效度的影响，采用唐杰等学者建议的响应面分析研究一致性问题。遵照爱德华等（Edward et al.）学者建议，构建$Z = b_0 + b_1 X + b_2 Y + b_3 X^2 + b_4 X \times Y + b_5 Y^2 + e$回归方程，其中，Z表示组织创新绩效，

第 8 章　双元环境下战略人力资源管理影响组织创新的中介机制：企业生命周期的视角 \\ 143

X 表示外部互动，Y 表示决策参与，b_0 等均为常数项，e 为误差项。表 8-7 为多项式回归与响应面分析结果。响应面沿着一致性的横截面的斜率显著为正（斜率 = 0.471，p < 0.01），说明相较于"低互动—低参与"组织学习一致性，在"高互动—高参与"组织学习一致情况下，组织创新绩效更高。假设 H2 得到验证。响应面沿着不一致性的横截面斜率为负（斜率 = -0.373，p < 0.01），说明相较于"低互动—高参与"组织学习不一致，在"高互动—低参与"组织学习不一致情况下，组织创新绩效更高。假设 H3 得到验证。

表 8-7　　　　　　　　　多项式回归与响应面分析结果

变量	IP		
	M1	M2	M3
Control	—	—	—
LE(b_1)		0.245***	-0.003
LC(b_2)		0.226***	0.370***
LE^2(b_3)			-0.335***
LE × LC(b_4)			0.294***
LC^2(b_5)			0.000
一致性斜率			0.471***
不一致性斜率			-0.373***
R^2	0.140***	0.261***	0.354***
R^2adj	0.126***	0.246***	0.336***

注：*** 表示 p < 0.01。

为进一步考察外部互动与决策参与对组织创新绩效的综合影响，遵从李爱梅等学者建议，以外部互动和决策参与为自变量，组织创新绩效为因变量进行双因素方差分析。分析结果显示，外部互动与决策参与的交互效应显著，F = 5.766，p < 0.01，R^2 = 0.565。按照 27% 的标准划分高低外部互动和高低决策参与两组，以 LE（高低两组）和 LC（高低两组）为自变量，以 IP 为因变量，进一步分析其简单效应，分析结果如表 8-8 所示。通过均值比较可知，高 LE—高 LC > 高 LE—低 LC > 低 LE—高 LC > 低 LE—低 LC，即高外部互动—高决策参与组合更能推动组织资源转化进程。

表 8-8　　　　　　　　　　LC 与 LE 交互效应分析表

因变量	类型	IP M	IP SD	95% 置信区间 下限	95% 置信区间 上限	比较
IP	高 LE—高 LC	3.802	0.183	3.440	4.164	高 LE—高 LC > 高 LE—低 LC > 低 LE—高 LC > 低 LE—低 LC
	低 LE—高 LC	3.627	0.322	2.989	4.264	
	低 LE—低 LC	3.565	0.155	3.258	3.871	
	高 LE—低 LC	3.791	0.547	2.807	4.973	

为了更形象地揭示外部互动与决策参与对组织创新绩效的影响，本研究进一步以 LE 为 X 轴，以 LC 为 Y 轴，以 IP 为 Z 轴，拟合得到外部互动与决策参与的三维模式图（见图 8-2）。由图 8-2 可见，较"低互动—低参与"，"高互动—高参与"更能促进组织创新绩效；较"低互动—高参与"，"高互动—低参与"更能促进组织创新绩效。

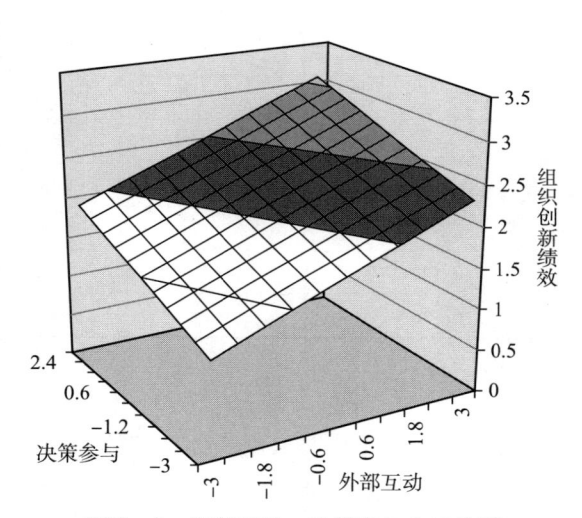

图 8-2　外部互动—决策参与交互作用

（3）调节效应。

本章运用 bootstrapping 法检验双元环境的调节效应，表 8-9 所示 ED、EC 三维（Three-Way）交互调节效应 bootstrapping 检验结果。结果显示，研发企业 ED、EC 均处于低水平时，SHRM、ED、EC 三维交互效应为 0.274，95% CI 为 [0.183, 0.365]，不包含零；ED 处于低水平、EC 处于高水平时，间接效应为 0.299，95% CI 为 [0.181, 0.416]，不包含零；ED 处于高水平、EC 处于低水平时,间接效应为 0.662,95% CI 为 [0.533,0.792],不包含零;ED 处于高水平、EC 处于高水平时,间接效应为 0.687,95% CI 为 [0.606,0.768]。表明 ED、EC 三维交互调节效应是显著的。假设 H5 得到验证。

表 8-9　　　　　　　三维交互调节效应 bootstrapping 检验

结果变量	调节变量 (ED, EC)	调节效应		95% 置信区间	
		效应	标准误	下限	上限
组织创新绩效	(低,低)	0.274	0.046	0.183	0.365
	(低,高)	0.299	0.060	0.181	0.416
	(高,低)	0.662	0.066	0.533	0.792
	(高,高)	0.687	0.041	0.606	0.768

鉴于以上检验结果,为使结论更加明晰,本研究以调节变量加减一个标准差为分组标准,绘制了不同环境水平下战略人力资源管理对组织创新绩效的影响作用示意图(见图 8-3),在 ED 与 EC 匹配四种情境下,战略人力资源管理对组织创新绩效均具正向影响。简单斜率分析结果显示,当在高动态和高竞争环境下时,SHRM 对 IP 具有显著的正向影响(b = 0.648,t = 3.046,p < 0.01);当在低动态和低竞争环境下时,SHRM 对 IP 具有显著的正向影响(b = 0.207,t = 2.504,p < 0.01);当在低动态和高竞争环境下时,SHRM 对 IP 具有显著的正向影响(b = 0.333,t = 1.804,p < 0.1)。

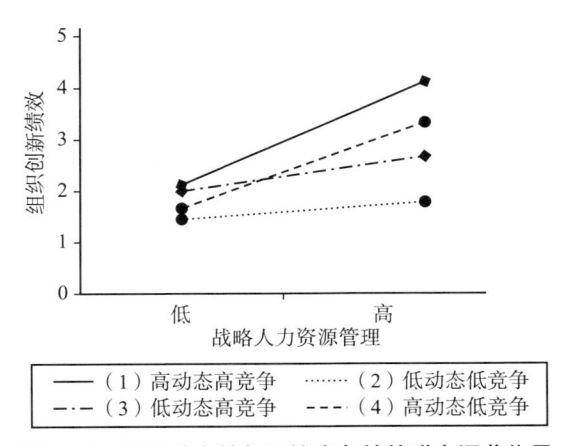

图 8-3　环境动态性与环境竞争性的联合调节作用

8.4.4 生命周期假设检验

鉴于以往研究发现，研发企业在生命周期不同发展阶段会表现出不同的经营特征，进而表现出组织环境、组织创新差异化。因此，本章运用Sobel检验法和bootstrapping（samples = 5000）检验法分析了生命周期不同阶段中LE、LC在SHRM与IP间的中介作用及ED、EC调节作用的差异性。

表8－10所示LE、LC中介作用在初创期、发展期与成熟期的稳健性检验。结果显示，研发企业初创期Sobel检验Z值为1.974/1.122，p>0.1，SHRM通过LE/LC影响IP的间接效应为0.166/0.073，95%CI为[-0.112，0.586]/[-0.171，0.457]，包含零点，而直接效应95%CI为[-0.440，0.296]/[-0.370，0.413]，包含零点，表示LE/LC在SHRM与IP间不起中介作用；发展期Sobel检验Z值分别为1.272（p>0.1）、4.570（p<0.01），SHRM通过LE/LC影响IP的间接效应为-0.003/0.036，95%CI为[-0.028，0.013]/[0.010，0.090]，直接效应为0.491/0.452，95%CI为[0.401，0.581]/[0.351，0.552]，表明LE在SHRM与IP间不起中介作用，LC在SHRM与IP间起部分中介作用；成熟期Sobel检验Z值为4.760（p<0.01）、2.179（p>0.1），表明LE在SHRM与IP间起部分中介作用，LC在SHRM与IP间不起中介作用。

表8－10　　　　　　外部互动/决策参与中介作用的稳健性检验

因变量	生命周期	Sobel检验Z值	效应类别	效应大小	标准误	95%置信区间 下限	95%置信区间 上限
组织创新绩效	初创期	1.974/1.122	间接效应	0.166/0.073	0.214/0.159	-0.112/-0.171	0.586/0.457
			直接效应	-0.072/0.022	0.185/0.196	-0.440/-0.370	0.296/0.413
	发展期	1.272/4.570***	间接效应	-0.003/0.036	0.010/0.025	-0.028/0.010	0.013/0.090
			直接效应	0.491/0.452	0.046/0.051	0.401/0.351	0.581/0.552

续表

因变量	生命周期	Sobel 检验 Z 值	效应类别	效应大小	标准误	95%置信区间 下限	95%置信区间 上限
组织创新绩效	成熟期	4.760***/ 2.179	间接效应	0.077/ -0.015	0.031/ 0.014	0.027/ -0.046	0.147/ 0.009
			直接效应	0.508/ 0.560	0.053/ 0.051	0.403/ 0.499	0.612/ 0.701

注：(1) *** 表示 p<0.01；(2) 由于处于衰退期（15家）的研发企业样本量较小，本章只分析了初创期（76家）、发展期（201家）与成熟期（164家）的作用机制，下同。

表 8-11 所示 ED、EC 三维交互调节效应 bootstrapping 检验结果。结果显示，研发企业初创期 ED、EC 均处于低水平时，SHRM、ED、EC 三维交互间接效应为 -0.020，95% CI 为 [-0.408, 0.368]，包含零；ED 处于低水平、EC 处于高水平时，间接效应为 -0.080，95% CI 为 [-0.716, 0.556]，包含零；ED 处于高水平、EC 处于低水平时，间接效应为 -0.907，95% CI 为 [-2.041, 0.227]，包含零；ED 处于高水平、EC 处于高水平时，间接效应为 -0.968，95% CI 为 [-1.827, 0.108]，包含零。表明 ED、EC 三维交互调节效应不显著。同理可知，发展期、成熟期 ED、EC 三维交互调节效应显著。

表 8-11　　　　三维交互调节效应 bootstrapping 检验

结果变量	生命周期	调节变量（ED，EC）	效应	标准误	95%置信区间 下限	95%置信区间 上限
组织创新绩效	初创期	（低，低）	-0.020	0.194	-0.408	0.368
		（低，高）	-0.080	0.318	-0.716	0.556
		（高，低）	-0.907	0.568	-2.041	0.227
		（高，高）	-0.968	0.430	-1.827	0.108
	发展期	（低，低）	0.394	0.085	0.227	0.562
		（低，高）	0.334	0.093	0.150	0.518
		（高，低）	0.644	0.098	0.450	0.838
		（高，高）	0.584	0.075	0.437	0.731
	成熟期	（低，低）	0.266	0.081	0.106	0.427
		（低，高）	0.310	0.106	0.099	0.520
		（高，低）	0.671	0.010	0.474	0.869
		（高，高）	0.714	0.055	0.606	0.823

8.5 研究结论与讨论

8.5.1 研究结论与理论贡献

科技研发企业是我国实施创新驱动战略中的重要市场主体和创新主体,由于其创新活动所面临的高风险、不确定性以及外部环境复杂性,决定了它与以往针对综合型组织或者非科技类组织研究有所不同。本研究通过对400余家科技研发企业的多源问卷调研,基于资源基础理论和动态能力理论,探讨双元环境下组织学习一致性(外部互动与决策参与)在战略人力资源管理与组织创新绩效间的中介机制,得出如下主要相关结论:

首先,外部互动在战略人力资源管理与组织创新绩效间起部分中介作用,其中在研发企业初创期与发展期均不起中介作用,在成熟期起部分中介作用;决策参与在战略人力资源管理与组织创新绩效间不起中介作用,但在发展期起部分中介作用。第一,以往涉及战略人力资源管理与组织创新绩效间关系研究时,主要聚焦于单一中介作用,如情绪能力、知识资本等,[1][2] 鲜有研究中介机制中的对偶关系或协同关系,这使我们对战略人力资源管理与组织创新间缺乏深入理解。本章的研究结论与马修斯(Matthews)[3] 的研究成果体现出内在一致性,他们以澳大利亚中小企业为调研对象,证实与战略人力资源管理相关的管理实践活动,如在线学习、战略报酬,益于提升组织创新。同时,本章揭示出的内外部学习在以上关系间的中介效应,佐证了赖特等[4]提出的战略人力资源管理本质,即实现人力资源管理的内部一致与外部契合。第二,将内外部学习同时作为以上关系的中介路径时,内部学习作用并不显著,这也表明在当下研发企业创新过程中,组织更依赖于以冒险、实验、创造、变异等为主要特

---

[1] 孙锐,赵晨. 战略人力资源管理、组织情绪能力与组织创新——高新技术企业部门心理安全的作用 [J]. 科学学研究,2016,34 (12):1905 - 1915.

[2] 蒋建武,赵曙明,戴万稳. 战略人力资源管理对组织创新的作用机理研究 [J]. 管理学报,2010,7 (12):1779 - 1784.

[3] Matthews J. Innovation in Australian small and medium enterprises:Contributions from strategic human resource management [J]. Asia Pacific Journal of Human Resources,2002,40 (2):193 - 204.

[4] Wright P. M.,Mcmahan G. C. Theoretical perspectives for strategic human resource management [J]. Journal of Management,1992,18 (2):295 - 320.

征的外部探索性活动,旧有知识路径的持续自我强化并不能作为组织创新的关键资源来源。[1] 第三,本研究响应布莱克等[2]的研究号召,以生命周期视角对以上关系予以细化,进一步发现,外部学习与内部学习在企业中的关注点具有差异性,该结论与奎因等（Quinn et al.）[3]的研究成果一致。一方面,处于发展期的研发企业员工经验知识丰富,但用于外部互动的资源有限,仅限于内部知识整合与共享等利用性活动;另一方面,处于成熟期的研发企业更趋于扩张规模、应对外部环境变化,进而拓展业务范围、强化跨越式创新,即在企业生命周期过程中,组织学习由内而外扩散。

其次,外部互动与决策参与交互影响组织创新绩效,在组织学习一致情况下,与"低互动—低参与"相比,"高互动—高参与"更能促进组织创新绩效;在组织学习不一致情况下,与"低互动—高参与"相比,"高互动—低参与"更能促进组织创新绩效。一是以往研究在探讨组织创新绩效前置因素时,更多聚焦于组织学习整体构件,而对其内在匹配关系探讨十分有限。随着组织网络化程度越来越高,组织不仅仅局限于内部学习或外部学习,而是内外部综合学习。该结论深化了陈国权和刘薇[4]等学者的研究成果,将其内外部学习的协同影响细化为四种匹配情境,并根据一致性视角归结为两类组织学习。同时,本章的研究结论也证实了当研发企业资源不足时,优先将资源应用于外部学习,更能提升创新绩效。二是研究以组织创新绩效为资源转化结果,遵照程垦和林英晖[5]、李爱梅等[6]学者建议,采用响应面分析和简单效应分析技术,更加全面地揭示出外部互动与决策参与间的协同关系。该结论与王凤彬等学者的内外部平衡思想体现出内在一致性与差异性,其中一致性体现于内外部不一致情况下,提升处于低水平组织结果更益于改善组织绩效;差异性体现于本章研究发现,即使内外部组织学习不一致,也要比组织学习低能一致性更具创新

---

[1] Christensen C. M. The innovator's dilemma: When new technologies cause great firms to fail [M]. Boston: Harvard Business Review Press, 1998.

[2] Black J. A., Boal K. B. Strategic resources: Traits, configurations and paths to sustainable competitive advantage [J]. Strategic Management Journal, 1994, 15 (S2): 131 – 148.

[3] Quinn R. E., Cameron K.. Organizational life cycles and shifting criteria of effectiveness: Some preliminary evidence [J]. Management Science, 1983, 29 (1): 33 – 51.

[4] 陈国权,刘薇. 企业组织内部学习、外部学习及其协同作用对组织绩效的影响——内部结构和外部环境的调节作用研究 [J]. 中国管理科学, 2017, 25 (5): 175 – 186.

[5] 程垦, 林英晖. 组织支持一致性与新生代员工离职意愿：员工幸福感的中介作用 [J]. 心理学报, 2017, 49 (12): 1570 – 1580.

[6] 李爱梅,王笑天,熊冠星等. 工作影响员工幸福体验的"双路径模型"探讨——基于工作要求—资源模型的视角 [J]. 心理学报, 2015, 47 (5): 624 – 636.

积极性。但该差异性的存在很可能由于调研对象的不同造成的，研发企业是具有强烈创新需求和技术创新驱动的典型组织，尤其以冒险、实验等为主要特征的外部探索性创新，[1] 而王凤彬等[2]学者调研对象中的国有企业样本可能更趋于市场驱动型，内外部协同与稳定比单边资源提升更具积极意义。

最后，双元环境对战略人力资源管理与组织创新绩效间具有正向调节作用，而在企业初创期不起显著调节效应，在发展期与成熟期起显著正向调节作用。一是在以本土情境限定为主要特征的组织行为3.0时代，环境不确定已然成为组织发展常态，而如何驾驭不确定成为组织管理的核心挑战。但以往研究始终停留在独立作为情境条件研究阶段，[3] 鲜有研究二者的协同效应。在组织管理实践中，内外部环境同时变动，且在不同阶段组织面临的环境是不同的。该研究结论拓展了陈建勋的双元视角研究成果，即当组织处于一种高度动态与竞争环境中时，组织会面临高度的内部信息冲突和外部资源要求，促使组织有效调用周边一切资源平衡不同创造创新活动间的资源冲突，尤其组织战略层次的人力资源；当组织处于一种低度动态与竞争环境中时，组织不会由于环境变化而激活资源流动，进而会保存自身资源，降低组织资源转化效率。二是本章将以上结论以生命周期视角进行细化后发现，以上调节作用很可能是由于研发企业在发展期与成熟期更需要兼顾探索性活动以攫取外部资源和利用性活动以整合内部资源推进组织发展造成的，而在初创期研发企业可能面临着动态或竞争的片面环境变化，为此双元环境变化对其影响不显著。该结论与芮正云和罗瑾琏[4]等学者关于双元创新搜寻的结论体现出内在一致性，即企业初创期的组织双元因素并非互补，而是处于一种"间断性平衡"状态。

8.5.2 实践贡献与研究局限

本研究结论对当前组织管理实践具有重要启示。首先，组织应当重视内外部学习资源配置比例，注重战略价值取向下的内部晋升、绩效评估等人力资源

---

[1] 孙锐，李树文. 科技企业组织情绪能力影响研发员工创新的中介机制研究 [J]. 中国人力资源开发，2017，31（6）：14-22.

[2] 王凤彬，陈建勋，杨阳. 探索式与利用式技术创新及其平衡的效应分析 [J]. 管理世界，2012，28（3）：96-112.

[3] Tamayo-Torres J., Roehrich J. K., Lewis M. A. Ambidexterity, performance and environmental dynamism [J]. International Journal of Operations & Production Management. 2017, 37 (3): 282-299.

[4] 芮正云，罗瑾琏. 企业平衡式创新搜寻及其阶段效应——间断性平衡还是同时性平衡？[J]. 科研管理，2018，39（1）：9-17.

管理实践；且针对资源有限的企业，初创期与发展期研发企业优先配置外部学习知识资源，鼓励员工冒险、实验、信息收集、互动与分享，营造试错环境，注重资源创造性；成熟期研发企业优先配置内部学习知识资源，鼓励员工参与组织决策、内部员工对话，组织重视员工决策意见，注重资源效率性。其次，针对资源充足的企业，较差异化配置方式，组织优先采用高能组织学习一致性（高互动—高参与）资源配置方式，次之采用高互动—低参与资源配置方式，再次之采用低互动—高参与资源配置方式，而低能组织学习一致性（低互动—低参与）资源配置方式效果最差。最后，组织可以适度保持高动态—高竞争环境，扩散内外部环境动荡信息，刺激员工增加环境与资源认知活动，以益于对组织结果做出有益反应。具体而言，初创期研发企业可以降低环境关注程度与应对环境动态的资源投入，而发展期与成熟期研发企业要增加环境关注力度与资源投入，提升环境信息分享、扩散。

  本研究也存在一些局限：第一，虽然本章采用多源问卷，但仍属于横截面数据，未来研究可以采用实验设计或者多时点数据收集方式。第二，虽然本章采用哈曼单因素法检验同源方差在可控范围内，但仍不可完全避免方差影响，建议后续研究可以强化研究程序设计或者采用共同方法因子等系统方法多次检验。第三，研究仅将情境限定为复杂环境条件下，但在组织管理实践中可能存在其他影响因素，如组织结构等，建议后续研究可以采用质性比较分析（QCA）方法分析多因素间的共同效应。

第 9 章

科技企业组织情绪能力对产品创新作用的边界与路径：组织智力资本的角色

9.1 问题的提出

在当前复杂变化环境下，如何提升组织管理的效率是科技企业持续关注的热点话题。调研显示，当前在许多科技企业中，创新活动不是被激励的、被推动的，而是被限制的、被阻碍的，其中有硬件资源的支持问题，更有软性环境的建设问题。[1] 有学者提出，组织情绪是组织创新的重要影响因素，组织情绪治理会对企业创新起到激励或阻碍作用[2]。科技企业本质上具有自发的技术革新和创造需求，其内部组织群体情绪的传染、螺旋和整合将为组织战略性活动提供情绪背景，而关于组织情绪整合、调谐的能力将会影响创新等组织价值创造活动。组织创新是在个体、群体及组织三个子系统循环交互作用下产生的，其间不只表现为知识技能、经验的有效利用，更需要组织情绪整合的配合[3][4]。

近年来，学者们一直致力于发掘、识别不同组织要素对推动企业科技创

---

[1] 孙锐. 战略人力资源管理与组织创新氛围研究——基于企业研发人员的调查[M]. 北京：人民出版社，2013.

[2][3] 孙锐，赵晨. 高新技术企业组织情绪能力、组织学习与企业创新绩效的关系研究[J]. 科研管理，2017，38（2）：93-100.

[4] Ittipanuvat V., Fujita K., Sakata I. et al. Finding linkage between technology and social issue: A literature based discovery approach[J]. Journal of Engineering & Technology Management, 2014, 32（2）: 160-184.

新、产品创新等的作用影响及机制研究[1]。但鲜有研究注意到组织的情绪能量及相关组织能力对企业创新的影响效应[2]。休伊[3]等提出，组织群体具有群体情绪能量，与之相关的引导、调控能力也是一种重要的组织能力表达，它会为组织内的知识分享、创造创新等相关活动提供情绪动力或阻力。目前国际上逐渐开始将组织情绪能力研究拓展至企业创新管理领域，但尚处于起步阶段，将其作为一种"实体"化能力开展实证研究亟待扩展[4][5]。

基于此，研究以科技企业为调研对象，从企业生命周期的视角，探讨复杂变革环境下组织情绪能力、智力资本与产品创新绩效的作用关系及路径，探讨其边界作用条件，并验证了一个有调节的中介模型。相关研究结果弥补了以往组织层次情绪理论讨论的不足，为组织软性情绪治理能力应用于推动组织创新管理实践提供了理论研究参考。

9.2 理论背景和研究假设

9.2.1 企业组织情绪能力对智力资本的作用影响

组织情绪能力是一种组织感知、理解、监测、调整和利用其组织情绪，及在组织结构、惯例和流程中引导、体现其情绪的能力，是一种描述组织情绪经历、体验、使能作用性的能力类别，可被视为一种组织情绪心智模式的具化体现[6]。情绪事件理论指出，情绪是由特定事件引发，它既可以直接影响组织及员工个体行为（情绪驱动行为，affect-driven behaviors），也可以通过态度影响组织及员工个体行为（判断驱动行为，judgment-driven behaviors），进而形成

---

[1] Ashkanasy N., Humphrey R., Huy Q. Integrating emotions and affect in theories of management [J]. Academy of Management Review, 2017, 42（2）：175 – 189.

[2] Akgün A. E., Keskin H., John C. B., et al. Emotional and learning capability and their impact on product innovativeness and firm performance [J]. Technovation, 2007, 27（9）：501 – 513.

[3] Huy Q. H. Emotional capability, emotional intelligence, and radical change [J]. Academy of Management Review, 1999, 24（2）：325 – 345.

[4] Huy Q. N. Emotional balancing of organizational continuity and radical change：The contribution of middle managers [J]. Administrative Science Quarterly, 2002, 47（1）：31 – 69.

[5][6] 孙锐，张文勤. 企业创新中的组织情绪能力问题研究 [J]. 科学学与科学技术管理，2015, 36（12）：70 – 78.

"事件—情绪—态度—行为"循环链条[1]。相关研究表明,群体情绪具有自发性、潜在性和不稳定性等特征,需要在一定场域和情景内被持续感知、引导、集成、调和与应用,进而形成组织情绪动态性,具体有认同、和谐、体验、游戏、表达、鼓舞六种动态性体现[2]。博尔顿(Bolton)研究发现[3],组织情绪是员工组织假设与组织判断的动力来源,它会潜意识地建立或破坏特定组织关系,或直接影响组织资源转化进程。

而智力资本是指组织潜在应用知识、技能、经验及创造价值的能力,它一直被认为是强化企业竞争优势的重要资源[4]。谭劲松提出[5],智力资本是一种更高层次的人力资本,其中内含对知识资源的配置功能。在复杂变革环境下,科技企业有追求创新的本质意愿[6],而智力资本是创新智力资源转化的载体,不仅表现为新知识技能的探索、转化和利用,也表现为旧知识技能的整合、优化与升级,以推动组织资源转化进程。资源守恒理论强调,组织情绪资源向创新智力资源的转化,需要借助于组织中具体的运作流程[7],而智力资本的应用贯穿于组织流程设计、引导、整合与应用的全过程。资源基础理论将组织看作一种独特资源聚合体,认为组织进程推进的实质就是一系列独特资源的生成、整合与应用的过程。福尔加和乔治(Forgas & George)对石油企业的实证曾发现[8],一种支持性的情绪状态有益于组织应用具体知识技能开展创造性活动。孙锐和赵晨的研究表明[9],组织情绪能力作为规范组织共享行为逻辑、集成组

---

[1] Weiss H. M., Cropanzano R. Affective events theory: A theoretical discussion of the structure, causes and consequences of affective experiences at work [J]. Research in Organizational Behavior, 1996, 18 (3): 1 – 74.

[2] Akgün A. E., Akgün J. C., Byrne H. K. Organizational intelligence: A structuration view [J]. Journal of Organizational Change Management, 2007, 20 (3): 272 – 289.

[3] Bolton S. Emotion management in the workplace, management, work and organizations series [M]. Hampshire: Palgrave Acmillan, 2005.

[4] Carmona – Lavado A, Cuevas – Rodríguez G, Cabello – Medina C. Social and organizational capital: Building the context for innovation [J]. Industrial Marketing Management, 2010, 39 (4): 681 – 690.

[5] 谭劲松. 智力资本会计研究 [M]. 北京: 中国财政经济出版社, 2001.

[6] 孙锐, 战略人力资源管理与组织创新氛围研究——基于企业研发人员的调查 [M]. 北京: 人民出版社, 2013.

[7] 孙锐, 张文勤. 企业创新中的组织情绪能力问题研究 [J]. 科学学与科学技术管理, 2015, 36 (12): 70 – 78.

[8] Forgas J. P., George J. M. Affective influences on judgments, decision making and behavior in organizations: An information processing perspective [J]. Organizational Behavior & Human Decision Processes, 2001, 86 (1): 3 – 34.

[9] 孙锐, 赵晨. 高新技术企业组织情绪能力、组织学习与企业创新绩效的关系研究 [J]. 科研管理, 2017, 38 (2): 93 – 100.

织共有行为信念的基础组织结构，有利于推动组织内部知识互动与分享。其他实证，如阿肯等的研究表明[1]，组织情绪能力益于组织学习能力与知识技能的提升。组织情绪能力作为一种情绪构面的组织能力，将很可能为复杂变革环境下组织开展重大战略活动提供情景设置的便利[2]。因此，本章提出以下假设：

假设1：企业组织情绪能力将正向影响智力资本。

9.2.2 智力资本的中介作用

创造力的社会心理学理论和情绪社会建构理论提出，情绪因素是创造力中具有决定意义的社会心理因素之一，它可以通过聚焦群体行为信念、规范群体行为模式、集成群体情绪氛围为组织创造性活动提供便利条件，进而影响科技企业产品创新资源转化进程[3]。具体而言，科技企业组织情绪能力的形成逻辑根植于个体、群体及组织交互进程中的场域、惯例、情景互动，其具有难以模仿性、稀缺性、价值性及不可替代性特征[4]，这将为组织产品创新奠定基础；组织层面情绪感知、体验与传播可以触动组织单元间的人际交互进程，群体情绪的良性互动激发了组织知识技能、文化、技术等组织资源潜能，进而拓展与链接了组织情绪资源向创新智力资源的转化途径。诸多学者研究表明，创新管理实践中情绪要素的螺旋、感染与整合对团队及个体创新具有显著影响作用，如情绪氛围[5]、情绪劳动[6]、情绪激活[7]等。阿肯等[8]对土耳其的163家科技企业研究发现，动态性环境下组织层面不同情绪动态对产品创新的影响效应是不

---

[1] Akgün A. E., Akgün J. C., Byrne H. K. Organizational intelligence: A structuration view [J]. Journal of Organizational Change Management, 2007, 20 (3): 272-289.

[2] Akgün A. E., Keskin H., Byrne J. C. et al. Antecedents and results of emotional capability in software development project teams [J]. Journal of Product Innovation Management, 2011, 28 (6): 957-973.

[3] Amabile T. M., Conti R., Coon H. et al. Assessing the work environment for creativity [J]. Academy of Management Journal, 1996, 39 (5): 1154-1184.

[4] 孙锐, 张文勤. 企业创新中的组织情绪能力问题研究 [J]. 科学学与科学技术管理, 2015, 36 (12): 70-78.

[5] 刘小禹, 刘军. 团队情绪氛围对团队创新绩效的影响机制 [J]. 心理学报, 2012, 44 (4): 546-557.

[6] 张敏, 张一力. 任务紧迫性下关系嵌入、情绪劳动及个体创新行为的关系研究 [J]. 管理工程学报, 2015, 29 (2): 19-30.

[7] Amabile T. M., Barsade S. G., Mueller J. S. et al. Affect and creativity at work [J]. Social Science Electronic Publishing, 2005, 50 (3): 367-403.

[8] Akgün A. E., Keskin H., Byrne J. Organizational emotional capability, product and process innovation, and firm performance: An empirical analysis [J]. Journal of Engineering and Technology Management, 2009, 26 (3): 103-130.

同的，例如鼓舞动态性、体验动态性对产品创新绩效具有显著正向影响，而其他动态性则不具显著影响作用。

更进一步，若科技企业员工处于一种不稳定的情绪心境、不安全的心理状态或高风险人际环境中，其知识技能传授、分享、学习活动也将被阻碍[1]，进而降低创新水平；若科技企业具有高水平组织情绪管理要素治理能力，那群体情绪间的互动效应会扩大原有集体情绪状态，并调动组织及个体周边一切可得性资源潜能，以适应延伸出的新型心智模式，具体表现为知识技能、经验、智力资本等隐性组织资源及技术技能、组织惯例、组织制度等显性组织资源。弗雷德里克森和乔伊纳[2]的扩展和开拓性互动理论曾提出，情绪会拓展个体的行动与认知系统，促使其放弃有迹可循的规范性方案，进而寻求新颖的、创造性的行动路径与认知范围。资源保存理论指出，个体具有努力获取和保护自身资源的基本动机[3]，当个体情绪得不到群体情绪氛围支持时，就会减少知识等智力资源输出与经验交流活动参与，阻碍情绪资源转化为创新智力资源。有专家指出，一种支持性的情绪状态益于员工在复杂环境下开展知识分享与创造性活动[4][5]。其他实证研究结论并不一致，如莫汉和马克（Mohan & Mark）[6] 研究发现，在智力资本因素中，社会资本、组织资本与创新能力存在正相关关系，而人力资本与根本创新能力存在负相关关系，他认为网络组织与网络经济环境下的人力资本已经不仅仅局限于传统知识、技能及社会认知经验，而拓展至人际关系技能；陈等（Cheng et al.）[7] 基于美国医疗人员研究发现，智力资本与组织产品创新具有弱相关关系，而林筠和何婕[8]认为这种弱相关关系只能通过

---

[1] 孙锐，陈国权. 企业跨部门心理安全、知识分享与组织绩效间关系的实证研究 [J]. 南开管理评论，2012，15（1）：67 – 74.

[2] Fredrickson B. L., Joiner T. Positive emotions trigger upward spirals toward emotional well-being [J]. Psychological Science, 2002, 13 (2): 172 – 175.

[3] Hobfoll S. E. Conservation of resource caravans and engaged settings [J]. Journal of Occupational & Organizational Psychology, 2011, 84 (1): 116 – 122.

[4] 孙锐，赵晨. 战略人力资源管理、组织情绪能力与组织创新——高新技术企业部门心理安全的作用 [J]. 科学学研究，2016，34（12）：1905 – 1915.

[5] Forgas J. P., George J. M. Affective influences on judgments, decision making and behavior in organizations: An information processing perspective [J]. Organizational Behavior & Human Decision Processes, 2001, 86 (1): 3 – 34.

[6] Mohan S., Mark A. Y. The influence of intellectual capital on the types of innovative capabilities [J]. Academy of Management Journal, 2005, 48 (3): 450 – 463.

[7] Cheng M., Lin J., Hsiao T. et al. Invested resource, competitive intellectual capital, and corporate performance [J]. Journal of Intellectual Capital, 2010, 11 (4): 433 – 450.

[8] 林筠，何婕. 企业智力资本对渐进式和根本性技术创新影响的路径探究 [J]. 研究与发展管理，2011，23（1）：90 – 98.

知识资源链接。因此,本章提出以下假设:

假设2:企业组织情绪能力以智力资本为中介对产品创新绩效产生影响。

9.2.3 环境特性的调节作用

资源依赖理论将外部环境作为组织管理系统资源转化进程的重要权变因素[1]。情绪事件理论指出,组织特定事件引发的"情绪—态度—行为"循环链条受环境特性影响[2],具体表现为环境动态性与环境竞争性[3]。其中,环境动态性指环境的不确定程度和环境变化的速度;环境竞争性指外部环境中竞争领域与竞争对手数量的同质性程度。

科技企业创新活动具有不确定性和高风险性特征,具体表现为创新情境变动性、解决路径模糊性、技能需求专用性及问题解决时限性等[4],该特征决定了创新活动主体需要调用周边一切知识技能链接情绪资源向创新智力资源的转化途径,以应对其活动情景动态性。以往研究表明,高动态性环境益于加快组织资源转化进程,以动态塑造外部环境适应柔性[5]。具体而言,在较复杂环境背景下,组织发展面临更多不确定因素,在这种情境下组织会激发周边一切资源潜能推动组织知识、技术、市场等多元技能探索[6],以增加战略确定性[7]和计划精确性[8]。在简单环境背景下,组织情绪资源向创新智力资源的转化路径

---

[1] Liu D., Chen X. P., Yao X. From autonomy to creativity: A multilevel investigation of the mediating role of harmonious passion [J]. Journal of Applied Psychology, 2011, 96 (2): 294 – 309.

[2] Weiss H. M., Cropanzano R. Affective events theory: A theoretical discussion of the structure, causes and consequences of affective experiences at work [J]. Research in Organizational Behavior, 1996, 18 (3): 1 – 74.

[3] Jansen J. J. P., Bosch F. A. J. V. D., Volberda H. W. Exploratory innovation, exploitative innovation, and performance: Effects of organizational antecedents and environmental moderators [J]. Erim Report, 2006, 52 (11): 1661 – 1674.

[4] 孙锐. 战略人力资源管理与组织创新氛围研究——基于企业研发人员的调查 [M]. 北京:人民出版社, 2013.

[5] Akgün A. E., Keskin H., Byrne J. Organizational emotional capability, product and process innovation, and firm performance: An empirical analysis [J]. Journal of Engineering and Technology Management, 2009, 26 (3): 103 – 130.

[6] Teece D. J., Pisano G., Shuen A. Dynamic capability and strategic management [J]. Strategic Management Journal, 1997, 18 (7): 509 – 33.

[7] 林亚清, 赵曙明. 构建高层管理团队社会网络的人力资源实践、战略柔性与企业绩效——环境不确定性的调节作用 [J]. 南开管理评论, 2013, 16 (2): 4 – 15.

[8] Venkatraman N. The concept of fit in strategy research: Toward verbal and statistical correspondence [J]. Academy of Management Review, 1989, 14 (3): 340 – 352.

单一，知识技能在资源转化进程中的参与度显著下降，单位时间内创新资源可得性随之减弱。郭爱芳和陈劲[1]研究表明，不确定性环境能够密切科学、经验知识技能学习与组织创新能力间关系。宋华和王岚[2]研究发现，环境动态性正向调节开发型关系资源与创新柔性间关系，环境竞争性正向调节利用型关系资源与创新柔性间关系。其他实证，如曾萍、宋铁波和蓝海林[3]的研究显示，环境动态性益于组织知识技能与动态能力构建，而环境竞争性则不具影响；阿肯等[4]发现环境动态性对组织情绪能力中鼓舞动态性与产品创新绩效关系起正向线性调节作用，而对体验动态性关系起倒"U"形调节作用，对自由表达动态性关系起正"U"形调节作用。鉴于以上研究结论不一致及相关理论推导，本章提出以下假设：

假设3：环境特性（三维交互）调节组织情绪能力与产品创新绩效间以智力资本为中介的间接关系；

假设3a：环境动态性调节组织情绪能力与产品创新绩效间以智力资本为中介的间接关系；

假设3b：环境竞争性调节组织情绪能力与产品创新绩效间以智力资本为中介的间接关系。

本章的研究理论模型如图9-1所示。

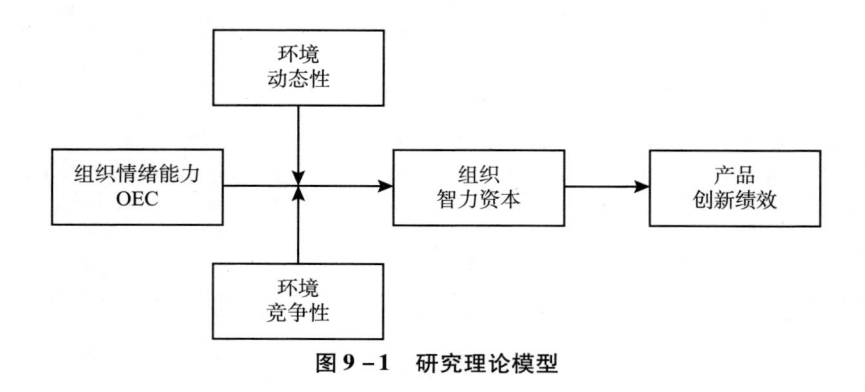

图9-1 研究理论模型

---

[1] 郭爱芳，陈劲．基于科学/经验的学习对企业创新绩效的影响：环境动态性的调节作用［J］．科研管理，2013，34（6）：1-8.

[2] 宋华，王岚．企业间关系行为对创新柔性的影响研究［J］．科研管理，2012，33（3）：1-10.

[3] 曾萍，宋铁波，蓝海林．环境不确定性、企业战略反应与动态能力的构建［J］．中国软科学，2011（12）：128-140.

[4] Akgün A. E., Keskin H., Byrne J. Organizational emotional capability, product and process innovation, and firm performance: An empirical analysis [J]. Journal of Engineering and Technology Management, 2009, 26 (3): 103-130.

9.3 研究方法

9.3.1 样本调查

本研究参考科技部对科技企业的定义，及统计局 2013 年公布的《高技术产业统计分类目录》，选择 25 人以上的新一代电子技术、软件研发、电子通信、新材料、机械制造、生物医药等产业领域内的科技企业，这样的科技企业具有健全的人力资源管理体系[①]，并剔除在该研究期间主营业务性质发生变化的企业，以规避企业生命周期变化对研究结果的影响。其中，组织情绪能力、智力资本数据采集自企业中实际从事科技研发（R&D）工作的员工，产品创新绩效、环境特性数据采集自企业研发部门经理或分管高层管理者。样本企业主要来自包头稀土高新区、北京中关村、济南高新区、宁波国家高新区以及北京、济南、深圳、青岛等地的相关科技企业。所有问卷调查企业及人员秉承自愿原则，问卷通过纸质快递和电子邮件两种方式发放和回收。在剔除漏答过多以及回答明显不认真的不合格问卷之后，最终回收有效问卷 432 份，问卷发放回收有效率 62.248%。

被调研企业中成立年限 1~2 年占 17.4%，3~5 年占 17.6%，6~10 年占 25.7%，10 年以上占 39.3%；公司发展阶段为初创期的企业占 15.1%，发展期占 44.2%，成熟期占 38.2%，衰退期占 2.5%；电子通信行业企业占 17.1%，机械制造占 31.9%，生物医药占 22.5%，化工食品占 13.7%，软件服务占 11.6%，其他占 3.2%；企业规模 25~50 人占 6.2%，51~200 人占 24.3%，201~500 人占 22.7%，501~1000 人占 12.7%，1000 人以上占 34.1%；企业所有制性质为国有企业占 41.0%，民营企业占 28.7%，三资企业占 30.3%。

9.3.2 变量测量

研究问卷采用李克特 5 点量表（1 = 完全同意；5 = 完全不同意），且均为国外现有的成熟量表，具体测量如下所述：

---

① 孙锐，战略人力资源管理与组织创新氛围研究——基于企业研发人员的调查 [M]. 北京：人民出版社，2013.

(1) 组织情绪能力（OEC）。

采用阿肯等[①]修订的组织情绪能力量表，共 20 个条目，主要包括鼓励动态性、自由表达动态性、游戏动态性、体验动态性、和解动态性和身份识别动态性六个维度，示例条目有"我们组织有一种能够给其员工灌输希望的能力""我们企业有一种可以使员工自由表露个人情绪的能力""我们企业鼓励创意、创新，并营造了一种鼓励尝试、探索的组织氛围""组织成员都有感受他人情绪、了解他人情绪的能力""我们企业可以将两个看起来十分对立的人结合在一起，并有效开展工作""员工们对组织理念和价值观都具有出较高的认同感和依附性"等。因子载荷均在 0.652~0.934，Cronbach α 系数为 0.899，有较高信度。

(2) 智力资本（IC）。

采用莫汉和马克[②]修订的组织智力资本量表，共 14 个条目，主要包括人力资本、社会资本、组织资本 3 个维度，示例条目有"我们的员工会提出新思想，扩展新知识""我们单位的员工善于在相互合作中发现和解决问题""我们单位使用专利和许可，作为技术、知识存储的工具"等。因子载荷均在 0.792~0.836，Cronbach α 系数为 0.872，有较高信度。

(3) 环境特性。

采用由詹森等[③]开发的环境特性量表，共 8 个条目，主要包括环境动态性（ED）和环境竞争性（EC）2 个维度，其中环境动态性与环境竞争性各 4 个条目，环境动态性示例条目有"公司所面临的市场环境经常剧烈变化"等，因子载荷均在 0.813~0.908，Cronbach α 系数为 0.826，信度较好；环境竞争性示例条目有"公司所在的市场竞争非常激烈"，因子载荷均在 0.560~0.871，Cronbach α 系数为 0.794，信度较好。

(4) 产品创新绩效（PIP）。

采用桑斯瓦莱（Sanz – Valle）[④] 等修订的产品创新绩效量表，共 3 个条

---

① Akgün A. E., Keskin H., John C. B. et al. Emotional and learning capability and their impact on product innovativeness and firm performance [J]. Technovation, 2007, 27 (9): 501 – 513.

② Mohan S., Mark A. Y. The influence of intellectual capital on the types of innovative capabilities [J]. Academy of Management Journal, 2005, 48 (3): 450 – 463.

③ Jansen J. J. P., Bosch F. A. J. V. D., Volberda H. W. Exploratory innovation, exploitative innovation, and performance: Effects of organizational antecedents and environmental moderators [J]. Erim Report, 2006, 52 (11): 1661 – 1674.

④ Sanz – Valle J. J. R. Could HRM support organizational innovation? [J]. International Journal of Human Resource Management, 2008, 19 (19): 1208 – 1221.

目，示例条目有"在业内推出新产品/新服务所处的领先位置"等。其中"1=远低于竞争对手，5=远高于竞争对手"，因子载荷均在 0.745~0.834，Cronbach α 系数为 0.776，有较高信度。

（5）控制变量。

本章借鉴阿肯等[1]的研究，将组织年限、组织规模、组织性质、组织发展时期、组织所属行业设置为控制变量。

9.4 数据分析和研究结果

9.4.1 验证性因子分析

本研究采用哈曼单因素法检验同源方差，运用 SPSS 23.0 对全部数据进行主成分分析，解释总变异量的 78.982%，大于 60%，且第一个因子解释总变异量的 29.512%，低于 50%，表明数据的同源方差在可接受的范围内。总体 KMO 值为 0.861，Barlett's 检验的统计量在小于 0.001 的水平上显著，说明适合做因子分析。在此基础上，进一步运用 LISREL 8.7 结构方程对本研究涉及五因子进行了构念间的区分效度检验，分析结果如表 9-1。比较可知，在 5 个模型中，五因子模型的拟合度最好，即表明本章的 5 个变量之间具有良好的区分效度。此外，运用 LISREL 8.7 结构方程对组织情绪能力各维度进行验证性因子分析，分析结果如表 9-2，在所有模型中，六因子模型拟合优度最好，即表明组织情绪能力各维度具有良好的区分效度。

表 9-1　　　　　　　　研究构思的区分效度检验

模型	χ^2	df	χ^2/df	RMSEA	SRMR	CFI	NFI
五因子模型	1276.100	179	7.129	0.099	0.086	0.880	0.860
四因子模型	1577.680	183	8.621	0.123	0.099	0.840	0.820
三因子模型	2742.210	186	14.743	0.169	0.150	0.740	0.720

[1] Akgün A. E., Keskin H., Byrne J. The moderating role of environmental dynamism between firm emotional capability and performance [J]. Journal of Organizational Change Management, 2008, 21 (21): 230-252.

续表

模型	χ^2	df	χ^2/df	RMSEA	SRMR	CFI	NFI
二因子模型	2738.920	188	14.569	0.167	0.150	0.740	0.720
单因子模型	2792.690	189	14.776	0.169	0.150	0.730	0.720

注：五因子模型：组织情绪能力、环境动态性、环境竞争性、智力资本、产品创新绩效；四因子模型：组织情绪能力、环境动态性＋环境竞争性、智力资本、产品创新绩效；三因子模型：组织情绪能力＋环境动态性＋环境竞争性、智力资本、产品创新绩效；二因子模型：组织情绪能力＋环境动态性＋环境竞争性＋智力资本、产品创新绩效；单因子模型：组织情绪能力＋环境动态性＋环境竞争性＋智力资本＋产品创新绩效。

表 9-2　　　　　　　　组织情绪能力问卷验证性因子分析结果

模型	χ^2	df	χ^2/df	RMSEA	SRMR	CFI	NFI
六因子模型	864.930	155	5.580	0.093	0.068	0.930	0.920
五因子模型 a	1809.080	160	11.307	0.155	0.110	0.820	0.810
五因子模型 b	1927.850	160	12.049	0.160	0.140	0.840	0.830
五因子模型 c	1671.920	160	10.450	0.148	0.093	0.870	0.850
五因子模型 d	1512.080	160	9.451	0.140	0.094	0.860	0.850
五因子模型 e	1482.010	160	9.263	0.138	0.120	0.870	0.860
四因子模型 a	2697.150	164	16.446	0.189	0.140	0.750	0.740
四因子模型 b	2065.720	164	12.596	0.164	0.120	0.810	0.790
三因子模型	3296.130	167	19.737	0.209	0.150	0.680	0.670
两因子模型	3893.660	169	23.039	0.226	0.170	0.620	0.610
单因子模型	4756.870	170	27.982	0.250	0.160	0.560	0.550

注：六因子模型：MG、MZ、MY、MT、MH、MS；五因子模型 a：MG＋MZ、MY、MT、MH、MS；五因子模型 b：MG、MZ＋MY、MT、MH、MS；五因子模型 c：MG、MZ、MY＋MT、MH、MS；五因子模型 d：MG、MZ、MY、MT＋MH、MS；五因子模型 e：MG、MZ、MY、MT、MH＋MS；四因子模型 a：MG＋MZ＋MY、MT、MH、MS；四因子模型 b：MG、MZ、MY、MT＋MH＋MS；三因子模型：MG＋MZ＋MY、MT＋MH、MS；两因子模型：MG＋MZ＋MY、MT＋MH＋MS；单因子模型：MG＋MZ＋MY＋MT＋MH＋MS。

9.4.2　描述性统计分析

表 9-3 给出了各变量均值、标准差及相关系数，组织情绪能力与智力资本显著正相关（r＝0.781，p＜0.01），与产品创新绩效显著正相关（r＝0.613，p＜0.01），智力资本与产品创新绩效显著正相关（r＝0.554，p＜0.01），

环境动态性、环境竞争性与组织情绪能力（r=0.135，p<0.01；r=0.086，p<0.1）、智力资本（r=0.140，p<0.01；r=0.083，p<0.1）、产品创新绩效（r=0.027，p>0.1；r=-0.047，p>0.1）相关性不强，这为进一步假设检验奠定了基础。

表9-3　研究变量的描述性统计、相关系数及信度（N=432）

变量	均值	标准差	1	2	3	4	5
组织情绪能力	3.376	0.464	(0.899)				
环境动态性	3.390	0.689	0.135***	(0.826)			
环境竞争性	3.442	0.562	0.086*	0.380***	(0.794)		
智力资本	3.364	0.679	0.781***	0.140***	0.083*	(0.872)	
产品创新绩效	3.239	0.543	0.613***	0.027	-0.047	0.554***	(0.776)

注：控制变量并未在此表中列出；* 表示 p<0.1；*** 表示 p<0.01；括号中表示 Cronbach α 系数。

9.4.3　总体假设检验

表9-4为研究变量相关回归模型分析结果。首先，分析组织情绪能力（OEC）对智力资本（IC）、产品创新绩效（PIP）的影响。由M1、M2可知，在控制了组织年限、组织规模等变量后，OEC对IC、PIP产生显著正向影响（β=0.606，p<0.01；β=0.753，p<0.01），解释变异量为39%和63.6%，假设1得到验证。其次，分析IC在OEC与PIP间的中介作用，由M3可知，回归方程中加入IC后，OEC由（β=0.753，p<0.01）变为（β=0.425，p<0.01），且IC显著（β=0.241，p<0.01），即IC在OEC与PIP间起部分中介作用，解释变异量为41.0%，假设2得到验证。再次，分析环境动态性（ED）、环境竞争性（EC）二维交互下，对OEC与IC、PIP间关系的影响，回归方程如(9-1)、(9-2)、(9-3)、(9-4)：

其中，a_0、a_4、c_0'、c_4'、d_0、d_0'为常量，a_1、a_2、a_3等为系数矩阵，e_1、e_2等为误差项。

$$IC = a_0 + a_1 OEC + a_2 ED + a_3 OEC \times ED + e_1 \quad (9-1)$$

$$IC = a_4 + a_5 OEC + a_6 EC + a_7 OEC \times EC + e_2 \quad (9-2)$$

$$PIP = c_0' + c_1' OEC + c_2' ED + c_3' OEC \times ED + b_1 IC + e_3 \quad (9-3)$$

$$PIP = c_4' + c_5' OEC + c_6' EC + c_7' OEC \times EC + b_2 IC + e_4 \quad (9-4)$$

由 M4、M7 可知，ED 在 OEC 与 IC 间不起调节作用（β = －0.010，p > 0.1），在 OEC 与 PIP 间起正向调节作用（β = 0.249，p < 0.01），解释变异量为 46.1%；由 M5、M8 可知，EC 在 OEC 与 IC 间起正向调节作用（β = 0.068，p < 0.05），解释变异量为 64.1%，在 OEC 与 PIP 间起正向调节作用（β = 0.111，p < 0.01），解释变异量为 41.9%，假设 3a 未得到验证，假设 3b 得到验证。最后，分析环境特性（三维交互）调节组织情绪能力与产品创新绩效间以智力资本为中介的间接关系，回归方程如（9 - 5）、（9 - 6）：

$$IC = d_0 + d_1 OEC + d_2 ED + d_3 EC + d_4 OEC \times ED \times EC + e_5 \quad (9-5)$$
$$PIP = d'_0 + d'_1 OEC + d'_2 ED + d'_3 EC + d'_4 OEC \times ED \times EC + d_5 IC + e_6 \quad (9-6)$$

由 M6、M9 可知，OEC、ED、EC 三维交互对 IC、PIP 具有显著影响（β = 0.044，p < 0.1；β = 0.162，p < 0.01），解释变异量分别为 63.7% 和 42.9%，假设 3 得到验证。

表 9 - 4 　　　　　　　　　研究变量相关回归模型分析

变量	PIP	IC	PIP	IC			PIP		
	M1	M2	M3	M4	M5	M6	M7	M8	M9
Control	—	—	—	—	—	—	—	—	—
OEC	0.606 ***	0.753 ***	0.425 ***	0.755 ***	0.745 ***	0.755 ***	0.364 ***	0.424 ***	0.434 ***
ED				－0.004		0.019	0.005		0.033
EC					－0.042	－0.062 *		－0.021	－0.071
OEC × ED				－0.010			0.249 ***		
OEC × EC					0.068 **			0.111 ***	
OEC × ED × EC						0.044 *			0.162 ***
IC			0.241 ***				0.247 ***	0.219 ***	0.221 ***
R²	0.400 ***	0.642 ***	0.421 ***	0.642 ***	0.648 ***	0.646 ***	0.474 ***	0.432 ***	0.444 ***
R²adj	0.390 ***	0.636 ***	0.410 ***	0.635 ***	0.641 ***	0.637 ***	0.461 ***	0.419 ***	0.429 ***
F	40.348 ***	108.768 ***	38.375 ***	84.233 ***	86.372 ***	76.717 ***	37.916 ***	32.054 ***	30.432 ***

注：* 表示 p < 0.1；** 表示 p < 0.05；*** 表示 p < 0.01；表中为标准化系数；OEC：组织情绪能力；ED：环境动态性；EC：环境竞争性；IC：智力资本；PIP：产品创新绩效。

本研究根据温忠麟和叶宝娟[1]提出的检验方法，再次对总体有调节的中介效应进行数据检验。由表 9 - 4 的层次回归分析结果可知，OEC（a_1/a_5）（M4：β = 0.755，p < 0.01；M5：β = 0.745，p < 0.01）及其与 ED/EC 交互项的回归

---

[1] 温忠麟，叶宝娟. 有调节的中介模型检验方法：竞争还是替补？[J]. 心理学报，2014，46（5）：714 - 726.

系数（a_3/a_7）为（M4：$\beta = -0.010$，$p > 0.1$；M5：$\beta = 0.068$，$p < 0.05$）。OEC 的回归系数（c_1'/c_4'）显著（M7：$\beta = 0.364$，$p < 0.01$；M8：$\beta = 0.424$，$p < 0.01$），IC 的回归系数（b_1/b_2）显著（M7：$\beta = 0.247$，$p < 0.01$；M8：$\beta = 0.219$，$p < 0.01$）。因此，$a_1 = 0.755$，$a_5 = 0.745$，$a_3 = -0.010$，$a_7 = 0.068$，$c_1' = 0.364$，$c_4' = 0.424$，$b_1 = 0.247$，$b_2 = 0.219$。根据温忠麟和叶宝娟提出的有调节的中介效应检验建议，a_1/a_5 和 b_3/b_4（中介效应的第二阶段路径中介变量系数，本研究中由于只调节第一阶段中介效应，故 $b_3/b_4 = 0$）、a_3/a_7 和 b_1/b_2、a_3/a_7 和 b_3/b_4 这三组系数中，只要有一组及以上系数显著，则说明存在有调节的中介效应，因此，二维交互下 EC 的调节效应得到验证，而 ED 的调节效应未得到验证。根据中介效应计算公式，可以计算出 EC 的调节系数。其中 EC 调节系数为：

$$Me = (a_5 + a_7 U)(b_2 + b_4 U) = a_5 b_2 + (a_5 b_4 + a_7 b_2) U + a_7 b_4 U^2$$
$$= 0.745 \times 0.219 + 0.068 \times 0.219 U = 0.163 + 0.015 U$$

其中 Me 为中介效应，U 为第一阶段调节效应，U 系数 0.015 为正，说明 EC 的调节为正向调节。即 EC 对中介效应的调节系数为 0.015。

同理可得，三维交互下的系数 $d_1 = 0.755$，$d_4 = 0.044$，$d_5 = 0.221$，$b_5 = 0$（第二段路径系数，本研究并未涉及，故为 0），环境特性的调节系数为：

$$Me = (d_1 + d_4 U)(d_5 + b_5 U) = d_1 d_5 + (d_1 b_5 + d_4 d_5) U + d_4 b_5 U^2$$
$$= 0.755 \times 0.221 + 0.044 \times 0.221 U = 0.167 + 0.010 U$$

环境特性为正向调节。即 ED、EC 共同对中介效应的调节系数为 0.010。

9.4.4 生命周期假设检验

鉴于以往研究发现，科技企业在生命周期不同发展阶段会表现出不同的经营特征，进而表现出组织环境、组织能力、组织创新差异化[1][2]。因此，本章运用 Sobel 检验法和 bootstrapping（samples = 5000）检验法分析了生命周期不同阶段中 IC 在 OEC 与 PIP 间的中介作用及 ED、EC 调节作用的差异性。

表 9 - 5 所示 IC 中介作用在初创期、发展期与成熟期的稳健性检验。结果显示，科技企业初创期 Sobel 检验 Z 值为 3.443，$p < 0.01$，OEC 通过 IC 影响

---

[1] 高松，庄晖，王莹. 科技型中小企业生命周期各阶段经营特征研究［J］. 科研管理，2011，32（12）：119 - 125.

[2] 刘小浪，刘善仕，王红丽. 关系如何发挥组织理性——本土企业差异化人力资源管理构型的跨案例研究［J］. 南开管理评论，2016，19（2）：124 - 136.

PIP 的间接效应为 0.288，95% CI 为 [0.068，0.578]，不包含零点，而直接效应 95% CI 为 [-0.264，0.381]，包含零点，表示 IC 在 OEC 与 PIP 间起完全中介作用；发展期 Sobel 检验 Z 值为 5.607，p < 0.01，OEC 通过 IC 影响 PIP 的间接效应为 0.209，95% CI 为 [0.055，0.382]，直接效应为 0.248，95% CI 为 [0.040，0.456]，即 IC 在 OEC 与 PIP 间起部分中介作用；成熟期 Sobel 检验 Z 值为 8.907，p < 0.01，OEC 通过 IC 影响 PIP 的间接效应为 0.234，95% CI 为 [0.063，0.434]，直接效应为 0.619，95% CI 为 [0.395，0.843]，即 IC 在 OEC 与 PIP 间起部分中介作用。

表 9 – 5　　　　　　　　智力资本中介作用的稳健性检验

因变量	生命周期	Sobel 检验 Z 值	效应类别	效应大小	标准误	95% 置信区间 下限	95% 置信区间 上限
产品创新绩效	初创期	3.443***	间接效应	0.288	0.128	0.068	0.578
			直接效应	0.059	0.161	-0.264	0.381
	发展期	5.607***	间接效应	0.209	0.083	0.055	0.382
			直接效应	0.248	0.105	0.040	0.456
	成熟期	8.907***	间接效应	0.234	0.095	0.063	0.434
			直接效应	0.619	0.114	0.395	0.843

注：由于处于衰退期（11 家）的科技企业样本量较小，本章只分析了初创期（65 家）、发展期（191 家）与成熟期（165 家）的作用机制，下同；*** 表示 p < 0.01。

表 9 – 6 所示 ED/EC 二维交互调节效应 bootstrapping 检验结果。由表 9 – 6 中条件间接效应分析可知，科技企业初创期 ED/EC 处于较低水平时，OEC 通过 IC 影响 PIP 的间接效应为 0.274/0.354，95% CI 为 [0.066，0.560]/[0.089，0.702]；ED/EC 处于较高水平时，间接效应为 0.342/0.252，95% CI 为 [0.082，0.783]/[0.066，0.534]。但以上分析不足以判定是否存在有调节的中介效应①，因此，需要根据表 9 – 6 中有调节的中介效应 INDEX 指标判定。结果显示，ED/EC 对 OEC 通过 IC 影响 PIP 的间接关系 INDEX 指标为 0.043/0.104，95% CI 为 [-0.043，0.240]/[0.003，0.318]，表明初创期 ED/EC 与 IC 在 OEC 对 PIP 作用中有调节的中介效应是不显著/显著的。同理，

---

① 陈笃升，王重鸣. 组织变革背景下员工角色超载的影响作用：一个有调节的中介模型 [J]. 浙江大学学报人文社会科学版，2015，45（3）：143 – 157.

由表 9-6 数据分析可知，发展期 ED/EC 与 IC 在 OEC 对 PIP 作用中有调节的中介效应均是不显著的。成熟期 ED/EC 与 IC 在 OEC 对 PIP 作用中有调节的中介效应是不显著/显著的。由此可见，假设 3a 未得到验证，假设 3b 得到部分验证。

表 9-6　环境动态性/竞争性二维交互调节效应 bootstrapping 检验

结果变量	生命周期	调节变量(ED/EC)	条件间接效应				有调节的中介效应			
			效应	标准误	95%置信区间		INDEX	标准误	95%置信区间	
					下限	上限			下限	上限
产品创新绩效	初创期	低/低	0.274/0.354	0.121/0.154	0.066/0.089	0.560/0.702	0.043/0.104	0.065/0.075	-0.043/0.003	0.240/0.318
		高/高	0.342/0.252	0.168/0.116	0.082/0.066	0.783/0.534				
	发展期	低/低	0.224/0.212	0.084/0.082	0.055/0.055	0.387/0.380	-0.018/-0.002	0.020/0.028	-0.064/-0.055	0.016/0.059
		高/高	0.201/0.210	0.086/0.088	0.051/0.051	0.389/0.396				
	成熟期	低/低	0.255/0.181	0.098/0.071	0.073/0.058	0.457/0.339	-0.019/0.073	0.038/0.044	-0.103/0.011	0.052/0.188
		高/高	0.230/0.262	0.096/0.107	0.064/0.073	0.440/0.492				

表 9-7 所示 ED、EC 三维交互调节效应 bootstrapping 检验结果。结果显示，科技企业初创期 ED、EC 均处于低水平时，OEC、ED、EC 三维交互间接效应为 0.380，95% CI 为 [0.104, 0.770]，不包含零；ED 处于低水平、EC 处于高水平时，间接效应为 0.275，95% CI 为 [0.068, 0.604]，不包含零；ED 处于高水平、EC 处于低水平时，间接效应为 0.385，95% CI 为 [0.087, 0.825]，不包含零；ED 处于高水平、EC 处于高水平时，间接效应为 0.270，95% CI 为 [0.047, 0.673]。表明 ED、EC 三维交互有调节的中介效应是显著的。同理可知，发展期、成熟期 ED、EC 三维交互有调节的中介效应也是显著的。由此可见，假设 3 得到验证。根据数据检验结果，EC 在 OEC 对 IC 作用中的调节作用示意图如图 9-2 所示。

表 9 – 7　　三维交互调节效应 bootstrapping 检验

结果变量	生命周期	调节变量 (ED, EC)	有调节的中介效应			95% 置信区间	
			效应	标准误	下限	上限
产品创新绩效	初创期	(低，低)	0.380	0.164	0.104	0.770
		(低，高)	0.275	0.130	0.068	0.604
		(高，低)	0.385	0.178	0.087	0.825
		(高，高)	0.270	0.148	0.047	0.673
	发展期	(低，低)	0.209	0.075	0.062	0.354
		(低，高)	0.237	0.092	0.064	0.424
		(高，低)	0.187	0.079	0.053	0.367
		(高，高)	0.215	0.099	0.054	0.439
	成熟期	(低，低)	0.222	0.087	0.065	0.412
		(低，高)	0.312	0.129	0.087	0.590
		(高，低)	0.162	0.066	0.056	0.324
		(高，高)	0.252	0.102	0.071	0.474

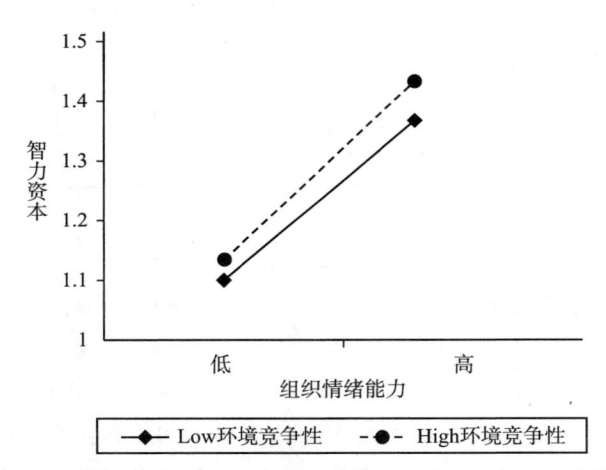

图 9 – 2　环境竞争性在组织情绪能力对智力资本作用中的调节作用

为进一步考察环境动态性与环境竞争性对产品创新绩效的综合影响，以环境动态性和环境竞争性为自变量，产品创新绩效为因变量进行双因素方差分析。分析结果显示环境动态性与环境竞争性的交互效应显著，初创期 F = 2.006，

$p<0.01$，$R^2=0.640$；发展期 $F=1.209$，$p<0.01$，$R^2=0.340$；成熟期 $F=4.217$，$p<0.01$，$R^2=0.504$。按照27%的标准划分高低环境动态性和高低环境竞争性两组，以ED（高低两组）和EC（高低两组）为自变量，以PIP为因变量，进一步分析其简单效应，分析结果如表9-8所示。通过均值比较可知，在初创期，高ED—低EC＞低ED—高EC＞高ED—高EC＞低ED—低EC，即高环境动态—低环境竞争组合更能推动组织情绪资源转化进程；在发展期，低ED—高EC＞高ED—低EC＞低ED—低EC＞高ED—高EC，即低环境动态—高环境竞争组合更能推动组织情绪资源转化进程；在成熟期，低ED—低EC＞低ED—高EC＞高ED—高EC＞高ED—低EC，即低环境动态—低环境竞争组合更能推动组织情绪资源转化进程。

表9-8　ED与EC交互效应分析表

生命周期	类型	PIP M	PIP SD	95%置信区间 下限	95%置信区间 上限	比较
初创期	高ED—高EC	3.403	0.115	3.176	3.630	高ED—低EC＞低ED—高EC＞高ED—高EC＞低ED—低EC
初创期	低ED—高EC	3.512	0.101	3.313	3.711	
初创期	低ED—低EC	3.225	0.038	3.150	3.300	
初创期	高ED—低EC	3.665	0.089	3.489	3.840	
发展期	高ED—高EC	3.077	0.098	2.884	3.270	低ED—高EC＞高ED—低EC＞低ED—低EC＞高ED—高EC
发展期	低ED—高EC	3.500	0.230	3.048	3.952	
发展期	低ED—低EC	3.206	0.035	3.137	3.274	
发展期	高ED—低EC	3.454	0.117	3.224	3.684	
成熟期	高ED—高EC	3.119	0.106	2.910	3.327	低ED—低EC＞低ED—高EC＞高ED—高EC＞高ED—低EC
成熟期	低ED—高EC	3.312	0.136	3.044	3.579	
成熟期	低ED—低EC	3.317	0.055	3.208	3.425	
成熟期	高ED—低EC	2.764	0.136	2.496	3.031	

9.5　研究结论与讨论

本研究通过对400余家科技企业的多源问卷调研，得出如下主要结论：

首先，智力资本在组织情绪能力与产品创新绩效间起中介作用，其中在企业初创期起完全中介作用,在发展与成熟期起部分中介作用。这一结论与相关[1]研究结论体现出内在一致性,同时将研究结论拓展至组织情绪治理领域,进一步丰富、补充、细化了国际上组织层次情绪理论后效变量研究。

其次,环境动态性在组织情绪能力与产品创新绩效间以智力资本为中介的间接关系中不起调节作用,环境竞争性对智力资本的中介关系起正向调节作用,其中在企业初创期与成熟期起正向调节作用,在发展期不起调节作用。这一结论拓展了阿肯等的实证研究[2][3]。阿肯等研究发现,环境动态性正向调节组织情绪能力与产品创新绩效间关系,而本研究发现环境动态性对组织情绪能力与产品创新绩效间直接关系起正向调节作用,但对以智力资本为中介作用的有调节的中介关系不起调节作用,环境竞争性起正向调节作用。研究证明中国科技企业更应该考虑以竞争性环境因素促进智力资本参与情绪资源向创新智力资源的转化进程。

最后,环境动态性、环境竞争性交互项正向调节组织情绪能力与产品创新绩效间以智力资本为中介的间接关系,且在初创期高动态性—低竞争性的环境组合下,企业产品创新绩效较高;在发展期低动态性—高竞争性的环境组合下,企业产品创新绩效较高;在成熟期低动态性—低竞争性的环境组合下,企业产品创新绩效较高。该结论弥补了以往研究仅考虑片面环境因素的不足,将詹森等[4]提出的复杂环境量化标准引入实证研究,全面揭示复杂环境下情绪管理要素拓展至创新管理领域的边界条件。

本研究结论对科技企业研发人员管理实践具有重要启示意义。它警示科技企业管理者提升组织软性环境管理要素的重要性,建议科技企业在推进组织资源转化进程时更加注重研发人员的智力资本投入,而环境因素可以强化以上组织资源转化效果。为此,相较科技企业发展期与成熟期,在企业初创期更要加大智力资本投入;同时,若企业管理资源有限,在企业初创期与成熟期更要注重营造环境竞争性氛围,而在发展期则无须过于考虑竞争性因素构造;若企业

---

[1] 刘小浪,刘善仕,王红丽. 关系如何发挥组织理性——本土企业差异化人力资源管理构型的跨案例研究 [J]. 南开管理评论,2016,19 (2):124 – 136.

[2] Akgün A. E., Keskin H., Byrne J. Organizational emotional capability, product and process innovation, and firm performance:An empirical analysis [J]. Journal of Engineering and Technology Management,2009,26 (3):103 – 130.

[3] Akgün A. E., Keskin H., Byrne J. The moderating role of environmental dynamism between firm emotional capability and performance [J]. Journal of Organizational Change Management,2008,21 (21):230 – 252.

[4] Jansen J. J. P., Bosch F. A. J. V. D., Volberda H. W. Exploratory innovation, exploitative innovation, and performance:Effects of organizational antecedents and environmental moderators [J]. Erim Report,2006,52 (11):1661 – 1674.

管理资源充足，在企业整个生命周期均要注重环境动态性与竞争性氛围营造，且在初创期要强化企业内部动态性环境，同时保持外部竞争性环境稳定，在发展期，要强化企业外部竞争性环境因素，降低内部动态性环境因素，而在成熟期，要稳定所有环境因素，不要过于刻意营造环境不稳定因素。

本研究存在两方面局限：一是鉴于衰退期样本量较小，难以完成此企业生命阶段中情绪能力对创新影响的分析，后续研究需要扩展此方面的研究；二是研究企业对象所属产业行业领域有限，建议后续研究可以拓展服务型企业的研究。

第 10 章

科技企业组织情绪能力影响研发员工创新的中介机制：行业差异的视角

10.1 问题的提出

在当前复杂变革环境下，如何推动组织创新管理是各类企业持续关注的重要话题[1]。近二十年来，学者们一直致力于发掘、识别不同的组织管理要素对推动企业科技创新、产品创新、管理创新的作用影响及机制路径探讨[2]。调研发现[3]，在中国许多科技企业中，创新活动不是被激励的、被推动的，而是被限制的，被阻碍的，其中有硬件资源的支持问题，更有软性环境的治理问题。组织是由员工个体组成的，组织创新的基本单元是员工创新，创新活动的主体是研发员工，而员工个体创新过程是个体在动机、认知和情感三个子系统的多次交互作用下产生的[4][5][6]，该交互过程不仅表现为员工个体知识技能的转化和

---

[1] Anderson N., Potocnik K., Jing Zhou. Innovation and creativity in organizations: A state of the science review, prospective commentary and guiding framework [J]. Journal of Management, 2014 (5): 1297-1334.

[2] Akgün A. E., Keskin H., Byrne J. The moderating role of environmental dynamism between firm emotional capability and performance [J]. Journal of Organizational Change Management, 2008, 21 (21): 230-252.

[3] 孙锐. 战略人力资源管理与组织创新氛围研究——基于企业研发人员的调查 [M]. 北京：人民出版社，2013.

[4] Amabile T. M., Fisher C. M. Stimulate creativity by fueling passion [M]. Handbook of Principles of Organizational Behavior (2nd Edition), 2009: 481-497.

[5] Gruber H. E., Wallaee D. B. The case study method and evolving systems approach for understanding unique creative people at work. Runeo M A, Albert R ed. Theories of creativity, 1999: 93-115.

[6] Liu D., Chen X. P., Yao X. From autonomy to creativity: A multilevel investigation of the mediating role of harmonious passion [J]. Journal of Applied Psychology, 2011, 96 (2): 294-309.

利用，而且表现为众多个体情绪要素的集成、整合与应用①。根据情绪事件理论，情绪要素事件的集成、重构与应用会影响研发员工的态度与行为，进而形成"情绪—态度—行为"循环链条。组织个体单元间的情绪互动会自发形成一种动态性情绪能量，而与之相关的引导、调控能力也是一种重要的组织能力，它会对个体间知识分享、创造创新等重要活动提供情绪动力或情绪障碍②。有专家指出，组织情绪治理研究与创新管理问题相结合将很可能是推动科技企业创新管理实践发展的新路径③。

鉴于此，本研究以科技企业为调研对象，综合借鉴现有相关理论，将组织情绪能力、决策参与、外部互动与研发员工创新行为置于同一理论框架，并构建中介双路径模型，从不同行业探析组织情绪能力影响员工创新行为的差异化中介机制，以期弥补当下组织层次情绪理论研究不足，推动组织情绪治理与创新管理实践发展。

10.2 理论背景和研究假设

10.2.1 组织情绪能力与研发员工创新行为

组织情绪研究表明，组织是由不同情绪的个体组成，组织个体单元内的情绪事件触发会影响员工个体的组织假设与组织判断④，并通过情绪感染性、传播性与隐含性等多重特质作用于组织生活的每一个场所，在工作场所中被持续感知、感染、传播、共振、引导、调谐、体验，进而触动组织个体单元间各种人际交互进程⑤。组织个体单元间情绪在该进程中会彼此共享、渲染、扩散、聚合，并在组织行动体系内形成群体动态性情绪，该动态性情绪具有自发性、潜在性、不稳定性等特征，需要借助组织行为运作流程在其行动体系间进行有

---

① Akgün A. E., Keskin H., John C., Byrne J. et al. Antecedents and results of emotional capability in software development project teams [J]. Journal of Product Innovation Management, 2011, 28 (6): 957 – 973.

② Huy, Q. H. Emotional capability, emotional intelligence, and radical change [J]. Academy of Management Review, 1999, 24 (2): 325 – 345.

③⑤ 孙锐, 赵晨. 高新技术企业组织情绪能力、组织学习与创新绩效 [J]. 科研管理, 2017, 38 (2): 93 – 100.

④ Fernandez C. P. Emotional Intelligence in the workplace [J]. Journal of Public Health Management and Practice, 2007, 13 (1): 80 – 82.

意引导、调和、集成。而这种由组织个体单元内逐渐交互与动态螺旋至组织行动体系间的情绪转化过程称为组织情绪的形成过程。组织情绪能力则是一种组织感知、理解、监测、调整和利用组织情绪及在组织结构、惯例和流程中引导、体现组织情绪的能力[1]。它既涉及情绪构面的组织能力，也涉及组织层次的情绪理论。组织情绪能力的内在基本假设是组织具备接收、调和、引导、集成、重构、转化与应用组织内部情绪的能力，其框架中不同的情绪模式、情绪表达与组织惯例形成了不同的情绪状态，而情绪状态的使能差异性构成了组织情绪能力多维度的情绪动态性，主要包含认同动态性、和谐动态性、体验动态性、游戏动态性、表达动态性、鼓舞动态性六个层面[2]。

当前国际上关于组织情绪能力的"实体化"研究正在拓展至创新管理领域，将组织情绪能力与群体及个体创新能量整合研究，将有可能为解决复杂变革环境下组织创新管理问题提供一条新的探索路径[3]。情绪事件理论曾提出，情绪是由特定事件引发的，它既可以直接影响组织及员工个体行为（情绪驱动行为，affect-driven behaviors），也可以通过态度影响组织及员工个体行为（判断驱动行为，judgment-driven behaviors），进而形成"事件—情绪—态度—行为"循环链条[4]。组织是一种独特资源的聚合体，组织发展的实质是各项组织资源的整合、集成与应用的过程，而组织情绪动态性的生成、交互与使能化螺旋进程正是根植于创新资源的稀缺性与价值性特征之中。组织集成、整合与应用其情绪的能力能够干预、调和和引导组织资源转化过程，推动组织情绪势能资源对其创新动能资源的"使能化"进程。阿肯等[5]的研究表明，组织情绪动态性为组织内部产品创新与个体间知识分享提供了便利条件，并促使组织改善绩效。乔治等[6]通过对来自石油服务企业161对配对数据研究表明，一种支持

---

[1] 孙锐，张文勤. 企业创新中的组织情绪能力问题研究 [J]. 科学学与科学技术管理，2015, 36 (1): 70 – 78.

[2][5] Akgün A. E., Akgün J. C., Byrne H. K. Organizational intelligence: A structuration view [J]. Journal of Organizational Change Management, 2007, 20 (3): 272 – 289.

[3] 孙锐，赵晨. 战略人力资源管理、组织情绪能力与组织创新——高新技术企业部门心理安全的作用 [J]. 科学学研究，2016, 34 (12): 1905 – 1915.

[4] Weiss H. M., Cropanzano R. Affective events theory: A theoretical discussion of the structure, causes and consequences of affective experiences at work [J]. Research in Organizational Behavior, 1996, 18 (3): 1 – 74.

[6] George J. M., Zhou J. Dual tuning in a supportive context: Joint contributions of positive mood, negative mood, and supervisory behaviors to employee creativity [J]. Academy of Management Journal, 2007 (50): 605 – 622.

第 10 章 科技企业组织情绪能力影响研发员工创新的中介机制：行业差异的视角

性的情绪状态益于员工在复杂环境下开展创造性活动。李常洪和张曦[①]等学者基于22种情绪仿真研究发现，组织中情绪氛围营造益于个体分享自身的隐性知识，且积极情绪与部分消极情绪更有益于开展隐性知识分享活动。而沃里和休伊（Vuori & Huy）[②]基于诺基亚2005~2010年案例研究发现，高层与中层管理者情绪分享在短期内利于个体创新，但长期内不利于个体创新。其他实证，如阿肯等[③]、王国猛等[④]的研究均表明，情绪能力与员工创新行为具有显著相关性。专家指出，组织情绪能力作为一种描述组织经历、惯例及流程的能力类别，将会为组织进行重大战略活动、创新活动提供背景氛围[⑤]。

情绪因素是创造力中具有决定意义的社会心理因素之一，它可以以"螺旋"形式直接干预科技企业创新资源转化进程[⑥]。科技企业创新活动具有不确定性和高风险性特征，具体表现为创新情境变动性、解决路径模糊性、技能需求专用性及问题解决时限性等[⑦]，该特征决定了研发个体创新活动不仅要调用自身储备的知识技能，而且要有效管理与运用自身潜在的创新智力资源、情绪资源，以应对其活动情景动态性。因此，个体创新活动是一种典型的情绪性劳动[⑧]。组织情绪研究表明，科技企业是一系列理性知识与感性情绪的聚合体，前者是一种知识常规层面的被动组织能力，后者是一种情绪构面的主动组织能力，而后者是组织主动建构、集成、引导的，可以直接引导其投入具体的创新活动中，实现情绪资源"动能化"与创新资源"使能化"过程。国际上逐渐开始探讨创新管理领域中情绪要素的螺旋、感染、整合作用，如情绪氛围[⑨]、

---

① 李常洪, 张曦. 组织中情绪氛围对隐性知识共享的影响——基于多agent的仿真研究 [J]. 情报理论与实践, 2016, 39 (9): 77-81.

② Vuori T. O., Huy Q. N. Distributed attention and shared emotions in the innovation process [J]. Administrative Science Quarterly, 2015, 61 (1): 9-51.

③ Akgün A. E., Keskin H., Byrne J. Organizational emotional capability, product and process innovation, and firm performance: An empirical analysis [J]. Journal of Engineering and Technology Management, 2009, 26 (3): 103-130.

④ 王国猛, 孙吴信宜, 郑全全, 等. 情绪创造力对员工创新行为的影响: 情绪社会建构理论的视角 [J]. 心理科学, 2016, 39 (1): 124-130.

⑤⑧ 孙锐, 张文勤. 企业创新中的组织情绪能力问题研究 [J]. 科学学与科学技术管理, 2015, 36 (1): 70-78.

⑥ Amabile T. M., Conti R., Coon H. et al. Assessing the work environment for creativity [J]. Academy of Management Journal, 1996, 39 (5): 1154-1184.

⑦ 孙锐. 战略人力资源管理与组织创新氛围研究——基于企业研发人员的调查 [J]. 北京: 人民出版社, 2013.

⑨ 刘小禹, 刘军. 团队情绪氛围对团队创新绩效的影响机制 [J]. 心理学报, 2012, 44 (4): 546-557.

情绪劳动[1]、情绪激活[2]等。弗雷德里克森和乔伊纳[3]基于扩展和开拓性互动视角研究发现，情绪会拓展个体的行动与认知系统，促使其放弃有迹可循的规范性方案，进而寻求新颖的、创造性的行动路径与认知范围。基于以上组织情绪能力管理逻辑，科技企业整合、集成、重构与应用个体情绪的能力越强，创新活动个体将其创新智力资源转化为创新资源的进程则会越快。因此，本章提出以下假设：

假设1：企业组织情绪能力对研发员工创新行为具有正向影响。

组织学习是影响员工行为、绩效的重要行为变量，组织本身并不具备学习能力，而是依赖于组织成员以彼此知识分享、与其他组织、客户、科研院所、供应商交流等形式进行学习[4][5]，即组织学习资源的获得来自组织内部与外部两条路径。福布斯和韦尔德（Forbes & Wield）[6]、奇皮卡和威尔逊（Chipika & Wilson）[7]曾提出，组织学习内部资源的获得主要依赖于员工在组织决策中的参与度，外部资源的获得主要源于与外部组织信息的收集、分析、共享。因此，本章选用决策参与变量作为组织内部学习的本质反映，以外部互动变量作为组织外部学习的核心特征。决策参与在组织学习中主要表现为意见重要性，即管理者在组织重大决策中愿意听取员工的意见且该意见能够影响组织决策制定、员工能够感觉到自身意见的重要性；外部互动在组织学习中主要表现为内容性、程序性和互动性，即收集外部信息是员工工作内容之一、组织有专门的组织程序收集、分析和共享外部信息、组织鼓励员工与外部组织进行联系和互动[8]。

---

[1] 张敏，张一力. 任务紧迫性下关系嵌入、情绪劳动及个体创新行为的关系研究 [J]. 管理工程学报，2015，29（2）：19–30.

[2] Amabile T. M., Barsade S. G., Mueller J. S. et al. Affect and creativity at work [J]. Social Science Electronic Publishing, 2005, 50 (3): 367–403.

[3] Fredrickson B. L., Joiner T. Positive emotions trigger upward spirals toward emotional well-being [J]. Psychological Science, 2002, 13 (2): 172–175.

[4] 李志远，王雪方. 组织学习与客户知识管理能力的关系研究——关系嵌入的调节 [J]. 科学学与科学技术管理，2015，36（3）：152–162.

[5] Bångens L., Araujo L. The structures and processes of learning: A case study [J]. Journal of Business Research, 2002, 55 (7): 571–581.

[6] Forbes N., Wield D. From followers to leaders: Managing innovation and technology [M]. London: Routledge, 2002.

[7] Chipika S., Wilson G. Enabling technological learning among light engineering SMEs in Zimbabwe through networking [J]. Technovation, 2006, 26 (8): 969–979.

[8] Alegre J., Chiva R. Assessing the impact of organizational learning capability on product innovation performance: An empirical test [J]. Technovation, 2008, 28 (6): 315–326.

组织学习资源的可得路径是多元的,有对组织内部旧知识资源的优化、整合、重构与升级,也有对组织外部知识资源的交换、收集、分析与共享,它是失败教训与成功经验间转化、吸收与利用的全过程[①]。根据乔治等[②]学者的相关研究,一种支持性的情绪状态可以为员工在复杂情境中实现知识共享、开展创造性活动提供便利条件。组织情绪能力是组织情绪心智模式的具体体现,是员工行为逻辑规范、内外部知识互动与分享的共有信念[③]。哈特菲尔德等(Hatfield et al.)[④]研究表明,组织中情绪的传播、渲染均是在个体单元及组织体系互动中产生的,且情绪交互感染力越强,社会互动会越频繁。孙锐和赵晨[⑤]学者基于 300 余家科技企业研究发现,组织情绪能力可以更好地促进员工开展外部互动、内部对话、决策参与为核心的组织学习活动。基于以上组织情绪能力的后效作用逻辑,科技企业整合、集成、重构与应用个体情绪的能力越强,员工知识分享、外部交流频次则会越高。因此,本章提出以下假设:

假设 2:企业组织情绪能力对决策参与、外部互动具有正向影响。

10.2.2 外部互动、决策参与的中介作用

组织情绪是一种重要的组织资源,它可以通过员工参与、组织实践等方式转变为其他资源形式,如知识资源、创新智力资源[⑥][⑦]。组织情绪能力是一种强化员工个体及组织情绪共享型、社会性心智模式的具体体现,也是规范员工

---

① 黄海艳,苏德金,李卫东. 失败学习对个体创新行为的影响——心理弹性与创新支持感的调节效应[J]. 科学学与科学技术管理,2016,37(5):161-169.

② George J. M., Zhou J. Dual tuning in a supportive context:Joint contributions of positive mood, negative mood, and supervisory behaviors to employee creativity [J]. Academy of Management Journal, 2007 (50):605-622.

③ 孙锐,陈国权. 企业跨部门心理安全、知识分享与组织绩效间关系的实证研究[J]. 南开管理评论,2012,15(1):67-74.

④ Hatfield E., Cacioppo J., Rapson R. L. Emotional contagion [M]. New York:Cambridge University Press, 1994:355-371.

⑤ 孙锐,赵晨. 高新技术企业组织情绪能力、组织学习与创新绩效[J]. 科研管理,2017,38(2):93-100.

⑥ Barrick M. R., Thurgood G. R., Smith T. A. et al. Collective organizational engagement:Linking motivational antecedents, strategic implementation, and firm performance [J]. Academy of Management Journal, 2014, 58(1):111-135.

⑦ Hobfoll S. E. Conservation of resource caravans and engaged settings [J]. Journal of Occupational & Organizational Psychology, 2011, 84(1):116-122.

行为逻辑、聚焦员工行为信念、为创新活动提供氛围支持和情绪导向的集体行动能力。科技企业的研发个体创新行为是由其创新场域、创新情景、创新动机等诸多要素互动决定的，而这些要素变量发挥的作用大小、创意投入均与组织情绪有着密切关联[1]。组织情绪能力为研发员工内部知识分享与互动、外部信息交流与沟通提供了情绪氛围，深化同事、同行间的情感联结，统一彼此创新行为指向，推动跨部门、跨组织间的联合创新行动[2]。

以往多项研究表明，情绪互动、情绪创新等情绪变量与员工创新行为间具有显著相关关系[3][4]。而更进一步，本研究认为在科技企业背景下，该关系是以研发员工内部决策参与性与外部互动性为中介实现的。对科技企业而言，研发个体创新是组织创新的重要组成部分，研发员工情绪稳定性直接关系着员工个体情绪共享与情绪互动频繁性，进而影响员工开展创新参与、知识交换与知识交流活动。例如孙锐和陈国权[5]的研究发现，科技企业员工个体心理不安全感会阻碍其知识分享与外部信息沟通，进而损害员工创新意向与创新动机。刘小禹和刘军[6]针对团队研究表明，团队内部情绪资源交换益于创新绩效改善，而团队外部情绪资源互动更能促进以上积极作用发挥。李氏（Rhee）[7]指出，当组织中具备积极情绪氛围时，组织内部会出现更多开拓性或扩展性互动行为，该互动行为更益于员工认知与情感系统的开拓与延伸，推动个体创新行为。其他实证，如金等（Jin et al.）[8]基于情绪评价理论和情绪事件理论对81家韩国保险企业调研显示，员工情绪状态与员工管理参与及集体认知创新具有高度相关性。部分学者指出，组织情绪能力作为共享心智模式的具体体现，益于员工分享个体认知、紧密组织学习空间、提升组织及个体创

---

[1] 孙锐，张文勤．企业创新中的组织情绪能力问题研究［J］．科学学与科学技术管理，2015，36(1)：70-78．

[2] 孙锐，赵晨．高新技术企业组织情绪能力、组织学习与创新绩效［J］．科研管理，2017，38(2)：93-100．

[3] 王国猛，孙吴信宜，郑全全，等．情绪创造力对员工创新行为的影响：情绪社会建构理论的视角［J］．心理科学，2016，39(1)：124-130．

[4][6] 刘小禹，刘军．团队情绪氛围对团队创新绩效的影响机制［J］．心理学报，2012，44(4)：546-557．

[5] 孙锐，陈国权．企业跨部门心理安全、知识分享与组织绩效间关系的实证研究［J］．南开管理评论，2012，15(1)：67-74．

[7] Rhee S. Y. Shared positive emotions and group effectiveness: The role of broadening-and-building interactions [J]. Academy of Management Annual Meeting Proceedings, 2007, 50 (1): 605-622.

[8] Jin N. C., Sun Y. S., Lee K. et al. Balancing cognition and emotion: Innovation implementation as a function of cognitive appraisal and emotional reactions toward innovation [J]. Journal of Organizational Behavior, 2011, 32 (1): 107-124.

新意愿[1][2][3]。

因此，本章提出以下假设：

假设3：决策参与、外部互动在组织情绪能力与研发员工创新行为的关系中具有中介作用。

基于以上分析，本研究提出组织情绪能力、决策参与、外部互动与员工创新行为的研究模型，如图10-1所示。

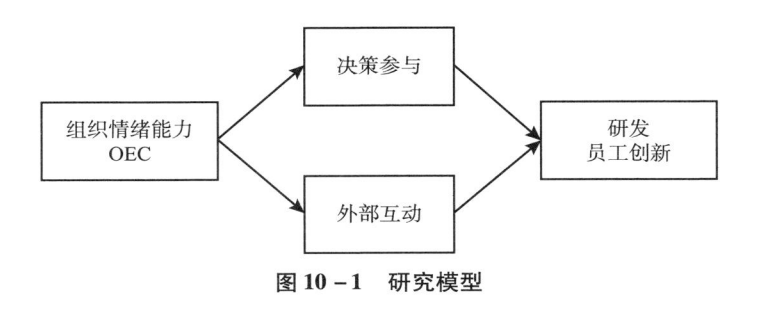

图10-1 研究模型

10.3 研究方法

10.3.1 研究样本与数据收集

研究调查对象为在新一代电子技术、软件研发、电子通信、新材料、机械制造、生物医药等产业领域内的科技企业，且均有研发部门。各变量数据采集自企业中实际从事科技研发（R&D）工作的员工。样本企业主要来自包头稀土高新区、北京中关村、济南高新区、宁波国家高新区以及济南市、北京市、宁波市、深圳市、青岛市的相关科技企业。所有问卷调查企业及人员秉承自愿原则，问卷通过纸质快递和电子邮件两种方式发放和回收。在剔除掉漏答过多以及回答明显不认真的不合格问卷之后，最终回收有效问卷456份，问卷发放回收有效率65.7%。

---

[1] 李柏洲，徐广玉. 共享心智模式、组织学习空间与创新绩效关系的研究［J］. 科学学与科学技术管理，2013，34（10）：171-180.

[2] Mintzberg H. The structuring of organizations ［M］. New Jersey：Prentice Hall，1979.

[3] 孙锐，张文勤. 企业创新中的组织情绪能力问题研究［J］. 科学学与科学技术管理，2015，36（1）：70-78.

样本的描述性统计结果表明，被试企业成立年限 1~2 年占 19.1%，3~5 年占 15.8%，6~10 年占 27.4%，10 年以上占 37.7%；公司发展阶段为初创期的企业占 16.7%，发展期占 44.1%，成熟期占 36.0%，衰退期占 3.2%；电子通信行业企业占 17.8%，机械制造占 22.1%，生物医药占 15.6%，化工食品占 32%，软件服务占 7.7%，其他占 4.8%；企业规模 50 人及以下占 15.6%，51~200 人占 21.1%，201~500 人占 21.9%，501~1000 人占 10.5%，1000 人以上占 30.9%；企业所有制性质为国有企业占 38.2%，民营企业占 28.9%，三资企业占 32.9%；企业所在地区为东部的占 45.0%，中部占 5.5%，西部占 49.5%；样本企业市场份额远远小于最大竞争对手占 6.1%，小于最大竞争对手占 35.7%，与最大竞争对手相当占 32.9%，大于最大竞争对手占 18.9%，远远大于最大竞争对手占 6.4%。

10.3.2 变量测量

研究主要采用问卷调查的形式，问卷采用李克特 5 点量表（1 = 完全同意；5 = 完全不同意），且均为国外现有的成熟量表，具体测量如下所述：

（1）组织情绪能力。

采用阿肯等[1]修订的组织情绪能力量表，共 20 个条目，主要包括鼓励动态性、自由表达动态性、游戏动态性、体验动态性、和解动态性和身份识别动态性六个维度，示例条目有"我们组织有一种能够给其员工灌输希望的能力"等。因子载荷均在 0.611~0.897，Cronbach α 系数为 0.939，有较高信度。

（2）决策参与。

采用阿雷格里和奇瓦（Alegre & Chiva）[2]修订的组织学习量表中的决策参与维度，共 3 个条目，示例条目有"在组织的重要决策过程中，管理者经常听取员工意见"等。因子载荷均在 0.872~0.952，Cronbach α 系数为 0.903，有较高信度。

（3）外部互动。

采用阿雷格里和奇瓦[3]修订的组织学习量表中的外部互动维度，共 3 个条目，示例条目有"积极收集、整理、反馈和报告关于公司外部的相关业务信息

---

[1] Akgün A. E., Akgün J. C., Byrne H. K. Organizational intelligence: A structuration view [J]. Journal of Organizational Change Management, 2007, 20 (3): 272 – 289.

[2][3] Alegre J, Chiva R. Assessing the impact of organizational learning capability on product innovation performance: An empirical test [J]. Technovation, 2008, 28 (6): 315 – 326.

是员工们的工作内容之一"等。因子载荷均在 0.671~0.893，Cronbach α 系数为 0.737，有较高信度。

（4）员工创新行为。

采用由史考特等（Scott et al.）[①] 开发的单维度量表，共 6 个条目，示例条目有"在工作中，我会主动寻求应用新技术、新程序或新方法"等，因子载荷均在 0.788~0.838，Cronbach α 系数为 0.731，信度较好。

（5）控制变量。

本章借鉴阿雷格里和奇瓦[②]的研究，组织年限、组织规模、组织性质、工作地区、市场份额比较、组织发展时期、组织所属行业可能对组织情绪能力与创新间产生影响，因此本章将其设置为控制变量。

10.4 数据分析与假设检验

10.4.1 验证性因子分析

由于本章个别变量数据来源于同一个体，因此本章采用哈曼单因素法检验同源方差。运用 SPSS 23.0 对全部数据进行主成分分析，解释总变异量的 66.0%，大于 60%，且第一个因子解释总变异量的 41.1%，低于 50%，表明数据的同源方差在可接受的范围内。总体 KMO 值为 0.811，Barlett's 检验的统计量在小于 0.001% 的水平上显著，说明适合做因子分析。在此基础上，进一步运用 LISREL 8.7 结构方程对本研究涉及的变量进行了构件间的区分效度检验，分别对四因子模型、三因子模型、二因子模型以及一因子模型进行检验，结果如表 10-1 所示。通过对表 10-1 中四个模型的拟合指数进行比较可知，在四个模型中，四因子模型的拟合度最好，即表明本研究的变量间具有良好的区分效度。

[①] Scott, Susanne G., Bruce, Reginald A. Determinants of innovation behavior: A path model of individual innovation in the workplace [J]. Academy of Management Journal, 1994 (3): 580-607.

[②] Alegre J, Chiva R. Assessing the impact of organizational learning capability on product innovation performance: An empirical test [J]. Technovation, 2008, 28 (6): 315-326.

表 10-1　　　　　　　　　　验证性因子分析结果

模型	χ^2	df	χ^2/df	RMSEA	SRMR	CFI	GFI
四因子模型	953.77	84	11.35	0.051	0.087	0.87	0.78
三因子模型	1347.00	87	15.48	0.078	0.130	0.82	0.72
二因子模型	2048.17	89	23.01	0.120	0.120	0.77	0.62
单因子模型	2377.79	90	26.42	0.136	0.130	0.74	0.59

注：四因子模型：组织情绪能力、决策参与、外部互动、员工创新行为；三因子模型：组织情绪能力、决策参与+外部互动、员工创新行为；二因子模型：组织情绪能力+决策参与+外部互动、员工创新行为；单因子模型：组织情绪能力+决策参与+外部互动+员工创新行为；N=456。

10.4.2　描述性统计分析

表 10-2 说明了自变量、中介变量及因变量的均值、标准差及相关系数。由表 10-2 可知，组织情绪能力、决策参与、外部互动与员工创新行为之间呈现显著正相关，这为进一步检验变量间中介关系奠定了基础。

表 10-2　　　　　研究变量的描述性统计、相关系数及信度

变量	均值	标准差	1	2	3	4
组织情绪能力	3.334	0.500	(0.939)			
决策参与	3.082	0.901	0.681***	(0.903)		
外部互动	3.620	0.582	0.427***	0.228***	(0.737)	
员工创新行为	3.312	0.537	0.445***	0.129***	0.274***	(0.731)

注：N=456；*** 表示 $p<0.01$；括号中表示 Cronbach α 系数。

10.4.3　总体假设检验

主效应与中介效应检验。本研究采用 SPSS 23.0 对以上假设检验。回归方程设计为：P1：$DI = c_0 + c_1 OEC + e$；P2：$EI = c_0 + c_1 OEC + e$；P3：$EIB = c_0 + c_1 OEC + e$；P4：$EIB = c_0 + c_1 DI + e$；P5：$EIB = c_0 + c_1 EI + e$。

方程中 DI 是决策参与，EI 是外部互动，EIB 是员工创新行为，OEC 是组织情绪能力。研究假设 1 提出，组织情绪能力对员工创新行为具有显著正向影响。表 10-3 中模型 P3 显示，组织情绪能力与员工创新行为显著正相关（$\beta=0.452$，$p<0.01$），表明假设 1 得到验证。研究假设 2 提出，组织情绪能力对决策参与、外部互动具有正向影响作用。表 10-3 中模型 P1、P2 显示，当在控制组织年限、组织发展时期、组织所属行业、组织性质、组织规模、组织

市场份额比较、组织地区这7个变量基础上,将组织情绪能力放入回归方程后,发现组织情绪能力与决策参与显著相关(β=0.733,p<0.01),R^2为0.559(p<0.01),与外部互动显著相关(β=0.447,p<0.01),R^2为0.239(p<0.01)。假设2得到验证。表10-3中模型P4、P5显示,决策参与、外部互动均对员工创新行为具有显著正向影响。研究假设3提出,决策参与、外部互动在组织情绪能力与员工创新行为的关系中具有中介作用。表10-3中模型P6、P7显示,在组织情绪能力基础上,加入决策参与后,组织情绪能力回归系数由0.452增加为0.640,且在1%水平上显著,根据陈晓萍、徐淑英和樊景立[1]等学者的建议,决策参与不起中介作用;而加入外部互动后,组织情绪能力回归系数由0.452降低为0.421,且在1%水平上显著,外部互动发挥部分正向中介作用。假设3部分得到验证。

为检验外部互动中介效应的稳健性,本章进一步采用Sobel检验法明晰变量间关系,根据P2、P5数据检验结果显示,外部互动Z值为4.219(p<0.01),即外部互动中介组织情绪能力与员工创新行为间关系。

表10-3　　　　　　　　　　层级回归结果

变量	决策参与	外部互动	员工创新行为				
	P1	P2	P3	P4	P5	P6	P7
Control	—	—	—	—	—	—	—
OEC	0.733*** (0.060)	0.447*** (0.051)	0.452*** (0.047)			0.640*** (0.066)	0.421*** (0.050)
DI				0.109*** (0.027)		-0.142*** (0.036)	
EI					0.207*** (0.043)		0.069* (0.043)
R^2 adj	0.559***	0.239***	0.251***	0.124***	0.138***	0.275***	0.254***
F	73.109***	18.819***	20.056***	9.045***	10.134***	20.144***	18.179***

注:*代表p<0.1;***代表p<0.01。

本研究采用SPSS Process置信区间宏程序bootstrapping法进一步检验外部互动、决策参与在组织情绪能力与员工创新行为间的中介作用。且为了研究更

---

[1] 陈晓萍,徐淑英,樊景立,等.组织与管理研究的实证方法(第2版)[M].北京:北京大学出版社,2012:434-435.

加细化,将样本数据按照组织所属行业划分,检验哪类行业在以上直接效应与间接效应中具有决定意义。由表10-4可知,电子通信、机械制造、化工食品、软件服务行业数据表明,组织情绪能力影响员工创新行为的直接效应置信区间不包含零点,即具有显著影响;而生物制药行业数据表明,该影响并不显著。且只有机械制造行业间接效应置信区间不包含零点,可知外部互动只有在机械制造行业才能发挥其正向中介效应。同理由表10-5可知,决策参与只有在化工食品行业才能发挥其负向中介效应。因此研究假设2、假设4部分得到支持。

表 10-4　　　　　　外部互动中介作用的 bootstrapping 检验

因变量	行业	效应类别	效应大小	标准误	95% 置信区间 下限	95% 置信区间 上限
员工创新行为	电子通信	间接效应	-0.008	0.232	-0.478	0.062
		直接效应	0.272	0.085	0.101	0.442
	机械制造	间接效应	0.115	0.046	0.038	0.220
		直接效应	0.202	0.091	0.022	0.382
	生物制药	间接效应	0.038	0.083	-0.154	0.171
		直接效应	0.147	0.122	-0.097	0.392
	化工食品	间接效应	-0.063	0.065	-0.263	0.015
		直接效应	0.484	0.133	0.217	0.751
	软件服务	间接效应	0.141	0.623	-1.773	0.950
		直接效应	0.086	0.062	0.041	0.212

表 10-5　　　　　　决策参与中介作用的 bootstrapping 检验

因变量	行业	效应类别	效应大小	标准误	95% 置信区间 下限	95% 置信区间 上限
员工创新行为	电子通信	间接效应	-0.226	0.598	-2.284	0.374
		直接效应	0.490	0.159	0.172	0.807
	机械制造	间接效应	-0.091	0.073	-0.245	0.040
		直接效应	0.408	0.108	0.193	0.623
	生物制药	间接效应	-0.033	0.093	-0.236	0.136
		直接效应	0.218	0.134	-0.050	0.486

续表

因变量	行业	效应类别	效应大小	标准误	95%置信区间 下限	95%置信区间 上限
员工创新行为	化工食品	间接效应	-0.017	0.103	-0.098	-0.022
	化工食品	直接效应	0.404	0.167	0.067	0.741
	软件服务	间接效应	-0.686	1.607	-2.999	2.907
	软件服务	直接效应	1.794	0.377	0.902	2.686

10.5 研究结论与讨论

本研究通过对科技企业的多源调查研究发现，企业组织情绪能力以外部互动为部分中介对研发员工创新行为产生正向影响。首先，关于组织情绪能力对研发员工创新行为的正向影响的研究结论，是对阿肯等[1]学者将情绪构面组织能力拓展至创新管理领域研究的有益补充。前期研究指出，科技企业组织层次的情绪要素对组织层次的管理、产品与流程创新具有显著影响，但始终未说明对个体创新要素是否会有同样的影响效应；更进一步，尚待研究科技企业中的哪些行业契合前期研究结论。本研究证明在中国科技企业背景下，电子通信、机械制造、化工食品、软件服务行业组织情绪能力对研发员工创新行为具有显著影响，而生物制药行业此类作用并不明显。这很可能是由于组织情绪能力在创新管理领域的发挥具有情境性，这与以往研究结论具有一定契合性。据姜继娇等[2]运用面板数据研究表明，行业特征对市场情绪存在一定影响，且行业间存在差异。

其次，外部互动部分中介企业组织情绪能力与研发员工创新行为间关系，决策参与不起中介作用。这更加细化与明晰了情绪能力与创新间的作用机制问题，对复杂情境下组织情绪能力与组织变革、组织创新问题研究提供了新依据。组织情绪是一种重要的组织资源，它的转化与利用必须依赖于研发员工与外部组织的资源交换，如信息资源交换，进而更新组织内部固有资源，推动创

---

[1] Akgün A. E., Keskin H., John C., Byrne J. et al. Antecedents and results of emotional capability in software development project teams [J]. Journal of Product Innovation Management, 2011, 28 (6): 957-973.

[2] 姜继娇, 杨乃定. 行业特征、市场情绪与收益波动 [J]. 管理学报, 2006, 3 (5): 607-613.

新智力资源"使能化"进程。而本研究表明,当决策参与进入回归时,组织情绪能力对研发员工创新行为的影响增加,说明决策参与在组织情绪能力与员工创新行为间可能发挥调节或非线性中介作用。这一结论与徐鹏等[1]学者研究结论一致。此外,研究发现中国科技企业背景下,化工食品行业组织情绪能力通过影响决策参与作用于研发员工创新行为,机械制造行业组织情绪能力通过影响外部互动作用于研发员工创新行为,而其他行业则不支持这一结论。一方面,这很可能是由于制造业的流程与管理更趋于标准化,外部互动信息的引入更具有挑战性和创新性;而化工食品行业对资源的比例性和连续性的要求较其他行业更高,生产技术具有综合性、复杂性、多样性等特征,研发员工主体作用在组织中获得了过度发挥。另一方面,可能机械制造行业在研究数据中占据了效应控制权,而化工食品行业影响效应相对其他行业较弱。

研究不可避免存在一些不足与局限。首先,研究采用横截面数据难以全面揭示情绪动态性及各变量间的因果关系,建议后续研究采用纵向数据跟踪研究形式;其次,研究结论仍然局限于科技企业,未来可以拓展至其他产业类型;最后,研究结论在科技企业背景下,各行业间存在差异,期待后续研究可以引入行业特征等情境变量。

本研究具有重要管理启示。我们针对大量科技企业的课题调研显示,部分企业的创新活动不是被激励的、被推动的,而是被限制的、被阻碍的,其中有硬件资源支持问题,更有软性环境治理问题,"情绪""氛围"等软性环境变量也会促进或阻碍组织及个体创新活动开展[2]。因此,科技企业要强化组织及个体创新性,则需要强化其软性能力,鼓励员工与外部组织信息互动,适当减少员工决策参与度。同时,科技企业要鼓励同事、同行间沟通交流,给予员工适当的情绪表达空间,并对此做出部分回应。

---

[1] 徐鹏,白贵玉,陈志军. 知识型员工参与激励与创新绩效关系研究——组织公民行为的非线性中介作用[J]. 科学学与科学技术管理, 2016, 37 (5): 129 - 137.

[2] 孙锐. 战略人力资源管理与组织创新氛围研究——基于企业研发人员的调查[M]. 北京:人民出版社, 2013.

第 11 章

科技企业研发场景、组织学习、情绪互动与创新人才作用发挥机制研究

11.1 问题的提出

要确立人才优先发展的战略布局,其中居于首位的是培养造就科技创新人才。人才是一个国家的命脉,而创新人才是当今世界最重要、最宝贵、最稀缺的战略性资源。目前中国正处于从人力资源大国向人力资源强国的转变过程中,一方面,我国教育与科技事业蓬勃发展,已成为名副其实的科技、教育和人才大国[1];另一方面,我国面临着高层次创新人才短缺、科技人才队伍结构失衡、人才整体创新能力偏弱,企业技术创新人才相对不足等诸多问题的挑战[2],严重影响着我国产业结构升级、经济发展方式转变和经济社会可持续发展。因此,深刻反思创新人才培养和开发体系,依据科技创新人才成长和培养规律,深入研究如何培养和造就具有较高水平和竞争能力的科技创新人才队伍,对建设创新型国家、提升企业自主创新能力、全面推进人才队伍建设具有重要意义。

在我国社会主义市场经济条件下,企业是自主创新的主体,也应该成为科技创新人才培养的重要载体。但从我国实际情况来看,许多企业对创新人才培养问题还缺乏系统、深入的认识,尚未建立起有效的创新人才开发培养机制,突出表现在我国企业研发人才规模不大,尤其缺少高水平技术人才上;在理论研究方面,大多数相关成果主要是从教育和激励角度进行分析,深入企业内部

---

[1] 马德秀. 培养拔尖创新人才需要孕育新突破[N]. 中国社会科学报,2011-03-10.
[2] 吴江. 尽快形成我国创新型科技人才优先发展的战略布局[J]. 中国行政管理,2011.

微观创新组织行为和个体层面上的研究非常匮乏[1][2]。《国家中长期人才发展规划纲要（2010—2020年）》提出，人才培养要积极创新体制机制，促进创新人才向企业和一线集聚。在当前形势下，要转方式、调结构，必须建立和完善以企业为主体的技术创新人才培养体系。

为此，需要改变急功近利的心态，结合创新管理和人力资源管理相关理论，提出一套有利于企业科技创新人才成长的培养模式和管理途径，为创新人才营造更加适合其发展的组织情绪氛围，形成有效的人才开发与管理机制。因此，本章首先在前期调研的基础上，提出创新、创造过程是一种问题解决过程，进而探讨了科技创新人才培养应着眼于塑造动态创新能力的观点，然后，以调研的研发企业为例，对其高绩效科技创新人才培养实践进行了归纳总结，此后，围绕研发活动实践，对基于组织学习机制的创新人才培养模式，与创新人才动态创新能力塑造间的关系进行了研究，并据此提出研发导向的科技创新人才培养策略，分析其中的相关机制和管理要素，以期对创新人才培养管理实践有所借鉴。

11.2　创新、创造过程是一种问题解决过程

创新、创造本身是一个发现和解决非结构化问题的过程，其中涉及相关知识和智力的应用。个体在参与创新活动时，先要对问题或任务进行描述、认知和解析，此后调动相关知识、信息储备来发现问题解决机会和创新途径，同时进行试错性反应，通过这种反应尝试建构问题解决方案[3][4]。在这一创新微观过程或问题解决过程中，涉及个人记忆的检索、关联、类推，智力的合成、转换、归类，相关概念、构思的属性发现、解析，以及相关功能推理和应用情景转换等脑力、智力活动[5]。创新人才知识、技能的精炼、整合和再造活动也延续于创新过程之中，这些活动使得创新可以根据需要被聚焦或者扩展。

克森米哈赖（Csiksentmihalyi）将创造、创新视为一个种态过程，认为其中

---

[1]　孙锐. 克服创新人才不足"短板"[N]. 光明日报，2011.
[2]　孙锐. 高层次创新型人才队伍建设亟待推进[J]. 中国人才，2011（4）：71–72.
[3]　Amabile T. M. Creativity in context [M]. Boulder, Colo.：Westview Press，1996.
[4]　Amabile T. M. Assessing the work environment for creativity [J]. Academy of Management Journal，1996（39）：1154–1184.
[5]　Finke R. A., Slayton K. Explorations of creative visual synthesis in mental imagery [J]. Memory & Cognition，1998，16：252–257.

第 11 章 科技企业研发场景、组织学习、情绪互动与创新人才作用发挥机制研究

涉及领域（domain）、个人（individual）与场景（field）三者的互动[1]：领域传递信息到个人，个人在场景下制造变异，场景将变异添加至领域。阿马比尔则指出，个体创造力是领域相关技能、创造力技能、工作动机三种组成成分的交叠部分，三者的交叠程度越大，个体表现出的创造力就越高；而个体创造力会推动组织的创新，组织创新的程度又取决于其资源配备、管理实践和组织动机的聚合部分[2]，如图 11-1 所示。由此可见，创新人才工作的关键特征是在一定任务场景中，凭借其专业领域积累，发现创新机会，在个体动机驱使下，获取外部信息，描述和定义问题，激活相关知识储备，运用自身能力、技能和经验评价、搜寻和探索问题解决方案。这本质上是一个在特定场景中，发现问题、解决问题的过程，其中个体创造力表现为在这一过程中所运用的各种智力品质的总和，也包括个体情绪与内在动机等。国际创新研究专家吉尔福德（Guilford）曾经指出，"创新"和"问题解决"这两个概念具有本质上的一致性[3]，因为二者都需要将既有的知识经验加以转换来产生新事物。因此，创新活动可以视为一种特别的问题解决历程，只是这一历程是基于特定任务情景的，并且往往是分阶段的、非线性的、循环往复的。而那些表现出创新能力的

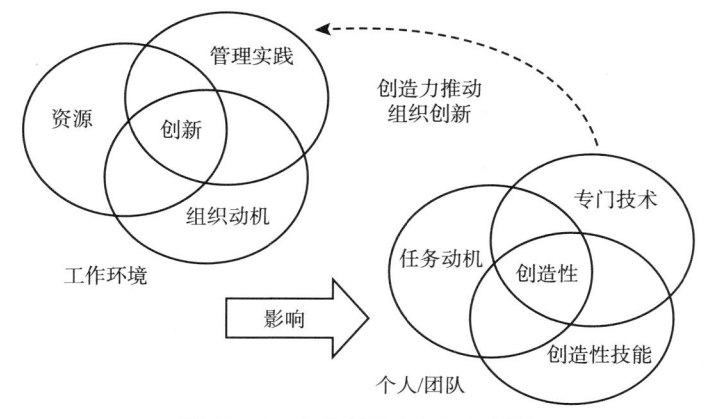

图 11-1 个体创造力与组织创新

资料来源：Amabile, T. M. Motivating creativity in organizations: On doing what you love and loving what you do [J]. California Management Review, 1997, 40: 39-58.

---

[1] Csiksentmihalyi M. Implications of a systems perspective for the study of creativity, In R. J. Sternberg (Eds.) [M]. Handbook of Creativity: Cambridge University Press, 1999: 313-335.

[2] Amabile T. M. Motivating creativity in organizations: On doing what you love and loving what you do [J]. California Management Review, 1997, 40: 39-58.

[3] Guilford J. P. Some changes in the structure of intellect model [J]. Education and Psychology Measurement, 1988, 48: 1-4.

创新人才个体，就是那些在某些专业领域中，针对特定任务，能够重新定义问题，解决问题，并且其取得被认可、被接纳的创造性成果的人。

如上所述，创新人才的创造实践过程往往要历经资源约束和创意酝酿的创新生成过程和探索历程，其中必要的工作动机和知识积累是创新的前提准备，而环境氛围、专业背景、任务情景等也将在背后起着重要影响。这一过程中体现着创新人才培养的重要规律。

11.3 从创新人才的动态创新能力到组织的创新表现

创新人才在现代组织创新中扮演着关键性角色，组织日益依赖于他们的知识、经验、技巧和能力有效地解决复杂创新问题，提出具有前瞻性的创意和方案。创新型人才强调通过持续性地获取、整合和应用科学知识、特殊技能、组织技术和实用经验，为组织做出独特的贡献。在当今知识经济背景下，创新具有不可预测、不可组织、不可系统化特征，这对创新参与者，在知识存量、知识结构、知识运用能力、创新能力、应变能力和学习速度等方面提出了更高要求[1]。一般而言，人才"培养"是在特定的组织环境下，通过专门的指导活动使员工掌握工作相关的知识、规则与技能，改善其工作模式、态度和效率[2]，以保证员工胜任工作或符合岗位发展的要求，创造更多效益的人力资源管理活动。面对实际情境中大量结构不良的技术问题，创新人才只有不断加强对专业的投入，才能有效地提出问题解决方法、程序和策略。

作为研发责任的主要承担者，创新人才需要从任务特征和组织情景出发，以发展的眼光，不断深化对相关业务领域的认知，动态地获取和掌握关键的知识性资源，并根据环境的变化对自身素质和能力结构做出适时的调整、优化和升级，来形成具有柔性化的动态能力。动态能力是一种在变化的环境中建立、整合和重组资源的能力[3]。面对复杂、多变的创新性任务，创新人才要获得关于特定问题满意解所需的方法和知识集合，就需要动态地调整和配置个体知识、技能集，形成多元化知识要素的动态组合能力。

---

[1] 孙锐，陈国权. 知识工作、知识团队、知识工作者及其有效管理研究[J]. 科学学与科学技术管理，2010（2）：189 – 195.

[2] 孙锐，石金涛. 知识环境下组织技术创新人才培训机制探讨[J]. 科学学与科学技术管理，2006（5）：136 – 140.

[3] Winter S. Understanding dynamic capabilities[J]. Strategic Management Journal，2003（10）：991 – 995.

在高风险的创新环境下，只有形成动态能力才能提高结构不良问题的解决效率。组织资源异质性的背后是员工拥有知识以及应用能力的异质性。创新人才培养动态能力的过程实质上就是其不断拓展和提升从事创新工作的综合素质，并动态构建其创新能力要素集合的过程。现代"科技创新人才"需要通过持续性的学习和实践活动，不断获取、整合和应用各种专业技能、知识和能力，进行创造性和开拓性工作，才能达到不断提供创新性产品和服务的社会期望。与此相适应，组织人力资源管理工作应以一种系统化的方式来推动外部知识资源的获取和内部知识经验流动，通过正式或非正式的培养过程，推动创新工作所需的社会协作技巧技能发展，实现人员知识能力重组和潜力开发，塑造创新个体具有较强反应性和适应性的个体动态创新能力。

组织理论提出了一个重要观点，就是组织的洞察力以及创造性想法源于组织内的个体而非组织本身[1]。组织内的创新能量，不仅有一个从无到有的孕育过程，也即创新的量变过程[2]；同时，还有一个创新能量在不同组织层次间流动、演变、放大、转化的过程，我们将之称为创新能量的质变过程。可以想象，从个体层次上的一个创意（idea）的产生，到经过群体的评价、讨论、完善和增强，再到组织层面上各种资源的调配和生产，将之转化为一个具体、有形的产品或者服务，创新历程实现了由前半段到后半段的转化，也完成了由虚拟、抽象的创新意象到有像、有形的价值载体生成的转化，"创新"才能获得实现和体现。因此，从战略角度来看，创新人才的个体动态创新能力在组织创新中发挥着基础性作用，它可能为企业带来竞争优势来源的异质性。

从个体动态创新能力的提升到组织创新人才群体涌现及创新绩效的转化，需要一种持续的、跨层次的集体学习机制，这种机制也是组织内部创新人才培养的系统化过程。有计划、高效地对已获取和正获取的，寄存于创新人才群体身上的知识、经验进行转移、内化、整合、活化，有助于塑造基于人才动态创新能力的创新智力资本。组织实施基于特定组织背景组织创新活动，如围绕重大项目聚集人才，解决实际任务问题，在任务情景中容纳进知识管理、组织学习以及人力资源管理实践独特的关联管理要素、实践和流程，同时培育塑造推动创新的组织氛围，完善支持创新的后勤保障，将有利于形成人才群体性动态创新能力，并使组织的创新行为具有不可模仿性和难以移植性。创新人才培养与组织项目流程紧密结合在一起，其中的动态性、项目性、群体性和社会性组织学习

---

[1] Hurst D. Crisis and renewal [M]. Boston：Harvard Business School Press，1995.
[2] 孙锐. 薪酬、授权、培训、职业发展与员工创新关系实证研究 [J]. 科研管理，2010 (2)：57-64.

活动对创新人才动态能力培育产生着重要影响,其模型如图 11-2 所示。

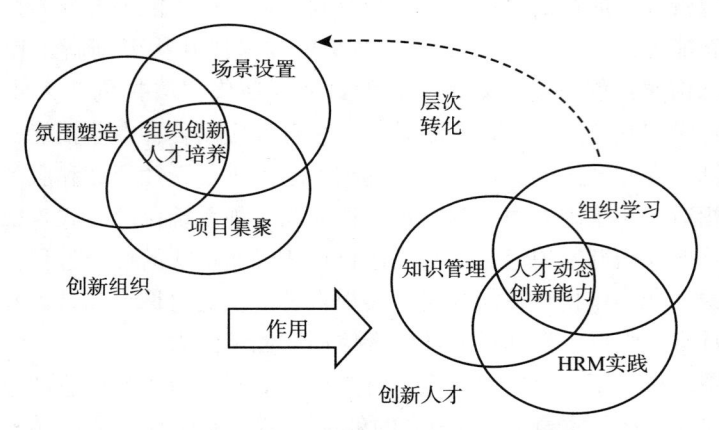

图 11-2 从创新人才动态创新能力到组织创新表现

11.4 企业高绩效科技创新人才培养模式与策略

改革开放 40 多年来,有些管理先进的高新技术企业,显现出较强的自主创新能力,成为行业发展的领跑者。同时,它们在创新人才培养方面,建立起了独特的管理制度和体系,积累了一定先进管理经验[1][2]。基于前期研究对典型高新技术企业的实地调研,笔者将高绩效的科技创新人才培养策略总结如下:

(1) 完善创新载体,推动创新团队运作。

搭建创新人才培养的基本载体。是企业创新人才培养的首要条件。在创新导向的企业组织中,建立跨部门交叉的矩阵式组织结构成为一种典型经验。矩阵式组织结构有助于形成跨部门项目团队,当这种项目团队承担创新性任务时,由于其成员来自不同职能或技术部门,因此不仅能带来创新所需的物质资源,也能集合多种专家技能。这种跨部门团队形式,不仅是推动创新研发项目实施的基本任务单元,也将成为创新人才培养的孵化器和基本载体。在这种创新组织结构下,创新任务的执行过程也是创新人才的参与和提升过程。围绕特定创新任务的执行,来自不同领域的技术人员,需要经历建设性的合作和问题

---

[1] 孙锐. 薪酬、授权、培训、职业发展与员工创新关系实证研究 [J]. 科研管理, 2010 (2): 57-64.

[2] 陈国权, 孙锐. 个体能力发展的相关方法与策略途径研究 [J]. 科学学与科学技术管理, 2011 (9): 157-165.

解决过程，其中不同知识、经验和技能的整合、应用对创新人才意义重大，它有助于员工自身和集体创新能力的提升。因此，企业应高度重视创新团队建设工作。在创新团队的组建中要注意三点：一是团队成员要具有互补经验和技能，这样才能保证产生一加一大于二的效果；二是要注意团队成员的前期积累，以及对相关技术或顾客的熟悉程度，这样才能保证团队成员对任务实现有所贡献；三是要选择一个适合的团队领导，团队领导不仅应具备智商，更应具备一定情商。一个好的团队领导才会保证即使在较大的创新风险和工作压力下仍会有紧密追随的下属。通过调研我们发现，对企业组织而言，其创新活动或研发项目不仅是一种创新问题的解决过程，更是一种创新参与者的集体互动与能力开发过程。企业跨部门团队成员在创新过程中的协调搭配、同步互动，在显性层面上有助于团队任务实现，在隐性层面上有助于创新人才间知识共享和转移。因此，有效利用企业跨部门创新团队，将实际研发项目与创新人才培养相结合，可以实现组织创新人才培养和技术、产品开发的双赢。

（2）提供宽松空间，促进人际交流沟通。

创新，有时是一种对传统思维和行为方式的反叛，因此会在组织内部激起种种阻力。而创新的实现，需要组织提供一种宽松的空间，给予创新者以充分思考和选择的自由，配合种种软件和硬件条件，甚至是提供更强有力的后盾和支持。与此相对应，在创新人才培养方面，组织应充分考虑科技人员的工作兴趣和个人意愿，并赋予潜在创新人才一定的工作自治性和自我决策权。在工作安排、工作方式和工作监督上，实行弹性的分散化管理，增强其工作的灵活性和个人自由度。当然，其中要加强沟通和反馈，通过定期的交流和会议制度保证组织成员工作活动的目标导向和有序进行。在基于组织技术实践的创新人才成长过程中，其领导和管理者应定位于后勤和支持者角色，与科技人员保持较近的情感距离，关心和支持他们正在做的工作，进行顺畅的意见交换，帮助他们克服或大或小的困难，有效地协调工作任务的不一致性，减少、消除工作团队中的负面冲突，以使他们产生心理上的安全感和责任感。此外，企业内部应当建立有利于科技人员进行有效互动、交流的沟通渠道，以推动组织内部知识、技术的发布、推广和共享。有些具有较高创新绩效的高科技企业，通过建设半开放式的研发工作平台，将所有研发创新员工和创新团队集结同一场地进行"群体式"工作，促进了跨团队、跨部门、跨人际的信息联系、经验交流和知识借鉴。也有企业通过建立大量相互交叉的矩阵型工作平台，推动了组织内正式和非正式的人际关系网络的建立，为创新者经验诀窍的共享、发布和转移提供了便利。因此，开放式的组织工作设计不仅会为创新人才成长提供必要的群体学习场所，也为具体创意的产生、提出提供了火花来源。

（3）完善组织制度，重视经验诀窍传承。

随着高新技术的不断发展和市场环境的不断变化，创新活动更加充满了风险性和不确定性，表现为任务情景的多变性、解决路径的模糊性、技能需求的专用性和综合性以及问题解决的时限性等。面对创新性问题，现代创新人员越来越难以通过对陈旧知识、经验和方法的简单提取来解决复杂的知识问题，他们需要从任务特征和组织情景出发，不断深化对相关专业技术领域的认知，动态地获取和掌握关键性知识性资源。面对一项关键技术难题，创新人才或创新团体仅靠前期经验和知识积累可能难以解决，这种情况在现代创新活动中时常发生。创新导向的企业往往通过完善智力资本相关制度建设，提供"技术难题"的求助途径或保障经验诀窍的有序传承。例如，在某些创新型高新技术企业中，建立了可称为"问题黑板"的"技术难题"求助机制，以保证研发人员在急需时获得相关技术解决方案或提示。当研发人员遭遇"创新难题"时，一种途径可以求助于专业职能部门寻求解决方法，如果求助失败，则可在企业开放研发平台上设置的多块空白黑板，即"问题黑板"上对技术难题进行描述，公司内的其他技术专家将以自发的方式在问题纪录上提出相关解答方案或解决途径。每经过一段时间，组织有专门人员对"问题黑板"上"技术问答"进行搜集、整理，并以一种"经验借鉴卡"的资料管理工具进行积累、记录。所以"经验借鉴卡"成为保存企业关键相关技术瓶颈和难题、技术细节及相应解决方案的重要知识管理工具。当一位新的研发人员加入或者希望进行自我提升时，通过学习"经验借鉴卡"，就可以快速掌握组织相关技术经验的结晶，提升其创新研发效率。有更多的企业，针对现代创新人才培养，建立了一对一的专家辅导制度，也即"传帮带"制度。其中较为典型的做法是，组织人力资源管理部门与创新人才所在部门合作，针对创新人才培养对象的经验和能力水平，及对其创新能力和创新绩效的预期，为其指定一位专业导师。专业导师负责承担技术指导和工作解疑任务，并为培养对象提供有针对性的专业发展咨询，他们一般由组织内的资深技术专家担任。随着创新人才专业能力不断提升，其导师将会更换为具有更高水平的专家。这种一对一的专家辅导和创新人才"过程导引"制度将成为高水平创新人才成长的进步阶梯。

（4）塑造创新氛围，打造内部支持环境。

培养创新型人才需要组织在保证相关资源和财政投入的基础上，强化创新软环境建设，将打造一支团结自信、善于学习、勇于创新的企业人才队伍作为提升组织创新能力的支点。组织要确立革新挑战、勇于创新、团队合作与尽职尽责的核心价值观，并在全公司内推行容忍风险、鼓励学习，允许犯错误的开放型企业文化，由企业领导者亲自推动宣传，带动组织的创新气氛的提升。其中重点在于鼓励企业创新的"全员参与"，它建立在"人人成才"的理念之上。组织只有重视每位创新人才的话语权，充分发现每位创新人才的独特价值，尊重每位创新人才的革新意见，并鼓励其勇于担负企业责任，才能形成创新人才群体活力迸发的生动局面。此外，"支持创新"的领导方式和组织创新氛围塑造也不可或缺。"支持创新"意味着赋予科技人员更加广阔的发挥空间，鼓励员工进行自我突破，塑造敢为人先的企业精神，引导其持续提升个人和组织创新能力，积极投入试验、创意和协作等创新活动中去。其中，组织创新氛围是个体创新中人际关系的融合剂和组织创新流程的润滑剂。不论在企业还是在其他非营利组织中，从创造性想法的提出，到新产品、新技术的问世，都需要组织成员的协同配合，其间涉及一系列个体、群体与组织的社会化交互过程，并且创新成效与创新者个体的情绪等心理要素密切相关。组织创新氛围可以在组织成员和客观环境之间起到关键的连接功能，组织创新气氛，即组织创新支持感知是否建立，会直接影响到组织内的成员是不是能创新、敢创新、愿创新。组织成员所处的工作环境对创新的激励程度越高，创新活动可运用的资源越多，员工的创新支持感知也就会越强，从而推动员工更多的创新投入，最终引导组织创新水平和创新人才整体水平的提升。

11.5 基于企业研发场景的科技创新人才作用发挥模型

11.5.1 基于场景内组织学习的创新动态能力进化

德鲁克曾提出"知识工作者"的概念，并认为持续的创新是知识工作者的核心特征，而这种创新在很大程度上是围绕着组织内的"任务场景"完成的。科技创新人才是最典型的知识工作者。由于创新任务的工作内隐性及质量要求，知识工作者完成任务需要给予导出其责任心的工作自主性，而持续的学习和教导活动是工作的重要组成部分，如图 11-3 所示。创新本身作为一种智力资本的释放、传递与知识交互的复合产物，创新动态能力的增强涉及对知识的知觉、关联、同化以及应用等一系列过程，同时，也需要一个人际互动和尝试错误的学习过程，其中包括对多样化问题解决经验的累积。

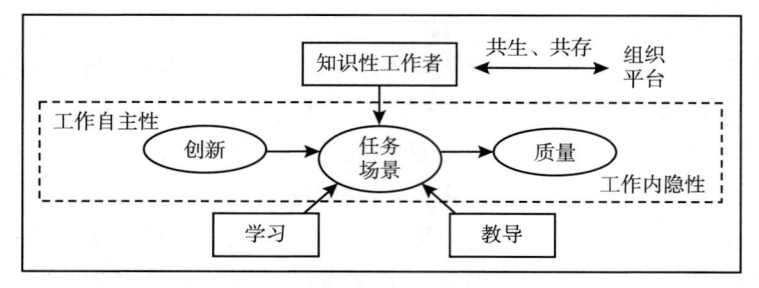

图 11-3　知识工作者的工作要素

资料来源：根据彼得·德鲁克《21世纪的管理挑战》整理。

个体问题解决的动态能力是主体不断调适、整合和重构其能力以应对快速变化环境的能力。佐洛和温特（Zollo & Winter）从学习的角度给出了动态能力的另一种定义[①]：一种持续的关于集体行动的学习方式，通过这种方式主体建立和修正其行为模式以不断实现更高的绩效。其强调动态能力源于一种系统的、持续的组织学习机制，而创新型智力资本是动态能力形成的资产。在竞争环境和风险环境下，科技创新人才实现创新需要以组织学习机制，动态视角搜寻新知识，更新知识结构，塑造具有适应柔性的创新能力和智力资本。基于研发场景内组织学习活动的创新人才动态能力进化机制如图11-4所示。组织学习机制通过以下途径促进创新人才智力资本更新和动态能力进化[②③④]：一是通过做中学、师带徒，开展实践、试验与原型设计（experimenting & prototyping）构建未来创新能力的基础；二是通过实际问题解决（problem solving）的方式，在发现、发明、共享新颖、高效的创新方案中拓展创新意识，形成创新思路；三是通过任务实施、知识整合与经验集成（implementing & integrating），获取新方法，掌握新工具优化创新结构化流程，形成个人经验库；四是引入、吸收（importing & absorbing）外部知识，并有计划地、高效地对已获取和正在获取的技术、技能进行吸收、内化，形成独特的智力资本，推动动态能力进化，进而作用于个体创新活动，提升人才个体创新成效。而改进后的工作模式输出将

---

① Zollo, Winter. Deliberate learning and the evolution of dynamic capabilities [J]. Organization Science, 2002 (11): 339-351.

② 陈国权，孙锐. 个体能力发展的相关方法与策略途径研究 [J]. 科学学与科学技术管理，2011 (9): 157-165.

③ Huber G. P. Organizational learning: The contributing processes and the literatures [J]. Organization Science, 1991 (2): 88-115.

④ 孙锐. 变革环境下企业创新人才培养研究——组织学习的视角 [M]. 北京：经济科学出版社，2011.

反馈到组织学习的输入端,以使组织学习机制根据个体创新运作效果进行实时的适应性调整。

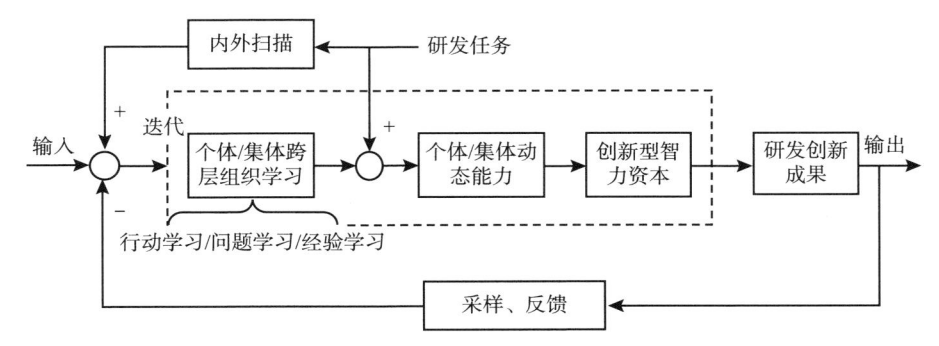

图 11-4　基于研发场景内组织学习的创新人才动态能力进化

11.5.2　围绕场景"Ba"的创新人才组织学习和情绪互动循环

加尔文·戴维(Gavetti David)曾经指出[1]:高效的组织模式反映着组织的经验性智慧,它是通过试错性学习,对过去的行为方式进行选择、保留和沉淀的结果。其中,表明了特定的组织载体及隐性知识对组织智力资本的重要性。也有研究发现,个体的技术学习有助于提升个体创新所必备的能力、知识和动机[2]。个体的能力或能力与特定的工作背景、任务情景有密切联系,因而对于其他特定的组织背景和任务场景,先前有效的能力组合可能不具有可移植性。个人的创新能力要素包括思维中蕴藏的知识、对基本原理的认识、专门技术、个体素质和基本技能等,它可以通过员工基于高效组织的研发运作模式,围绕组织研发实践活动,在基于创新场景的组织学习和创新实践中获得,其中包括与他人合作获取外部知识,在任务实践中内化、整合、活化,最终形成根植于个人的独特、隐性知识过程。

野中和朝美(Nonaka & Konno, 1988)提出"Ba"的概念[2],如图 11-5 所示。他们所指的"Ba"意为创新实践场景或知识创新空间,也即知识学习发生的场所。"Ba"可以是物质空间,也可以是虚拟平台,它可以依据建立情

---

[1] Garvin David A. Building a learning organization, Harvard Business Review [J]. 1993, 71 (4): 78-92.

[2] Nonaka I. & Konno N. the concept of "Ba": Building a foundation for knowledge creation [J]. California Management Review, 1998, 40 (3): 40-54.

绪感情和信任、共享知识、规范知识和探索实践等不同的功能侧重，分为发起"Ba"、对话"Ba"、系统性"Ba"和演练"Ba"等，在其中不断进行着知识获取、分享、转化和应用的 SECI 螺旋循环。

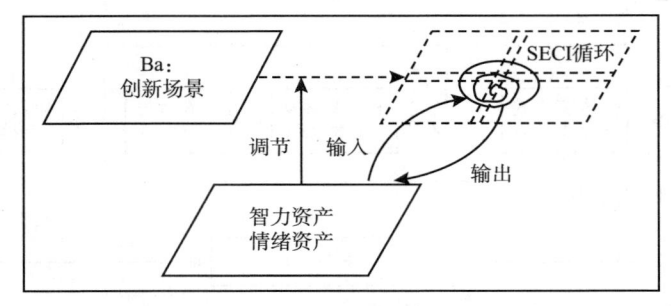

图 11-5　基于 SECI 螺旋的组织学习循环

资料来源：根据 Nonaka I., Konno N. The concept of "Ba": Building a foundation for Knowledge creation [J]. Califoroia Monagemeht Review, 1998, 40 (3): 40-54. 改编。

围绕研发任务实践场景的创新人才培养，蕴含着基于实践任务的组织学习过程。研发任务的设置本身形成了一个"Ba"，其中具有情感情绪与实践相结合、教育与工作相结合、学习与应用相结合、创新与任务相结合的基本特性。"Ba"为个人、群体、项目、知识、任务和环境之间建立联系提供了知识、信息和情绪能量的交互平台，同时也是将问题学习、经验学习、行动学习与情绪链接捆绑起来的场所，使创新实践、组织学习和情绪整合成为一个有机的过程体系。在这个"Ba"中，组织、团体、个体，以及新手、专家的知识性、经验性、概念性智力资产，在认知、探索和互动中得到结构、性质、情感上的动态更新和升级。其中的关键活动是基于集体情绪整合背景的问题学习、经验学习、行动学习活动。在"Ba"中，知识应用、观点碰撞、创意批判和情绪整合有助于创新人才深化对其行为模式与创新成果间因果关系的理解，"Ba"成为基于组织学习和情绪互动循环的创新人才动态能力进化载体平台。

11.5.3　研发场景、组织学习、情绪整合与创新人才作用发挥

"创新"的动态性、风险性和交互性强调了研发场景、组织学习、情绪整合与科技创新人才作用发挥的关系。在此基础上，本章提出一个研发场景、组织学习、情绪整合与科技创新人才作用模型，如图 11-6 所示。前期调研表明，创新人才的专业技能通常是以工作场所的实际问题作为开发工具的，而解

决复杂性问题的动态能力通常在实践或实验基础产生的。

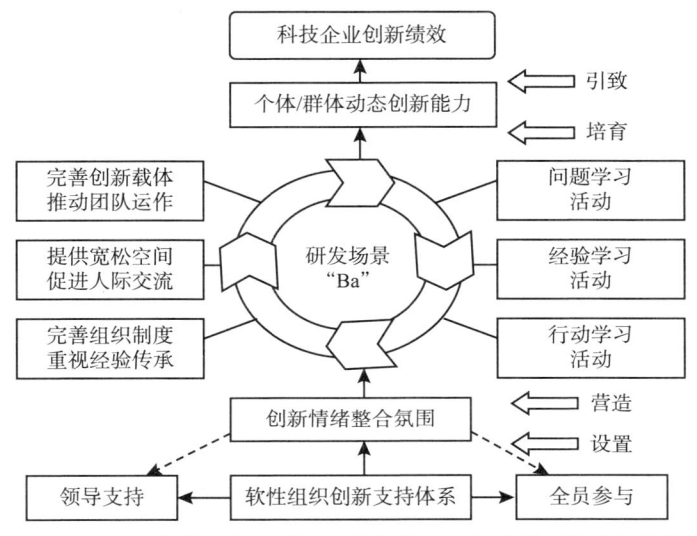

图 11-6 研发场景、组织学习、情绪整合与科技创新人才作用模型

基于研发任务场景的"Ba",建立了以项目和团队运作为基础,具有边界柔性、可渗透、可扩展的灵活、自主"价值创造"平台和情绪能量交互平台。由于创新任务中某些隐性知识只能通过实际参与中的观察、揣摩和感悟,并配合理解体验和情感交互的方式探悉[①],使得"Ba"中"基于问题的学习""经验学习"和"行动学习"在创新人才作用发挥中具有不可替代的价值,他们有助于形成个体动态创新能力,这个能量不仅是技术技能,也包括情感鼓舞的能力。而上节中围绕研发场景的典型创新人才培养经验,如完善创新载体,推进团队运作;提供宽松空间,促进人际交流;完善组织制度,重视经验传承,以及在领导支持和全员参与下形成支持的环境,塑造创新导向情绪氛围等本身就是三类组织学习方式的体现,或者反映着重要的组织保障层面,对基于场景平台的创新人才动态能力塑造发挥着重要作用,产生着重要贡献。有效运用基于研发实践场景的创新人才作用发挥的举措将有助于提升创新智力资本的开发成效。

---

① 孙锐,顾琴轩. 基于问题解决的科技创新人才能力培养策略研究 [J]. 自然辩证法研究,2007 (11): 95-99.

11.6 研究结论与讨论

培养和使用研发创新人才是一项系统工程，必须树立系统整体观念。企业是自主创新的主体，也应是创新人才培养和作用发挥的主体。企业调研显示，创新人才最好的成长通道是以大项目、难任务和大事业来铺就的。对有潜质的创新人才要给舞台、压担子，推动他们在具体问题解决中锻炼发展。"两弹一星""载人航天"等重大研发任务在锻炼发展我国创新人才方面取得了许多值得借鉴的成功经验。许多现代高新技术企业人才创新培养实践也证明了这一点。

国内著名汽车企业奇瑞公司多年来致力于推动实施行业前瞻的底层研发项目。在重大项目过程中管理者鼓励每位创新参与人员发表看法，就技术路线和问题解决方案提出建议。对于项目实施中出现的重要技术难题，公司高层会亲自参与商讨，并鼓励尝试多种可行方案。公司不会由于一个研发项目的失败而追究一个人的责任，也不会由此降低创新人员的绩效考评和薪酬水平。奇瑞最初提出自主研发发动机项目时，许多人认为奇瑞"疯了"，因为这种重大项目风险太大，挑战性太高。但董事长对项目推动给予了大力支持和鼓励，他讲如果项目失败了，我们会得到大项目的过程经验，你们不会受到惩罚；但是如果项目成功了，我们大家就都成功了。公司给予项目实施以各方面的管理和资源支持，最终奇瑞的发动机研发项目获得成功，令业内刮目相看。奇瑞聚焦重大研发项目，塑造支持性的组织环境氛围，为提供充分的组织条件，推动技术人才在项目实践中不断锻炼、摔打，在取得突出研发绩效的同时，也锻炼出一大批勇于开拓、善动碰硬、情绪能力具有高强韧性的研发骨干队伍。本章分析了围绕研发项目场景，基于组织学习、情绪整合机制的创新人才作用发挥管理模式，并探讨了其中存在的管理学机制，进一步强调了实行"场景+氛围"的发展模式。依托重大科研工程和产业攻关项目，在实践场景中集聚、培养和锻炼人才是未来一段时期创新人才培养的重要选择。

参 考 文 献

[1] 陈春花. 颠覆性环境的唯一解药——组织创造力 [J]. 清华管理评论, 2017, 8 (9): 12-17.

[2] 陈春花, 刘祯. 水样组织: 一个新的组织概念 [J]. 外国经济与管理, 2017, 39 (7): 3-14.

[3] 何立, 凌文辁. 组织智力理论研究述评 [J]. 经济管理, 2009 (1): 180-184.

[4] 凯文·汤姆森著, 崔姜薇, 石小亮译. 情绪资本 [M]. 北京: 当代中国出版社, 2004.

[5] 梁阜, 李树文, 孙锐. SOR 视角下组织学习对组织创新绩效的影响 [J]. 管理科学, 2017, 30 (3): 63-74.

[6] 刘小禹. 组织中情绪管理的文化视角与实证研究 [M]. 北京: 中国经济出版社, 2011: 11.

[7] 潘晓云. 基于个体、团队视角冲突与情绪的研究 [D]. 复旦大学博士论文, 2008: 37.

[8] 芮正云, 罗瑾琏. 企业平衡式创新搜寻及其阶段效应——间断性平衡还是同时性平衡? [J]. 科研管理, 2018, 39 (1): 9-17.

[9] 孙锐, 陈国权. 企业跨部门心理安全、知识分享与组织绩效间关系 [J]. 南开管理评论, 2012 (1): 67-74, 83.

[10] 孙锐. 复杂变革背景下组织情绪能力与组织学习创新关系研究——人力资源管理的视角 [J]. 第一资源, 2012 (4): 116-122.

[11] 孙锐. 科技企业组织情绪能力结构测量及对创新的影响 [J]. 科研管理, 2017 (9): 43-51.

[12] 孙锐, 李树文. 动态环境下科技企业领导成员交换、组织情绪能力与组织绩效关系研究: 一个有调节的中介模型 [J]. 科学学与科学技术管理, 2017 (8): 167-180.

[13] 孙锐, 李树文, 顾琴轩. 双元环境下战略人力资源管理影响组织创新

的中介机制：企业生命周期视角 [J]．南开管理评论，2018（5）：176－186．

[14] 孙锐，李树文．科技企业组织情绪能力影响研发员工创新的中介机制研究 [J]．中国人力资源开发，2017（6）：14－21．

[15] 孙锐，李树文．研发型企业战略人力资源管理举措对产品创新的作用——外部平衡式环境的影响 [J]．科学学与科学技术管理，2019（10）：70－83．

[16] 孙锐，李树文．组织情绪能力对产品创新影响的边界与路径 [J]．科学学研究，2018，36（7）：1334－1344．

[17] 孙锐，石金涛．企业创新组织行为影响因素研究综述 [J]．中国人力资源开发，2006（7）：14－19，32．

[18] 孙锐，石金涛．围绕企业研发活动的创新人才培养与激励模式分析 [J]．科学学研究，2008（1）：162－168．

[19] 孙锐，石金涛，张体勤．中国背景下领导成员交换、团队成员交换，组织创新气氛与员工创新行为关系实证研究 [J]．管理工程学报，2009（4）：109－115．

[20] 孙锐，王乃静．创新型企业团队内部互动与组织创新关系研究 [J]．科学学研究，2009（10）：1571－1575．

[21] 孙锐，王乃静，石金涛．中国背景下不同类型企业组织创新气氛差异的实证研究 [J]．南开管理评论，2008（2）：42－49．

[22] 孙锐．薪酬、授权、培训、职业发展与员工创新关系实证研究 [J]．科研管理，2010（2）：57－64．

[23] 孙锐．战略人力资源管理与组织创新氛围研究——基于企业研发人员的调查 [M]．北京：人民出版社，2013．

[24] 孙锐．战略人力资源管理、组织创新氛围与研发人员创新 [J]．科研管理，2014，（8）：34－43．

[25] 李树文、孙锐、梁阜．动态环境下科技企业组织情绪能力对产品创新绩效的影响：一个链式有调节的中介模型 [J]．管理工程学报，2020（2）：50－58．

[26] 孙锐，张文勤，陈许亚．R&D 员工领导创新期望、内部动机与员工创新关系的实证研究 [J]．管理工程学报，2012（2）：12－20．

[27] 孙锐，张文勤．企业创新中的组织情绪能力问题研究 [J]．科学学与科学技术管理，2015（12）：12－19．

[28] 孙锐，赵晨．高新技术企业组织情绪能力、组织学习与创新绩效

[J]. 科研管理，2017（2）：93-100.

[29] 孙锐，赵晨. 战略人力资源管理、组织情绪能力与组织创新——高新技术企业部门心理安全的作用[J]. 科学学研究，2016（12）：1663-1673.

[30] 孙锐. 中国企业组织创新气氛结构实证研究[J]. 科研管理，2009（1）：38-44.

[31] 王凤彬，陈建勋，杨阳. 探索式与利用式技术创新及其平衡的效应分析[J]. 管理世界，2012，28（3）：96-112.

[32] 张鹏鹏. 情绪性工作研究及其对酒店管理的启示[D]. 南京师范大学硕士论文，2008.

[33] 周京，克里斯蒂娜·E. 莎莉著，魏昕等译. 组织创造力全书[M]. 北京：北京大学出版社，2010.

[34] Adler P. S. and Obstfeld D. The role of affect in creative projects and exploratory search [J]. Industrial and Corporate Change, 2007, 16 (1): 19-50.

[35] Akgün A. E., Akgün J. C., Byrne and H. Keskin. Organizational intelligence: A structuration view [J]. Journal of Organizational Change Management 2007a, 20: 272-289.

[36] Akgün A. E., Keskin H., Byrne J. and Selim Aren. Emotional and learning capability and their impact on product innovativeness and firm performance [J]. Technovation, 2007b, 27 (9): 501-513.

[37] Akgün A. E., Keskin H., Byrne J. Organizational emotional capability, product and process innovation and firm performance: An empirical analysis [J]. Journal of Engineering and Technology Management, 2009, 26 (3): 103-130.

[38] Akgün A. E., Keskin H., Byrne J. The moderating role of environmental dynamism between firm emotional capability and performance [J]. Journal of Organizational Change Management, 2008, 21 (2): 230-252.

[39] Amabile T., Barsade S, Mueller J., Staw B. Affect and creativity at work [J]. Administrative Science Quarterly, 2005, 50 (3): 367-403.

[40] Amabile T. M., Conti R., Coon H., Lazenby J. and Herron M. Assessing the work environment for creativity [J]. Academy of Management Journal, 1996, 39: 1154-1184.

[41] Amabile T. M. Creativity in Context [M]. Boulder, Colo.: Westview Press, 1996.

[42] Anderson N., Potocnik K. and Zhou J. Innovation and creativity in organ-

izations: A state-of-the-science review, prospective commentary, and guiding framework [J]. Journal of Management, 2014 (5): 1297-1334.

[43] Ashforth B. E., Humphrey, R. H. Emotion in the workplace: A reappraisal [J]. Human Relations, 1995, 48: 97-125.

[44] Barsade S. G., Brief A. P., Spataro S. E. The affective revolution in organizational behavior: The emergence of a paradigm. In J. Greenberg (Ed.), Organizational behavior: The state of the science. Mahwah [M]. NJ: Erlbaum, 2003: 3-52.

[45] Barsade S. G., Gibson D. E. Why does affect matter in organizations? [J]. The Academy of Management Perspectives, 2007, 21: 36-59.

[46] Bion W. R. Experiences in Groups [M]. Tavistock, London, 1961.

[47] Bolton S. Emotion management in the workplace. management, work and organizations series [M]. Palgrave acmillan, Hampshire, 2005.

[48] Csiksentmihalyi M. Implications of a systems perspective for the study of creativity, In R. J. Sternberg (Eds.), Handbook of Creativity [M]. Cambridge University Press, 1999: 313-335.

[49] Damanpour F. Organizational innovation: Meta-analysis of effects of determinants and moderators [J]. Academy of Management Journal, 1991, 26: 555-590.

[50] David J. Teece. Firm Capability and economic development: Implications for newly industrializing economies [M]. Technology, Learning & innovation, 1998: 86-123.

[51] Dnenzin N. x. On understanding human emotion [M]. San Francisco: Jossey-Bass, 1984.

[52] Elfenbein H. A., Maw-Der F., White J. B., Hwee-Hoon T., Aik V. C. Reading your counterpart: The benefit of emotion recognition accuracy for effectiveness in negotiation [J]. Journal of Nonverbal Behavior, 2007, 31 (4): 205-223.

[53] Fernandez, Claudia S. P. Emotional intelligence in the workplace [J]. Journal of Public Health Management & Practice, 2007, 13 (1): 80-82.

[54] Fineman. In: S. Fineman, editor, emotion in organizations [M]. Sage Publications, London, 1993.

[55] Flam H. Emotional "man": Ⅱ. Corporate actors as emotion-motivated

emotion managers [J]. International Sociology, 1990, 5: 225 -234.

[56] Fong C. T. The effects of emotional ambivalence on creativity [J]. Academy of Management Journal, 2006, 49 (5): 1016 -1030.

[57] Frijda N. H. Moods, emotion episodes, and emotions. In M. Lewis & I. M. Haviland (Eds.), Handbook of emotions [M]. New York: Guilford Press, 1993: 381 -403.

[58] Gary Hamel, M. J. Mol, Julian Birkinshaw. Management innovation [J]. Academy of Management Review, 2008, 33 (4): 825 -845.

[59] George J. M., Zhou J. Dual tuning in a supportive context: Joint contributions of positive mood, negative mood, and supervisory behaviors to employee creativity [J]. Academy of Management Journal, 2007, 50: 605 -622.

[60] George J. M., Zhou, J. Understanding when bad moods foster creativity and good ones don't: The role of context and clarity of feelings [J]. Journal of Applied Psychology, 2002, 87: 687 -697.

[61] Goleman D. Emotional intelligence: Why it can matter more than IQ [M]. New York: Bantam, 1995.

[62] Hobfoll S. E. Conservation of resource caravans and engaged settings [J]. Journal of Occupational & organizational Psychology, 2011, 84 (1): 116 -122.

[63] Hochschild A. R. Emotion in organization [M]. London: Sage. 1993: 9 -13.

[64] Hochschild A. The managed heart [M]. Los Angeles: University of California Press, 1983.

[65] Huy Q. H. An emotion-based view of strategic renewal [J]. Advances in Strategic Management, 2005, 22: 3 -37.

[66] Huy Q. H. Emotional Balancing of organizational continuity and radical change: The contribution of middle managers [J]. Administrative Science Quarterly, 2002, 47 (1): 31 -69.

[67] Huy Q. H. Emotional capability, emotional intelligence, and radical change [J]. Academy of Management Review, 1999, 24 (2): 325 -345.

[68] King N., Anderson N. Managing innovation and change: A critical guide for organizations [M]. London: Thompson, 2002.

[69] L. I. Perlovsky Toward physics of the mind: concepts, emotions, consciousness, and symbols [J]. Physics of Life Reviews, 2006 (3): 23 -55.

[70] Madjar N. Emotional and informational support from different sources and employee creativity [J]. Journal of Occupational and Organizational Psychology 2008, 81: 83 – 100.

[71] Mark A. Davis. Understanding the relationship between mood and creativity: A meta-analysis [J]. Organizational Behavior and Human Decision Processes, 2009, 108 (1): 25 –38.

[72] Mayer P. Salovey. What is emotional intelligence? In: P. Salovey and D. J. Sluyter, Editors, Emotional development and emotional intelligence, Basic Books [M]. New York, 1997: 3 –31.

[73] Montes et al., F. J. L. Montes, A. R. Moreno and V. G. Morales. Influence of support leadership and teamwork cohesion on organizational learning, innovation and performance: An empirical examination [J]. Technovation, 2005, 25: 1159 –1172.

[74] Nell A., Carsten K. W, Dreu and Bernard A. N. The routinization of innovation research: A constructively critical review of the state-of-the-science [J]. Journal of Organizational Behavior, 2004, 25: 147 –173.

[75] Shalley C., Zhou J., Oldham G. The effects of personal and contextual characteristics on creativity: Where should we go from here? [J]. Journal of Management, 2004 (15): 933 –958.

[76] Shlomo Hareli, Anat Rafaeli. Emotion cycles: On the social influence of emotion in organizations [J]. Research in Organizational Behavior, 2008, 28: 35 –59.

[77] Van de Ven A., Angle H. L., Poole M. Research on the management of innovation: The minnesota studies [M]. New York: Harper & Row, 1989.

[78] Weiss H. M., Cropanzano R. Affective events theory: A theoretical discussion of the structure, causes and consequences of affective experiences at work [J]. Research in Organizational Behavior, 1996, 18: 1 –74

[79] Yuan F. and R. W. Woodman. Innovative behavior in the workplace: The role of performance and image outcome expectations [J]. Academy of Management Journal, 2010, 53: 323 –34.

后　　记

当前我国处于经济转型期和高速发展期，面对快速变化的市场外部环境，组织员工通常背负着超负荷的压力，越来越多的学者和企业管理者们意识到现代企业组织情绪管理的重要性，也为人力资源管理和组织行为研究提出了崭新课题。随着对组织情绪和情绪劳动的研究深入，将组织能力与群体情绪连接起来的"组织的情绪能力"研究形成了一种新的趋势。为此，本书试图研究识别和验证中国背景下科技企业组织情绪能力的结构维度、形成影响及其与组织创新行为、创新绩效的动态关系，力求为推动企业创新发展和人力资源管理提供可供借鉴的新思路。

本书是作者在前期理论及实证分析基础上，整理、深化和丰富形成的课题研究成果，这保证了本书研究内容的前瞻性、创新性和探索性。但是从现有研究成果上看，我们的探讨还是基础的、初步的，一些研究结论还不十分成熟，仅针对我国科技企业开展了理论和实证探讨，未对日益发展的服务业进行调研和分析，希望今后的研究能够弥补这一缺憾。

在本书形成中，作者的硕士生李树文和北京邮电大学赵晨教授深入参与了课题研究工作，硕士生邱莎以及刘薇博士、陈艳艳博士等也参与了部分课题研究工作。在本书相关研究中，许多单位和企业对相关调研工作提供了帮助和支持。同时，在本书的形成过程中，许多专家学者也为之付出了辛勤的劳动。在这里，要感谢人力资源和社会保障部中国人事科学研究院原院长、博士生导师王通讯教授，上海交通大学安泰经济与管理学院人力资源管理研究所执行所长、博士生导师顾琴轩教授，上海交通大学安泰经济与管理学院人力资源管理研究所所长、博士生导师石金涛教授，清华大学经济管理学院领导力与组织管理系副主任、长江学者、博士生导师陈国权教授等。

经济科学出版社的编辑老师不辞辛劳，认真对本书进行了编辑和校对工作。此外，特向支持和帮助本书出版的各位领导：中国人事科学院余兴安院长、蔡学军副院长、柳学智副院长，以及各位专家、老师、同学和朋友们表示诚挚的感谢！本书在撰写过程中参阅了大量中外文参考资料，由于相关文献过多，本书仅将引用过的主要参考文献列出。在此，向国内外有关研究学者表示诚挚的谢意。

由于作者所学有限，书中难免有不妥之处，本书内容有很多是初期探索性的分析，敬请各位专家、读者给予赐教和指正。

孙 锐

2020 年 2 月 18 日